Coordenação editorial
Juliana Serafim
Vanessa Giannellini

AS DONAS DA P***** TODA

REVOLUTION 4.0

Literare Books
INTERNATIONAL
BRASIL · EUROPA · USA · JAPÃO

PRESIDENTE
Mauricio Sita

VICE-PRESIDENTE
Alessandra Ksenhuck

DIRETORA EXECUTIVA
Julyana Rosa

DIRETORA COMERCIAL
Claudia Pires

DIRETORA DE PROJETOS
Gleide Santos

EDITOR
Enrico Giglio de Oliveira

EDITOR JÚNIOR
Luis Gustavo da Silva Barboza

ASSISTENTE EDITORIAL
Felipe de Camargo Benedito

REVISORES
Sergio Ricardo do Nascimento e Margot Cardoso

DESIGN EDITORIAL
Lucas Yamauchi

CAPA
Juliana Serafim

IMPRESSÃO
Trust

Dados Internacionais de Catalogação na Publicação (CIP)
(eDOC BRASIL, Belo Horizonte/MG)

D674 As donas da p**** toda: revolution 4.0 / Coordenadoras Juliana Serafim, Vanessa Giannellini. – São Paulo, SP: Literare Books International, 2023.
264 p. : il. ; 16 x 23 cm – (As donas da p**** toda; v. 4)

Inclui bibliografia
Outro título: As donas da porra toda: Revolution 4.0
ISBN 968-65-5922-672-6

1. Mulheres de negócios. 2. Empoderamento. 3. Empreendedorismo. I. Serafim, Juliana. II. Turmina, Kelen. III. Giannellini, Vanessa.

CDD 658.4

Elaborado por Maurício Amormino Júnior – CRB6/2422

LITERARE BOOKS INTERNATIONAL LTDA.
Rua Alameda dos Guatás, 102
Vila da Saúde — São Paulo, SP. CEP 04053-040
+55 11 2659-0968 | www.literarebooks.com.br
contato@literarebooks.com.br

SUMÁRIO

7 PREFÁCIO
Maria Cândida

9 COMO SE MANTER RELEVANTE EM UM MERCADO EM CONSTANTE EVOLUÇÃO? SETE ESTRATÉGIAS PARA SE DESTACAR
Juliana Serafim

17 CONECTE-SE! FAÇA ACONTECER...
Vanessa Giannellini

25 AS RAPIDINHAS SÃO AS MELHORES
Adriana Candido

33 DIÁRIO DE BORDO: A SOLITUDE DE UMA MULHER DIRIGINDO PELA AMÉRICA
Adriana Vaz

43 O QUE VOCÊ QUER SER QUANDO CRESCER?
Ana Luiza Cassalta

53 PESSOAS INTELIGENTES VOAM
Ângela Santarém

61 SER PONTE ENTRE MULHERES
Camila Maciel

69 A LIBERDADE DO FIM
Carla Nakai

75 PLANEJAR-SE PARA REALIZAR: A RECEITA DE UMA MULHER DE SUCESSO!
Claudia Lolita

85 CRIANDO SUA PRÓPRIA HISTÓRIA: COMO ASSUMIR A RESPONSABILIDADE PELO SEU DESTINO E ALCANÇAR A FELICIDADE
Dalva Silvany

93 O MAIOR SUCESSO DA VIDA É SER VOCÊ
Fabiane Garcia

101 AMOR, AQUI ESTOU EU
Flávia Colosimo

109 AUTOGENTILEZA E LIDERANÇA COMBINAM?
Geovana Piffer

117 COM QUANTOS IRMÃOS SE FAZ UMA GESTÃO PÚBLICA?
Gracimeri Gaviorno

125 A CORAGEM DE SONHAR NOVAMENTE
Juliana Prazeres

139 A ESCALADA DA ABUNDÂNCIA: MÉTODO FUJI
Kesia Tamara

149 COMUNICAÇÃO LIBERTA
Livia Bello

157 O QUE NÃO NOS ENSINAM SOBRE O SUCESSO
Lorayne Mendes

169 AUTOCONHECIMENTO: A CHAVE PARA O DESENVOLVIMENTO DAS SUAS *SOFT SKILLS*
Lucedile Antunes

181 RESSIGNIFICAR PARA SE AUTOCONHECER E CONQUISTAR O MELHOR DE SI
Marcelly Tatiani

189 UMA RECEITA PELO TEMPO
Micheli Toth Rossi

199 "TÁ BAGUNÇADO, MAS TEM GERÊNCIA!"
Monic Barreto

209 OS DESAFIOS DA MULHER CONTEMPORÂNEA
Patricia Cuocolo

217 EMPREENDEDORISMO DIGITAL FEMININO: QUATRO PASSOS PARA VIRAR SUA CHAVE E ALCANÇAR O SUCESSO
Patrícia Mello

225 SOMOS DO TAMANHO DOS NOSSOS SONHOS
Paula Esteves

235 CONCILIANDO AMOR E NEGÓCIOS: A JORNADA ENCANTADORA DA MATERNIDADE EMPREENDEDORA
Priscila Susin

243 IMAGINE ATÉ QUE SE TORNE REALIDADE
Rebeca Simões

249 MINHA MÃE NÃO ME ENSINOU A SER PRINCESA, ELA ME ENSINOU A SER HEROÍNA
Roberta de Araújo Fraga

257 EU, DONA DE MIM? CONSTRUA SUA JORNADA DA REVOLUÇÃO INTERNA
Tatyana Azevedo

PREFÁCIO

Prepare-se para embarcar em uma jornada de histórias que desafiam o *status quo* e inspiram a superação. No livro *As donas da p**** toda: revolution – volume 4*, um conjunto de mulheres apaixonadas se une em coautoria, trazendo suas visões únicas para formar uma sinfonia de revolução. Com um compromisso ardente e determinação, elas pavimentam o caminho para uma revolução que transcende as páginas deste livro e reverbera na vida de todas as mulheres que ousam ser as protagonistas de suas próprias histórias. As narrativas compartilhadas nesta obra atuam como faróis de inspiração, apresentando relatos de mulheres reais, que transformaram obstáculos em aprendizados valiosos e adversidades em oportunidades. Elas demonstram que a revolução se inicia quando mulheres se apoiam mutuamente, se erguendo juntas e compartilhando suas trajetórias. Ao folhear *As donas da p**** toda: revolution – volume 4*, você se envolverá em um movimento que redefine o que significa ser uma mulher empoderada, audaciosa e revolucionária. Nossas coautoras convidam você a atender a esse chamado, desafiando as expectativas impostas, abraçando sua própria força e redefinindo seu potencial pessoal.

Maria Cândida
Jornalista, apresentadora de
TV e ativista da maturidade.

1

COMO SE MANTER RELEVANTE EM UM MERCADO EM CONSTANTE EVOLUÇÃO?

SETE ESTRATÉGIAS PARA SE DESTACAR

Se você está procurando maneiras de se destacar em um mercado em constante evolução, tenho sete estratégias para compartilhar com você. Aprenda como focar nas necessidades do cliente, inovar constantemente e criar uma marca forte. Descubra como se destacar da concorrência. Leia o capítulo e comece a implementar essas estratégias hoje mesmo!

JULIANA SERAFIM

Juliana Serafim

Contatos
www.julianaserafim.com.br
www.butia.com.br
Instagram: @juliana._.serafim

Fundadora da Butiá Digital, empresa que tem auxiliado clientes a obterem resultados expressivos por meio do marketing digital desde 2011. Atua como mentora e consultora de marketing digital, acumulando mais de 20 anos de experiência na área de marketing. Em 2017, sua empresa recebeu o prêmio nacional do BNDES como *case* de sucesso. Além disso, ela é autora de mais de dez publicações sobre marketing digital, tecnologia e inovação, incluindo o best-seller *O futuro da internet: metaverso* (Literare Books International). É também a idealizadora e coordenadora da série de livros *As donas da p**** toda* (Literare Books International), que também se tornaram best-sellers.

Todas as capas dos livros da série *As donas da p**** toda* foram criadas por mim, desde o primeiro esboço. E sabe o que é ainda mais incrível? Elas foram usadas três vezes da mesma maneira e, em todas as edições, foram um sucesso de vendas. Mas no quarto volume eu decidi mudar. Mudei a capa e decidi chamar mais uma coautora para trabalhar comigo, ela esta desde o começo do projeto ajudando a apoiando na divulgação.

A editora me enviou a nova proposta com o nome *revolution,* e repensei sobre como ela poderia ser diferente e inovadora. Por isso, criei a nova capa para poder falar sobre como podemos aprender com a mudança e como nos mantermos relevantes em um mercado em constante evolução.

No meu mercado, o de marketing digital e tecnologia, as coisas não param. Eu durmo com uma tecnologia vigente e acordo com outra que preciso aprender. A minha sorte é que eu sou curiosa e não gosto de ficar para trás. Se estou em alguma roda e alguém fala de algo que eu não conheço, fico perguntando e depois vou pesquisar na internet. Procuro livros sobre o tema e assim vou aprendendo e fazendo as ligações do que sei para solucionar os problemas dos meus clientes e os meus também.

Neste capítulo, quero ajudar você a se manter relevante no mercado e a conseguir escalar o sucesso. E acredite em mim, a aprendizagem contínua e a busca por inovação são as chaves para o sucesso no mundo em constante evolução em que vivemos.

Aprender a desaprender e reaprender

Aprender a desaprender e reaprender é essencial para quem deseja progredir em seus projetos, negócios e parcerias. Às vezes, insistir em um caminho que não funciona é um erro comum, e é preciso estabelecer um prazo para que as coisas possam evoluir de maneira satisfatória. Compreender que a mudança é necessária é o primeiro passo.

Paradigma é uma palavra que pode ser usada para se referir a modelos, padrões ou conceitos que influenciam a maneira como enxergamos e compreendemos o mundo. É importante ter essa noção para entender que, muitas vezes, nossas carreiras e ambições são limitadas por nossa própria visão de mundo. Se queremos inovar e crescer, precisamos estar dispostos a desafiar nossos paradigmas para encontrar novas oportunidades e soluções para os desafios que enfrentamos.

Desaprender o que não funciona é essencial para seguir em frente. É importante buscar conhecimento com quem já obteve sucesso em sua área, para encurtar caminhos e encontrar soluções mais eficazes. Em vez de se perguntar como fazer algo, é preciso questionar quem sabe fazer. Participar de mentorias, cursos e consultorias com especialistas do mercado pode proporcionar informações valiosas para o próximo passo em direção ao sucesso.

Aprendizagem contínua

A aprendizagem contínua é uma das habilidades mais importantes que podemos desenvolver em nossas vidas. Em um mundo em constante mudança, é essencial estar sempre aprendendo e se adaptando para ter sucesso em nossas carreiras e na vida pessoal. Ajuda-nos a manter nossas habilidades atualizadas e a nos adaptar às mudanças em nosso ambiente de trabalho e em nossa vida pessoal. Isso pode envolver aprender novas habilidades, aprimorar as habilidades existentes, aprofundar o conhecimento em um determinado assunto ou aprender sobre algo completamente novo. Além disso, a aprendizagem contínua pode ajudar a melhorar nossa autoestima e autoconfiança. Quando aprendemos algo novo, sentimo-nos mais confiantes em nossas habilidades e mais capazes de enfrentar novos desafios. Também pode nos ajudar a encontrar novas paixões e interesses, o que pode nos levar a novas oportunidades de carreira e a uma vida mais satisfatória.

Também é essencial para manter-se competitivo no mercado de trabalho atual. A tecnologia e as mudanças no mercado de trabalho estão transformando rapidamente as habilidades e as qualificações necessárias para se destacar em uma carreira. Portanto, é fundamental que continuemos a aprender e aprimorar nossas habilidades para nos mantermos atualizados e relevantes.

Nunca pare de aprender! Nunca pare de ler, de estar em cursos, fazendo parte de projetos e se desafiando para ser melhor sempre. Talvez até uma área que você acha que não é relevante e esteja disposta a aprender e aperfeiçoar suas habilidades constantemente. Certifique-se de estar atualizada com as últimas tendências e tecnologias em sua área de atuação.

Networking

Conecte-se com outras pessoas da sua área de atuação e participe de eventos. O *networking* pode ajudá-lo a se manter atualizado sobre o que está acontecendo em seu setor e a conhecer novas oportunidades de carreira.

Eu entendo perfeitamente o que você está pensando! Às vezes, podemos pensar que não precisamos nos preocupar com o *networking* quando temos um negócio bem estabelecido ou muitos clientes chegando até nós. Mas é importante lembrar que o mundo dos negócios está em constante mudança e precisamos nos adaptar a essas mudanças para continuarmos crescendo.

Eu mesma percebi isso quando comecei novos empreendimentos e não tinha mais a mesma energia para aplicar tudo o que havia aprendido anteriormente. Foi aí que comecei a procurar novas estratégias e descobri a importância do *networking*.

Participar de eventos, conferências, conhecer pessoas do seu mercado e trocar experiências pode ser uma grande oportunidade de aprendizado e crescimento para o seu negócio. Além disso, fazer *networking* com pessoas influentes pode encurtar o caminho para o sucesso e trazer novas oportunidades. Por isso, eu também aprendi que nunca podemos parar de estudar e nos atualizar sobre as tendências e inovações do nosso mercado. Sempre há algo novo para aprender, e é importante estarmos abertos a essas mudanças para continuarmos crescendo e evoluindo. E além disso, existem outros benefícios do *networking*:

- Geração de novas ideias e inovação: ao se conectar com outras pessoas em sua área de atuação, você pode compartilhar conhecimentos e ideias, o que pode levar a novas soluções e inovações em sua carreira ou negócio.
- Oportunidades de mentoria: o *networking* pode levar a oportunidades de encontrar mentores, que podem orientá-lo e ajudá-lo a alcançar seus objetivos profissionais.
- Acesso a recursos e informações: ao construir uma rede forte, você pode ter acesso a recursos e informações valiosas, incluindo conhecimentos especializados, contatos de fornecedores e clientes entre outros.
- Desenvolvimento de habilidades interpessoais: o *networking* pode ajudá-la a desenvolver suas habilidades interpessoais, como a capacidade de se comunicar efetivamente, estabelecer *rapport* com os outros e construir relacionamentos duradouros.

- Aumento da confiança e autoestima: construir uma rede forte e se conectar com outras pessoas que compartilham seus interesses e objetivos profissionais pode aumentar sua confiança e autoestima.

Essas ideias fizeram que eu criasse também o Instituto As Donas da P**** Toda, para estabelecer uma rede de mulheres fortes em que uma ajuda a outra com o seu conhecimento e *networking*. Por isso, faço o convite para você conhecer e participar: https://asdonasdaporratoda.com.br/.

Flexibilidade

Seja flexível e adaptável às mudanças. Esteja disposto a assumir novas responsabilidades e aprender novas habilidades quando necessário.

Todos nós temos uma certa resistência à mudança, mas aprender a ser flexível e aberto a novas ideias pode levar a grandes resultados. É importante estar disposto a se conectar com outras pessoas que possam nos ajudar a crescer e nos levar para o próximo nível.

Não gostar de não ter resultados é uma boa motivação para nos tornarmos mais flexíveis. Quando somos inflexíveis, corremos o risco de ficar para trás e perder oportunidades. Ao adotar uma mentalidade flexível, podemos nos adaptar às mudanças, aprender novas habilidades e alcançar nossos objetivos de maneiras que nunca imaginamos possível.

Inovação

Inovação é uma das chaves para o sucesso no mundo atual. Estar sempre buscando maneiras de inovar e melhorar seu trabalho é essencial para se manter relevante e competitivo.

A inovação está presente em todas as áreas da vida, desde a criação de máquinas que nos ajudam a executar trabalhos repetitivos até melhorias em nossas casas e vidas cotidianas. É importante entender que a inovação não precisa ser algo revolucionário ou disruptivo, mas sim pequenas mudanças que tornem as coisas mais eficientes e eficazes.

Outra maneira de estimular a inovação é por meio da colaboração com outras pessoas e empresas. Participe de grupos de *brainstorming* e eventos relacionados à sua área de atuação para compartilhar ideias e descobrir novas oportunidades. A colaboração também pode ajudar a desenvolver novos produtos e serviços que atendam às necessidades do mercado.

Por fim, é importante estar sempre atualizada com as tendências e avanços em sua área de atuação. Isso pode incluir a leitura de artigos especializados, participação em treinamentos e cursos, bem como a utilização de ferramentas de análise de dados para entender melhor o seu mercado. Mantenha-se sempre curiosa e aberta a novas possibilidades, pois a inovação pode vir de onde menos se espera.

Trabalho em equipe

Trabalho em equipe é essencial para o sucesso em muitas áreas. Colaborar com outros profissionais em sua área pode ajudá-la a expandir seus conhecimentos e a desenvolver novas habilidades. Além disso, trabalhar em equipe pode aumentar a eficiência e a eficácia de seus projetos.

É importante entender que trabalhar em equipe não significa apenas delegar tarefas, mas também comunicar-se de maneira clara e eficaz. Estabeleça metas e objetivos claros para o seu time e certifique-se de que todos estão alinhados com o propósito do seu negócio. Dessa forma, todos poderão trabalhar juntos para alcançar essas metas de maneira eficiente e eficaz.

Para obter sucesso em trabalhar em equipe, é fundamental contratar pessoas com habilidades emocionais e não apenas habilidades técnicas. Pessoas com habilidades emocionais podem contribuir de maneira significativa para o ambiente de trabalho, motivando e inspirando seus colegas. Além disso, a diversidade de habilidades e experiências em sua equipe pode ajudar a gerar novas ideias e soluções criativas para problemas complexos.

Para garantir que sua equipe esteja engajada, é fundamental oferecer *feedbacks* positivos e construtivos. Reconheça e celebre as conquistas do time, incentive a colaboração e o trabalho em equipe, e esteja aberta a ideias e opiniões diferentes. Quando todos sentem que suas vozes são ouvidas, o trabalho em equipe pode gerar resultados ainda mais positivos.

É importante lembrar que o trabalho em equipe requer comprometimento e esforço por parte de todos os envolvidos. Certifique-se de que cada membro da equipe esteja disposto a colaborar e a contribuir para o sucesso do projeto. Quando todos trabalham juntos e estão alinhados em suas metas e objetivos, é possível alcançar grandes resultados.

Busque *feedback*

Busque *feedback* de colegas, mentores e clientes para entender o que funciona e o que não funciona em sua abordagem. Use essas informações para ajustar sua estratégia e se adaptar às mudanças.

Eu entendo perfeitamente a dificuldade que muitos têm em lidar com críticas, mas é importante lembrar que elas podem ser construtivas e nos tornar ainda mais fortes. É preciso ter em mente que tanto os elogios quanto as críticas devem ser encarados com equilíbrio, pois extremos podem nos levar à paralisia e prejudicar nossos negócios, deixando a concorrência avançar.

Eu mesma já passei por momentos difíceis em meus negócios, como descrevi no meu capítulo no primeiro volume de *As donas da p**** toda*. Apesar de ter conseguido superar os obstáculos, admito que fiquei com medo de cometer os mesmos erros e isso acabou me prejudicando em outros empreendimentos. Mas aprendi que é preciso enfrentar as dificuldades para crescer, pois o mercado não espera por nós e as oportunidades surgem a todo momento.

Se está prosperando, é natural que apareçam pessoas invejosas e críticas, mas não deixe que isso abale você. Analise seus pontos fortes e fracos, siga em frente e não desista, mesmo que tenha gente criticando você pelas costas. Lembre-se: ninguém odeia quem está parado, ninguém odeia o feio, ninguém odeia o coitado. Se você tem *haters*, é sinal de que está no caminho certo. E eles não têm coragem de falar na sua frente, mas usam perfis falsos para atacar na internet.

Conclusão

Esteja disposto a sair da zona de conforto. Aprender e reaprender, muitas vezes, envolve sair da zona de conforto e experimentar novas abordagens. Esteja disposto a correr riscos e a enfrentar desafios para se adaptar e crescer.

Ao praticar essas habilidades, você se tornará uma profissional mais adaptável e capaz de se manter relevante em um mercado em constante evolução.

2

CONECTE-SE! FAÇA ACONTECER...

Margaret Thatcher ressalta a força interior em cada pessoa para mudar suas vidas. Enfrente desafios com determinação, persevere e espere um novo amanhecer. Acredite no potencial, lute diante das adversidades para uma transformação positiva.

VANESSA GIANNELLINI

Foto: Marcello Alves

Vanessa Giannellini

Contatos
vgiannellini@gmail.com
LinkedIn: linkedin.com/in/vgiannellini
Instagram: @vgcombr
11 96579 4154

Muito prazer! Eu sou Vanessa Giannellini. Graduei-me em Comunicação Social – Jornalismo (1985) pela Universidade São Judas Tadeu e tenho MBA em Comunicação Corporativa pela FECAP-SP. Iniciei minha carreira antes mesmo de receber o diploma e estou muito perto de completar três décadas de experiência em assessoria de imprensa e na organização de eventos. Sou sócia-proprietária da VGCOM, agência de comunicação; após todos esses anos, sou reconhecida por minha competência, representatividade e credibilidade; e lidero uma equipe de profissionais qualificados, buscando alcançar o sucesso em cada projeto realizado. As pessoas são peças fundamentais em minha vida pessoal e profissional, uma teoria que se fortaleceu e encontra inspiração no empresário Marcus Lemonis, conhecido pelo programa *O Sócio*. Acredito que esse pilar, combinado com minha personalidade, é o caminho para alcançar o sucesso. Exerço uma liderança notável em minha vida pessoal e profissional. Atualmente, trago o meu *know-how* de comunicação para o Instituto As Donas da P**** Toda, onde incentivo, inspiro e oriento mulheres a alcançarem seus objetivos por meio das conexões.

Uma frase para nos inspirar...

Gostaria que você soubesse que existe dentro de você uma força capaz de mudar sua vida. Basta que lute e aguarde um novo amanhecer.
MARGARET THATCHER

Começo o meu capítulo com a reflexão de uma mulher forte, decidida e importante para a história. Sempre ouvimos que é preciso lutar com todas as nossas forças. Mas antes de qualquer coisa, é preciso saber pelo que estamos lutando. Quais são os nossos sonhos e planos; e depois criarmos um plano de ação. Mas como descobrir nossos sonhos e metas se, muitas vezes, eles foram escondidos embaixo de nossas desculpas?

Verá que, após identificar o que verdadeiramente importa para você, nada nem ninguém conseguirá afastá-lo dos seus objetivos.

As três edições de #asdonasdaptoda trouxeram para cada uma de nós inúmeras conexões, sonhos realizados, novos desafios, novas perspectivas e oportunidades; e hoje tudo isso nos une por meio do Instituto As Donas da P**** Toda.

Falar de conexões, *networking* e sonhos, muitas vezes, pode parecer clichê; mas essas três palavrinhas têm muita sinergia com o nosso projeto. E chamo de nosso porque ele é de todas nós, feito para todas nós.

O dicionário define conexão como uma relação lógica entre ideias ou fatos; coerência, nexo. E essa definição resume perfeitamente o que nos trouxe até o Revolution 4.0.

Juliana Serafim e eu somos a prova de que as conexões existem, podem e devem ser feitas para que, juntas, possamos amadurecer, crescer e vencer!

As oportunidades batem à nossa porta todos os dias, e precisamos enxergá-las e estarmos receptivas a elas para que possamos nos permitir.

A importância das conexões pessoais

A importância das conexões pessoais é algo que eu valorizo muito. Essas conexões desempenham um papel significativo em várias áreas da minha vida. Elas são essenciais para o meu bem-estar emocional, crescimento pessoal, oportunidades profissionais e senso de pertencimento.

Em termos de bem-estar emocional, as conexões pessoais me fornecem apoio, compreensão e a sensação de ser valorizada. Ter pessoas em quem confiar e com quem posso compartilhar minhas experiências, pensamentos e emoções me ajuda a lidar com o estresse e os desafios da vida.

Por meio das interações com outras pessoas, sou exposta a diferentes perspectivas, ideias e conhecimentos. Isso me permite expandir meus horizontes, aprender com os outros e desenvolver novas habilidades. Além disso, as conexões pessoais desempenham um papel significativo no meu crescimento pessoal. Por meio das interações com outras pessoas, sou exposta a diferentes perspectivas, ideias e conhecimentos, o que me permite expandir meus horizontes, aprender com os outros e desenvolver novas habilidades.

Em suma, as conexões pessoais são fundamentais para o meu bem-estar emocional, crescimento pessoal, sucesso profissional e senso de pertencimento. É importante para mim cultivar e nutrir essas conexões, investindo tempo e esforço em relacionamentos significativos.

Como você pode criar essas conexões ao longo da sua vida profissional

Criar conexões ao longo da vida profissional é uma parte importante do desenvolvimento e crescimento na carreira. Aqui estão algumas sugestões sobre como você pode construir e fortalecer essas conexões:

- ***Networking*:** participar de eventos profissionais, conferências, *workshops* e encontros da sua área de atuação pode ser uma excelente maneira de conhecer pessoas com interesses similares. Esteja aberta a conversas, troque informações de contato e siga acompanhando o relacionamento após o evento.
- **Redes sociais profissionais:** utilize plataformas on-line voltadas para conexões profissionais, como o LinkedIn, para expandir sua rede de contatos. Conecte-se com colegas de trabalho, ex-colegas, mentores e profissionais do seu setor. Compartilhe conteúdo relevante, interaja com publicações e participe de grupos de discussão.
- **Mentorias e *coaching*:** busque orientação e aprendizado por meio de mentores ou *coaches*. Essas pessoas experientes podem oferecer *insights* valiosos, orientações de carreira e até mesmo apresentar você a outras pessoas da área.

- **Participação em grupos e associações profissionais:** associe-se a grupos ou associações relacionados à sua área de atuação. Isso proporciona oportunidades de *networking*, aprendizado e colaboração com profissionais que compartilham interesses comuns.
- **Colaboração e trabalho em equipe:** ao trabalhar em projetos ou equipes, busque construir relacionamentos sólidos com seus colegas. Seja um membro colaborativo e contribua ativamente, demonstre interesse em seus colegas e esteja disposta a ajudar e apoiar.
- **Participação em eventos da empresa:** aproveite eventos e atividades promovidos pela sua empresa, como *happy hours*, treinamentos, retiros ou festas. Essas ocasiões informais podem ser ótimas oportunidades para interagir com colegas de trabalho de diferentes áreas e níveis hierárquicos.
- **Manter contato:** não se esqueça de manter contato regular com as pessoas que conheceu ao longo da sua carreira. Envie e-mails ou mensagens para saber como estão, compartilhe notícias relevantes e ofereça ajuda sempre que puder. Um simples gesto de cuidado pode ajudar a manter os relacionamentos vivos.

Lembre-se de que criar conexões pessoais requer tempo, paciência e autenticidade. Esteja disposta a investir nas relações, oferecer suporte aos outros e compartilhar seu conhecimento.

O *networking* não se trata apenas de obter benefícios para si mesma, mas também de construir relacionamentos significativos e duradouros baseados na confiança e na reciprocidade.

É importante lembrar que construir conexões pessoais requer tempo, paciência e autenticidade. Estar disposta a investir nos relacionamentos, apoiar os outros e compartilhar conhecimento é fundamental para o sucesso do *networking*. Além disso, o *networking* não se trata apenas de obter benefícios próprios, mas também de construir relacionamentos significativos, confiáveis e recíprocos.

- **Ser proativo:** não espere que as conexões sejam feitas apenas por meio de eventos ou plataformas on-line. Seja proativo ao buscar oportunidades de conexão. Inicie conversas, participe ativamente em grupos de discussão e ofereça sua ajuda e expertise quando apropriado.
- **Cultivar relacionamentos existentes:** não se esqueça de manter contato regular com as conexões que já estabeleceu ao longo da sua carreira. Demonstre interesse genuíno em suas vidas e carreiras, compartilhe atualizações relevantes e esteja disponível para oferecer suporte, se preciso.
- **Ser autêntico:** ao criar conexões, seja sempre você mesma. As pessoas apreciam a autenticidade e são mais propensas a se conectar com alguém

que é genuíno e transparente. Não tenha medo de compartilhar suas ideias, experiências e opiniões de maneira honesta.

- **Demonstrar interesse pelos outros:** mostre interesse genuíno pelas pessoas com as quais interage. Faça perguntas sobre suas carreiras, interesses e experiências. Ouça ativamente e mostre empatia. Mostrar interesse pelas outras pessoas é uma maneira eficaz de criar conexões significativas.
- **Ser um recurso útil:** esteja disposta a ajudar os outros sempre que possível. Compartilhe seu conhecimento, ofereça suporte e faça conexões entre pessoas que possam se beneficiar uma da outra. Ser um recurso útil mostra que você valoriza as conexões e está disposta a contribuir para o sucesso dos outros.
- **Manter uma presença on-line consistente:** utilize as mídias sociais e outras plataformas on-line para manter uma presença consistente. Compartilhe conteúdo relevante, interaja com postagens de outras pessoas e demonstre seu conhecimento e expertise na sua área de atuação. Isso pode atrair a atenção de outros profissionais e facilitar a criação de novas conexões.
- **Participar de programas de desenvolvimento profissional:** esteja aberta a participar de programas de desenvolvimento profissional, como cursos, *workshops* ou palestras. Além de aprender e expandir suas habilidades, esses eventos oferecem ótimas oportunidades para conhecer e interagir com outros profissionais da área.
- **Manter uma atitude positiva e profissional:** tenha uma atitude positiva e profissional ao interagir com outras pessoas. Mostre respeito, cortesia e ética em todas as suas interações. Essas características ajudam a construir uma reputação sólida e a estabelecer conexões confiáveis.

Ao seguir essas sugestões, você criará um ambiente propício para construir e fortalecer conexões ao longo da sua vida profissional. Lembre-se de que as conexões pessoais são valiosas e podem trazer benefícios significativos para sua carreira e seu crescimento pessoal.

Pare e reflita: qual é a importância do relacionamento interpessoal em toda a sua jornada profissional?

O relacionamento interpessoal refere-se à maneira como interagimos, nos comunicamos e nos relacionamos com outras pessoas. É um aspecto fundamental de nossas vidas pessoal e profissional, pois afeta nossa felicidade, bem-estar emocional e o sucesso nas interações sociais.

Algumas características importantes do relacionamento interpessoal incluem:

- **Comunicação eficaz:** a capacidade de expressar pensamentos e sentimentos de modo claro e ouvir ativamente os outros é essencial para construir relacionamentos saudáveis. Uma comunicação eficaz promove compreensão, resolução de conflitos e conexões mais profundas.

- **Empatia:** a empatia é a capacidade de se colocar no lugar do outro, compreender suas emoções e perspectivas. Ser empático permite criar conexões mais significativas, mostrar compaixão e apoiar os outros em momentos de necessidade.
- **Respeito mútuo:** o respeito é fundamental para um relacionamento saudável. Envolve aceitar e valorizar as diferenças, ser cortês e tratar os outros com dignidade. O respeito mútuo cria um ambiente de confiança e colaboração.
- **Habilidades sociais:** desenvolver habilidades sociais, como saber ouvir, ser assertivo, resolver conflitos de maneira construtiva e mostrar empatia, ajuda a construir relacionamentos positivos. Essas habilidades são importantes tanto na vida pessoal quanto profissional.
- **Confiança:** a confiança é a base de relacionamentos sólidos. Ela é construída ao longo do tempo, com base na consistência, na transparência e no cumprimento das promessas. Uma vez estabelecida, a confiança permite a criação de conexões mais profundas e duradouras.
- **Colaboração:** a capacidade de trabalhar em equipe e colaborar com os outros é essencial em muitos ambientes profissionais. Ser capaz de compartilhar ideias, ouvir diferentes perspectivas e contribuir para objetivos comuns fortalece os relacionamentos interpessoais.
- **Gerenciamento de conflitos:** conflitos podem surgir em qualquer relacionamento. Saber como lidar com eles de maneira construtiva, buscando soluções e compromissos, é importante para manter relacionamentos saudáveis.

Vale lembrar que cada relacionamento interpessoal é único e pode envolver diferentes dinâmicas e desafios. É importante estar disposta a investir tempo e esforço na construção e na manutenção desses relacionamentos, pois eles têm um impacto significativo em nossa vida pessoal e profissional.

"Eu valorizo as conexões pessoais em minha vida. Reconheço que essas conexões desempenham um papel fundamental no meu bem-estar emocional, crescimento pessoal e sucesso profissional. Ao longo da minha jornada, tive a oportunidade de estabelecer conexões significativas com colegas de trabalho, mentores, líderes e outros profissionais em minha área. Essas conexões têm sido fontes de inspiração, apoio e aprendizado."

Conecte-se! Faça acontecer...

3

AS RAPIDINHAS SÃO AS MELHORES

A autora dedica o capítulo às leitoras e ao público masculino que busca aperfeiçoamento sexual. Ela questiona se uma rápida relação sexual pode ser tão satisfatória quanto um sexo mais prolongado e afirma que, em algumas situações, uma "rapidinha" pode ser mais benéfica para o relacionamento. Ressalta que o sexo "baunilha", sem paixão e improvisos, é o pior pesadelo em um casamento. Ela lista algumas dicas para uma rápida, porém prazerosa, relação sexual, que pode ser feita durante o dia e em lugares fora da cama. Destaca que a comunicação e a imaginação são fundamentais para um casamento duradouro e satisfatório e compartilha algumas de suas próprias experiências positivas ao longo de seus 25 anos de casamento.

ADRIANA CANDIDO

Adriana Candido

Contatos
enf.dri@hotmail.com
Instagram: @osegredodelasoficial
11 99726 5120

Criativa por natureza e apaixonada pelas pessoas e pelas suas histórias. Adriana Candido é escritora, mas também é esposa e mãe de duas filhas. É executiva de saúde e educação, avaliadora da Organização Nacional de Acreditação, palestrante em diversas áreas, analista comportamental, consultora em saúde e *professional & leader coach*, com reconhecimento internacional do World Coaching Council (WCC), sendo chancelada pela Sociedade Portuguesa de Coaching Profissional. É graduada em Enfermagem (UMC) e especialista em Docência do Ensino Médio, Técnico e Superior (Fapi); em Auditoria dos Serviços de Saúde (Unicsul); em Gerenciamento dos Serviços de Enfermagem (Unifesp); e em Sexualidade Humana (CBI of Miami). É também mestre em Gerontologia pela Universidade de Aveiro (Portugal). Como se não bastasse, nas últimas décadas, fez-se estudante e aprendiz da arte do relacionamento e da sexualidade; e tudo isso sem esquecer a maquiagem, a calcinha de renda e o salto alto!

As melhores rapidinhas são aquelas que foram maliciosamente planejadas bem antes de serem executadas.
MARIA ISABEL RIBEIRO LOPES

Cara leitora, dedico este capítulo a você, pela qual eu tenho tanto respeito e admiração. Não posso deixar de agradecer, no entanto, o meu público masculino, aqueles que, curiosos, me acompanham e gostam de se aperfeiçoar cada vez mais.

Responda com sinceridade: uma rapidinha vale a pena? Se você está com aquele sorrisinho no canto da boca é porque lembrou de alguma. Em algumas ocasiões, uma boa rapidinha vale muito mais do que investir em várias horas de sexo; afinal, o tempo investido em uma relação sexual não garante o resultado no final.

Uma rapidinha de alguns minutos, aquela que no final você está até com as pernas moles ou não sabe bem onde está, pode dar mais resultados do que os que você espera. Em algumas ocasiões, pode significar um *up* no casamento que pode estar no limbo por causa da rotina, ajudar a relembrar aventuras vividas quando mais jovem, mostrar para o parceiro o quão ousada e flexível você pode ser e por aí vai...

E agora você deve estar se perguntando o que ganha lendo este capítulo em vez de estar investindo seu precioso tempo em uma rapidinha? Querida leitora do clube da vagina, no final da leitura, você irá ser presenteada com várias dicas de rapidinhas que farão com que seu rápido orgasmo seja mais que magnífico, simplesmente das galáxias! Então, continue comigo que eu conto como.

Como você sabe, sou casada e mãe de duas meninas e, por incrível que pareça, toda mãe faz sexo ou já fez um dia; caso contrário, nenhum e nenhuma de nós estaria aqui. Se pudéssemos conversar um pouco, tenho a certeza de que iríamos trocar muitas experiências e dar boas risadas das aventuras do passado que, muitas vezes, esquecemos. E por que esquecer? Poderíamos repetir essas boas aventuras.

Muitas vezes, por vários motivos diferentes, deixamo-nos levar pela vida de casada ou por um relacionamento que está com gosto de baunilha (nada contra os apaixonados pelo sorvete sabor baunilha). O conceito de "sexo baunilha" é o sexo sem paixão, simples e agradável. Nada de improvisos, calor, medo, respiração ofegante, ansiedade, paixão, suor, arrepios e formigamentos. Acredito que o tal sexo baunilha seria o pior pesadelo da vida de casada.

Neste ano, eu e meu marido completamos 25 anos de casados, anos de muita resiliência, reinvenções e concessões, lembrando que sem comunicação nada disso poderia acontecer. Temos a falsa ideia de que o casamento é sinônimo de felicidade. Esperamos que todo casamento seja cheio de paixão, que tenha muito sexo, sem brigas e que, principalmente, nossos companheiros nos compreendam, nos completem, nos respeitem, nos agradeçam, nos amem, nos desejem e, por último, que paguem todas as nossas contas... Nesse momento, você acorda do seu sonho. Às vezes, sei ser engraçada, tenho certeza de que você riu.

Fazendo um balanço das minhas bodas de prata, percebi que as rapidinhas contribuíram de maneira muito positiva para o meu casamento. Não me entenda mal: eu adoro uma preliminar, e não renuncio a elas nas rapidinhas. Como dizia nossa querida Rita Lee, "sexo é imaginação, fantasia...". O desejo sexual começa na nossa cabeça, na nossa imaginação.

Enquanto eu estava em uma praia na República Dominicana, comemorando minhas bodas, pensando em meu casamento, analisando o que deu certo e o que precisava ser ajustado, veio a minha cabeça alguns bons momentos, aqueles que você se pega dando aquele sorrisinho de canto de boca que falamos no começo do capítulo e pensa: não acredito que fiz isso! E era das rapidinhas que eu mais lembrava. Com base nessas minhas boas memórias, vou listar, neste texto, e só para você, minha querida leitora, algumas boas ideias.

Então, vamos dar uma rapidinha bem gostosa? Ela pode acontecer no meio do dia, não precisa acontecer à noite, e muito menos em uma cama. Ela pode ter uma pegada bem mais sexy, excitante e selvagem. A rapidinha é mais aventureira e anda lado a lado com o proibido segundo algumas pessoas. Pode acontecer na casualidade, o que aumenta a adrenalina e o frio na barriga, gerando a desejada apimentada no relacionamento do casal. Deixo, a seguir, os prometidos relatos e as esperadas dicas!

Tirar a roupa é perder tempo

Para que perder tempo tirando a roupa? Pense nos filmes de Hollywood. Agora, imagine a cena: o seu vestido sendo levantado, a sua calcinha sendo rasgada, você abrindo o zíper dele, forçando os botões da camisa, toda aquela respiração ofegante e uma penetração deliciosa... respire agora! Se você é prática e aventureira, já saia para um encontro sem calcinha. Aqui vai uma historinha...

Meu marido convidou-me para jantarmos e, claro, eu aceitei. Então, como sou uma menina malvada, planejei uma maliciosa rapidinha. Fui de vestido e coloquei minha menor calcinha de renda, aquela que não é nem um pouco confortável, mas muito sexy. Durante todo o trajeto feito de carro até o restaurante, de modo muito sutil, com a mão na perna dele, fui subindo e chegando até o zíper... até que o abri. Encontrei nada menos que um pênis ereto, que eu fui acariciando e brincando.

Em determinado momento, ele pediu-me para deixarmos o jantar de lado e irmos para outro local, eu insisti que queria jantar. Certamente, sabia que iria levá-lo às alturas se fizesse um sexo oral; então, "mãos na massa"! No entanto, controlei a situação, não finalizei nada e, chegando próximo ao restaurante, parei.

Ele ficou sem saber o que fazer, se fechava a calça, se mexia no cabelo, se passava direto pelo restaurante... até que a oxigenação voltou ao normal e, quando parou o carro no *valet* do restaurante, já estava todo alinhado novamente.

Entramos no restaurante e escolhemos os pratos. Até chegarem, entre as taças de vinho, ele dava uma gostosa cutucadinha por baixo do meu vestido. Acredito que as taças de vinho possam ter influenciado, mas, no meio do prato principal, disse a ele que precisava ir ao toalete. Não demorou muito e ele estava atrás de mim, no banheiro feminino... ainda bem que não tinha mais ninguém. Sem pensar muito, entramos dentro de um *box* e mandamos ver na rapidinha. Que maravilha, nem a calcinha rendada eu tirei, ele só puxou de ladinho. Acho que essa rapidinha foi a mais rápida até hoje... Deve ter sido pelo medo de alguém entrar no banheiro. Por isso, antes de ele sair do banheiro, eu chequei se não tinha nenhuma mulher por ali, para não ter nenhum tipo de constrangimento.

Voltamos para a nossa mesa e terminamos nosso delicioso jantar. Deixamos o restaurante muito satisfeitos.

Cama foi feita para dormir

O tesão da rapidinha é transar como se não desse tempo de chegar à cama! Quer sensação melhor que essa? Explore todos os ambientes que você tem disponível: balcão da cozinha, sofá da sala, banheiro, dentro do carro, na garagem, varanda, escada do prédio e por onde mais a sua imaginação acompanhar. Só tome cuidado com essas práticas em lugares públicos. Além de ser uma situação de constrangimento, também é crime. Tenho que admitir que a cama sempre me convidou para dormir. Sinto-me muito mais atraída para uma transa em qualquer outro local e, pensando bem, acho que gosto mesmo é da sensação do friozinho subindo pela barriga. E vamos de mais uma historinha?

Éramos convidados no casamento de um primo meu, que acontecia em um belíssimo sítio. A cerimônia ocorreu no final da tarde e a festa se estendia para a noite. Estávamos festejando já havia uns três dias e, durante uma dessas festas, decidimos ir até o carro dar uma aliviada no estresse, com a conhecida rapidinha. Deixamos as filhas que não eram tão pequenas aos cuidados da minha irmã e dirigimo-nos para o estacionamento. Foi tudo tão engraçado que dou risada até hoje, só de lembrar.

Estava com um vestido longo, justo e com uma calcinha mais justa ainda, para garantir que nem uma barriguinha fosse fotografada. Eu mal conseguia respirar. O topete do cabelo parecia mais a Marge Simpson, esposa do Homer Simpson, do desenho animado, o que fazia que eu quase não coubesse dentro do carro.

Foi uma verdadeira aventura entrar no carro e ainda tentar levantar o vestido. Falhando nesse plano, mas sem a intenção de desistir, decidi sair do carro e tirar o vestido. Hoje em dia, lembrando, penso: ainda bem que o estacionamento era no meio do mato e os convidados estavam preocupados com a festa. Tenho que admitir que foi um grande malabarismo. Graças a Deus, na época, não estávamos dentro de um Fusca. Que rapidinha gostosa! Tivemos sucesso na missão e, como toda experiência vira aprendizado, desde aquele dia, meus penteados são menores.

E as preliminares?

Nas rapidinhas, o sexo precisa ser rápido; mas, ainda assim, delicioso! E pode ter preliminares, sim! Um beijo marcante, por exemplo, é muito afrodisíaco. Com o passar dos tempos, esquecemos o quão bom é um beijo de língua, já que na vida de casado ele acontece de maneira muito esporádica. As bitocas do dia a dia passam a ser rotina e nem lembramos o quanto nosso beijo tem um potencial incalculável. Quem nunca ouviu falar do beijo francês? Talvez, cara leitora, você deva relembrar que um beijo desses pode ser muito interessante para começar a esquentar a relação ou ser o início de uma rapidinha daquelas.

Mas não prive a sua imaginação. Uma cutucadinha, algumas palavras ao pé do ouvido, uma pegadinha, a boca aqui ou ali. Dá tempo de fazer preliminares, sim. O importante é a qualidade do que se faz e não a quantidade. O sexo começa na sua cabeça, com a sua imaginação. Aproveite a tecnologia e utilize-a a seu favor, claro, tomando os cuidados cabíveis. Segue aquela historinha de costume...

Houve um período desses 25 anos de casados em que eu morava em Porto Seguro/BA e meu marido viajava para fora do Brasil. Ficávamos, por isso, um longo tempo tendo que lidar com essas viagens – o que não foi nada fácil para nossa vida de casado. No entanto, quando temos grandes problemas, temos de abusar da criatividade. Por algumas vezes, recebi uma superamiga em minha casa e passávamos longos períodos na piscina tomando taças de vinho, nos divertindo, dando risadas e caçando o que fazer. Em uma certa tarde, tivemos a brilhante ideia de fazer umas fotos nudes na piscina, na ducha, na espreguiçadeira, no sol, com e sem biquíni. Realmente, minha superamiga era ótima com fotos e com ideias também. Passamos a tarde fotografando, como modelo de revista. As fotos ficaram ótimas e muito sensuais.

Meu marido estava em um país que tinha quatro horas de fuso horário a mais; então deixei para enviar algumas fotos na manhã do dia seguinte. Quando enviei três das fotos, ele estava em reunião e não entendeu muito bem o que estava acontecendo. Logo saiu da reunião e ligou-me perguntando se estava tudo bem. Eu disse que estava bem até demais. Ele deve ter me ligado umas dez vezes naquele dia, coisa que nunca tinha acontecido, dizendo que tinha amado as fotos e que estava com muita vontade de sentir meu cheiro, que não via a hora de estar comigo na próxima semana. Durante o resto daquela semana, quando nos falávamos, ele terminava a conversa sempre me dizendo que não acreditava no que eu tinha feito. Mal sabe ele que a ideia bem-sucedida tinha sido da superamiga. Depois de quase de oito anos, ele ainda tem as fotos consigo e, com elas, faz que as preliminares comecem na cabeça.

Levo o celular?

Entre tantas coisas que cabem dentro da bolsa de uma mulher; se eu tiver que escolher, não sei o que devo levar. Lá vai outra história rapidinha...

Desta vez, ele convidou-me para dançarmos. É claro que o vestido não era longo nem justo e não tinha penteados mirabolantes. Muito pelo contrário. Fui com uma camisola belíssima de onça que mais parecia um vestidinho de grife para balada. Estava verdadeiramente muito bem vestida para a ocasião: sandália alta, cheirosa, maquiada, cabelos ondulados, com uma bolsinha de corrente dourada e, claro, sem calcinha. Tive que escolher o que ia dentro da bolsinha, minha dúvida estava entre o celular e um bom lubrificante. Infelizmente, não pude atender ninguém naquela noite, o celular ficou em casa.

O marido ficou a noite toda hipnotizado pela onça que dançava com ele! Eu sussurrava bobeirinhas e sacanagens em seu ouvido, enquanto nos beijávamos. Às vezes, no calor da emoção e no escurinho, ele dava uma pegadinha onde a onça mais desejava. O que aprendi com toda essa experiência foi que aquele homem passou a noite excitado, desejando-me. Por isso se eu tiver que escolher novamente entre o celular e o lubrificante, o celular fica em casa!

Leitora amiga (e leitor de plantão também), após compartilhar minhas rapidinhas e minhas aprendizagens adquiridas em 25 anos de casamento com você, gostaria de lembrar algo muito importante: em relacionamentos, não existe o certo nem o errado, muito menos o ideal ou o perfeito. O segredo da sua melhor versão é entregar-se e apreciar a intensidade de cada momento, seja com uma rapidinha ou em horas de sexo mais longo. Quando você se doa, se conhece e se permite aproveitar 100% das sensações, o orgasmo acontece como uma deliciosa consequência, porque:

> Amor é divino
> Sexo é animal
> Amor é bossa nova
> Sexo é carnaval
> Oh, oh, uh
> (*Amor e sexo*, RITA LEE)

Meu agradecimento para uma mulher que sempre esteve à frente da sua época, tratando o sexo de modo natural, como deve ser: nossa querida Rita Lee.

4

DIÁRIO DE BORDO

A SOLITUDE DE UMA MULHER DIRIGINDO PELA AMÉRICA

Viajar sozinha, para muitas mulheres, é algo assustador que nos tira da zona de conforto. Porém viajar só também desperta muitos outros sentimentos, como a liberdade e o empoderamento. Nesta pequena aventura, a autora, que é nômade digital e corredora de montanha, compartilha suas vivências em uma viagem sozinha, de carro, por parte da América do Sul. Foram 35 dias, e mais de 6 mil quilômetros repletos de obstáculos e aventuras em meio à natureza.

ADRIANA VAZ

Adriana Vaz

Contatos
dri_vaz@hotmail.com
Instagram: @dricavaz
45 98821 8880

Formada em Direito pela Universidade Estadual de Mato Grosso, especialista em Direito Digital. Funcionária pública federal, nômade digital, atleta amadora, ultramaratonista de montanha e aventureira.

Madalena Caramuru foi a primeira mulher alfabetizada no Brasil, por volta de 1534. Em meados do século XVIII, no Brasil, as meninas foram autorizadas a frequentar a escola separadamente dos meninos e de maneira ainda bem restrita. Em 1916, o Código Civil Brasileiro previa que a mulher casada necessitava da permissão do marido para diversos atos, inclusive viajar. Tais restrições perduraram até a década de 1960, e apenas em 1988, com a promulgação da Constituição atual, foi declarada legalmente a igualdade entre homens e mulheres.

Hoje, quase 500 anos após a primeira conquista feminista e após cerca de 60 anos da permissão para que a mulher possa viajar sozinha, ainda estamos longe dessa igualdade de fato.

Eu mesma, confesso, por muitos anos, não tive coragem de viajar só. Ao contrário, além do medo, acreditava que tal atitude não seria bem-vista.

A primeira viagem sozinha foi em 2007. A princípio, por falta de companhia, mas com vontade imensa de conquistar o mundo. Foi libertador e apaixonante. No Brasil, ainda não temos essa cultura de viajar só, e qualquer mulher desacompanhada em lugares públicos é vista como aquela que "ninguém quer" (sim, ainda é muito forte o conceito de que a felicidade feminina só é plena se acompanhada de um homem).

Viajei sozinha outras vezes, mas guardava o sonho de viajar de carro para a América do Sul, e, mesmo vivendo em tempos modernos, mesmo lutando diuturnamente para quebrar essa misoginia estrutural, eu achava que, para viajar de carro, precisava, necessariamente, de uma companhia.

Depois de dirigir sozinha pelo Brasil, percebi que, para sair do país, também não precisava de companhia; e, então, começa a grande aventura.

Saí do Brasil rumo à cidade de Puerto Iguazú, na Argentina, país de destino nessa primeira viagem. A ideia era ir para o norte, conhecer a região dos desertos.

Já na aduana, a atendente ficou eufórica ao saber que eu iria tão longe e sozinha. Saber que outras mulheres ficam contentes e encorajadas a fazerem o que têm vontade é o que mais me mantém animada e motivada.

Em Puerto Iguazú, estava chovendo muito, já era noite, e eu estava sem celular para me localizar, em razão de um curto-circuito no carro que queimou o carregador. Rodei pela cidade até encontrar um restaurante. Entrei, comi, bebi e pedi uma tomada. Celular carregado, procurei uma hospedagem.

O hostel escolhido era bem pior do que nas fotos e havia apenas uma única cama, em um quarto misto e com banheiro compartilhado. No meio da noite o ar condicionado estragou e eu não conseguia dormir de tanto calor. Ainda de madrugada, levantei e resolvi seguir viagem em direção à cidade de Posadas, meu próximo destino. Foi já nesse primeiro trajeto, em rodovias argentinas, que me senti livre e feliz, que meus medos em relação a dirigir sozinha em um país diferente se dissiparam completamente.

No caminho, passei pela cidade de San Ignácio. E mesmo não gostando de turismo religioso – por toda exploração que as igrejas promovem e promoveram desde os primórdios – eu estava ao lado das ruínas das missões jesuítas, a mais famosa delas. Parei e fui conhecer, não só as Ruínas de San Ignácio Miní, mas também um pouco mais sobre a história da colonização da América do Sul, que é a nossa história.

Em Posadas, encontrei um *loft* muito aconchegante e com preço bom. Na manhã seguinte, já fui correr na orla, com um nascer do sol lindo. Posadas fica às margens do Rio Paraguai, na fronteira com o Paraguai, e da orla pode-se avistar a cidade de Encarnación, no país vizinho. Fiquei ali por dois dias, e a dona do *loft* me deu várias dicas sobre o trajeto até Mendoza. Nesse momento eu já havia alterado o percurso, ante a possibilidade de participar de uma corrida no Aconcágua.

De Posadas, segui até a cidade de Chajarí, na fronteira com o Uruguai, numa região de águas termais. No caminho, fiquei sem internet e refém de rede wi-fi. Depois de me perder em um pequeno trecho, cheguei em Chajarí, procurei um café, comi e pedi o wi-fi, e busquei uma hospedagem. No dia seguinte, trabalhei pela manhã; à tarde, segui viagem para Santa Fé, ligando o GPS ainda no hotel para não me perder novamente. Cheguei em Santa Fé e segui a mesma rotina: um café, um wi-fi e buscar hospedagem. Achei um hostel próximo, mas quando estava a caminho, o GPS desconectou e eu não consegui encontrar o local da minha parada. Fiquei rodando um tempo até encontrar um hotel um tanto quanto mais caro do que aquilo que eu pretendia pagar. *Check-in* feito, deu tempo de correr no pôr do sol da orla. Invadiu-me um sentimento de paz, como se os problemas se recolhessem ao fim do dia com o sol. À noite, fui a um bar e, enquanto tomava minha cerveja, analisei os olhares curiosos, muitos de admiração por verem uma mulher entrar sozinha em um bar. Santa Fé fica às margens do Rio Paraná, e é ligada à cidade de Paraná, do outro lado do rio, por um túnel. É uma região lindíssima, na qual eu gostaria de ter ficado mais, mas o preço do hotel aliado à manhã chuvosa no dia seguinte me desanimaram e segui para Córdoba. No caminho, fui conversando, por telefone, com um amigo argentino que vive no Brasil, que me convenceu a conhecer Villa Carlos Paz, colocando-me em contato com um grupo de corrida. Então, parei em Córdoba e mais uma vez procurei um café, wi-fi, busca por hospedagem; e segui para Villa Carlos Paz, que é bem próxima. Enquanto escolhia a hospedagem, veio uma sensação de poder, da certeza de que eu sou capaz de fazer qualquer coisa, em qualquer lugar do mundo. Achei que Carlos Paz era uma pequena vila próxima à montanha, mas era um mar de gente em uma região muito turística da qual eu nunca tinha ouvido falar. Cheguei na cidade por volta de 11 horas da noite e, no dia seguinte, às cinco horas da manhã já estava a caminho das montanhas para correr.

Ah, a montanha! O lugar em que me sinto mais feliz! Treino feito, voltei para o apartamento, porém não havia energia nem água. Quando a água e a energia voltaram, estragou o aquecedor. Tomei banho gelado no frio, descansei, e no dia seguinte fui para Córdoba. Ainda na entrada da cidade, outro curto-circuito fez o carro apagar de vez, no meio da rua deserta de domingo. Minha primeira reação foi chorar, mas antes que os olhos se enchessem de lágrimas, respirei fundo, me acalmei e comecei a pensar nas possibilidades. Sem internet e sem conhecer ninguém, enviei uma mensagem para o único contato que eu tinha: o dono do apartamento que eu havia alugado em Córdoba – o qual chamou um guincho. Por sorte, dessa vez, tinha alugado a hospedagem antes de sair e já tinha o contato do proprietário e, por sorte também, os serviços de mensagem funcionam sem internet. Fiquei cerca de três horas esperando calmamente; afinal, um carro estragado não é um problema grave. Acabei ficando vários dias em Córdoba, até que tudo se resolvesse. Aproveitei para conhecer todos os restaurantes e bares, comer e beber à vontade. Com o carro pronto, segui até Villa General Belgrano, outra cidade que, até pouco tempo, nunca tinha ouvido falar. Com lagos e montanhas, colonização alemã e muita cerveja. A cidade será palco de um circuito mundial de corrida de montanha, o que me fez optar por incluí-la no roteiro. Fiquei ali por quatro dias e, além de treinar no percurso da prova, provei todas as cervejas e comidas possíveis e visitei os vilarejos ao redor.

Dali, segui para Mendoza, que não estava no roteiro original, mas acabou se tornando meu principal destino. Enquanto dirigia, comecei a refletir sobre como tudo finalmente estava dando certo. Às vezes, algumas situações parecem graves, mas no fundo são solucionadas facilmente. Enquanto refletia sobre isso, repentinamente, um pedaço do meu dente se quebrou. Comecei a rir, porque, antes de tudo, a situação era cômica. Já próxima à cidade, parei em um posto de combustível, comi e usei o wi-fi para buscar hospedagem. Encontrei um apartamento maravilhoso, bem localizado e com preço ótimo. Conversei com os proprietários, e eles me receberam às 11 horas da noite, quando cheguei. No dia seguinte, era dia de San Valentin e todos os restaurantes estavam com decoração e cardápios especiais para o dia dos namorados. Isso não me intimidou. Há algum tempo eu não sairia para jantar sozinha, ainda mais no dia dos namorados. Hoje sei que minha companhia é a melhor que tenho, e não me importo com a opinião alheia.

Infelizmente, muitos lugares não tratam bem uma mulher desacompanhada, e é justamente por isso e por muitas outras situações que o feminismo tem que ser uma luta diária. Escolhi um restaurante de carnes, pois ainda não tinha comido uma carne à altura da culinária argentina. Fui muito bem atendida pela recepcionista, pelos garçons e pelo *barman*. Todos fizeram que eu me sentisse muito bem acolhida, inclusive os clientes; tendo uma moça se oferecido para tirar fotos minhas quando viu que eu estava registrando o momento. Voltei para casa feliz em realizar meu sonho de viajar sozinha de carro pela Argentina.

No dia seguinte, piorei de um resfriado que já havia se iniciado anteriormente. Decidi, então, ficar um pouco mais em Mendoza até me recuperar e ter um pouco mais de rotina. Apesar de estar sempre na estrada ou me mudando, eu gosto e necessito da rotina, de horários definidos para refeições e atividade física.

Assim que melhorei, comecei a planejar meus passeios, sempre tentando incluir montanhas e treinos de corrida. A maioria dos parques e trilhas na Argentina são autoguiados e são muito seguros para ir sozinha.

O primeiro treino foi no Cerro Divisadero, dentro do Parque General San Martin – e bem pertinho da cidade. O Cerro possui um relevo parecido com o do deserto, uma coloração avermelhada, com rios e morros. Fiquei encantada.

Fui a muitos restaurantes, bares, festas e baladas; com novos amigos, proprietários do apartamento, com as amigas deles, com os amigos delas. Acabou virando uma rede de amigos. Uma das grandes alegrias em viajar sozinha é essa conexão com outras pessoas, com as quais sempre aprendemos e dividimos algo. A seguir, parti para Potrerillos, cerca de uma hora de Mendoza. Potrerillos é um vilarejo com um lago enorme em meio às montanhas, com muitos esportes aquáticos. Na volta encontrei um café-bar na beira da estrada, no meio do nada, ou de tudo, com vista para o lago e para as montanhas nevadas. Enquanto comia com aquela vista incrível, percebia o quanto estava feliz por viver tudo aquilo. Muitas vezes, a sensação de poder fazer e estar onde se quer é melhor ainda do que a sensação de estar com amigos.

A próxima aventura foi conhecer Villavicencio. São cerca de 50 minutos de Mendoza, e eu não sabia ao certo se era um vilarejo ou uma cidade, mas chegando próximo já avistei a Estrada Caracoles, uma estrada de terra em formato de caracol que cruza a cordilheira. Parei inúmeras vezes no percurso, admirando e registrando tudo. Às vezes, somente observava, incrédula. Emocionei-me ao avistar, bem de pertinho, um bando de guanacos (uma espécie de camelo da América do Sul). Atravessei toda a cordilheira e durante todo o percurso havia pessoas fazendo piquenique. Eram famílias inteiras, ou grupos de amigos, que levam até mesas e cadeiras para comerem com a vista das montanhas. Achei sensacional esse hábito em lugar tão inóspito e tão lindo. Anotei mentalmente que devo fazer mais piqueniques.

Ao voltar, no fim do dia, percebi que eu estava tão empolgada que não havia comido nada o dia todo. Foi o dia mais feliz da viagem até então. Eu estava tão feliz, tão emocionada. O conceito de felicidade é mesmo muito estranho e subjetivo. Para a maioria das pessoas, é impossível ser feliz sozinho; ou a viagem perfeita é, necessariamente, com alguma companhia. Há, ainda, aqueles que só são plenamente felizes se estiverem com um parceiro, e confesso que, por muito tempo, eu mesma também pensava assim, mas é engraçado como a vida ou nós mesmos nos transformamos. Um dia plenamente feliz foi assim, sem ninguém para compartilhar, sem conhecer pessoas, sem conversar com ninguém. Talvez eu seja mesmo uma pessoa estranha, ou talvez eu tenha descoberto que a felicidade está em mim, e não no outro.

O próximo passeio foi no Cerro Arco, bem pertinho da cidade. O percurso tinha uma subida muito íngreme, uma estrada de terra. Subi correndo desde a base, pois a minha intenção era mesmo treinar um pouco. No alto, há uma rampa de parapente. Parei para observar e, por coincidência, o dono da empresa estava ali, aguardando alguns clientes. Ficamos alguns minutos conversando, e quase me convenci de que deveria saltar, mas meu medo de altura ainda foi maior. Subi mais um pouco, tirei muitas fotos e voltei até o ponto onde tinha ficado o carro. No estacionamento, havia um minimuseu de alpinismo, com muitos equipamentos antigos, grampões, mochilas, roupas de neve, uma infinidade de fotos e uma maquete do Aconcágua. Também conheci um senhor que, do alto dos seus quase 70 anos, conhecia absolutamente tudo na região; e já havia subido até o pico do Aconcágua diversas vezes. Ficamos conversando por horas, e eu absorvendo todas as informações, todas as histórias, todas as vivências. Essa é uma das partes das viagens de que mais gosto, conversar e aprender com pessoas mais experientes. É um aprendizado único e de valor imensurável, muitas vezes emocionante.

Saí de lá convicta de ir até o Aconcágua conhecer uma parte, já que para subir ao cume exige tempo, preparação, aclimatação e toda uma logística que tem que ser muito bem planejada – além de a temporada já estar encerrada. Anotei o contato do senhor, que me indicou um guia. E foi esse mesmo guia que me deu todas as orientações de como ir sozinha e subir até os pontos permitidos para o momento.

Fui ao Aconcágua em um domingo lindo de sol. Acordei de madrugada, pois são 3 horas de viagem até o parque. Segui pela Ruta 7 e já comecei a me emocionar quando o sol começou a nascer, iluminando os picos nevados, transformando o plano de fundo da estrada em uma cena cinematográfica. Chegando ao Parque Aconcágua, descobri que tinha comprado o ingresso errado e só poderia ir até a Plaza Confluencia, que é o segundo ponto desde a entrada do parque. São 7 km até lá, saindo de uma altitude de 2.800 m, chegando a 3.400 m. Equipada para correr, comecei a subida, mas não conseguia correr muito sem parar para admirar. No percurso, apesar de não estar muito cheio, havia pessoas do mundo todo. Conversei com vários norte-americanos, um grupo de indianos, brasileiros, argentinos e chilenos. Também vi bandos de mulas descendo carregadas com equipamentos. Eram os acampamentos que estavam sendo desmontados e trazidos para baixo pelas agências de turismo que fazem a subida até o pico. A temporada vai de meados de dezembro até meados de fevereiro, que é o alto verão. Fora desse período, há muita neve e a subida é proibida.

Chegando à Plaza Confluencia, lamentei por não poder seguir até o próximo ponto, a Plaza Francia, que fica acima de 4 mil metros de altitude e, por um instante, fiquei chateada, mas logo já me veio outro pensamento, o de que ir até o segundo ponto não era um "apenas". Ao contrário, já era algo extraordinário. Quantas mulheres no mundo sequer estiveram ali? Quantas pessoas nunca vivenciaram isso? É engraçado como sempre tendemos a diminuir aquilo tudo que fazemos, em vários aspectos da vida. Parece uma atitude ou um pensamento natural do ser humano sempre ver as coisas sob uma ótica negativa. Por sorte, percebi logo o quão pessimista estava sendo, enquanto vivia um dos momentos mais incríveis da vida. Fui até o mirante, onde fiquei conversando com um holandês e um casal de norte-americanos. Mais uma vez, fiquei pensando sobre viajar sozinha e todas as possibilidades que eu não teria se estivesse com alguém, mas principalmente sobre o fato de que viajar sozinha não significa estar o tempo todo só. É permitir-se conhecer pessoas e histórias, costumes e culturas, de uma forma que certamente não fazemos quando estamos acompanhados. É uma experiência singular.

Subi e desci até a Plaza Confluencia duas vezes, totalizando 30 quilômetros. Quando terminei, um grupo de pessoas me aplaudiu e um norte-americano veio falar comigo, admirado do meu feito. Às vezes, algo que parece insignificante para alguém, para outra pessoa é algo imenso. Voltei para casa me sentindo, de fato, realizadora de um grande feito, feliz, empoderada, livre. Passei os dois dias seguintes com as imagens do Aconcágua na mente e sorrindo involuntariamente o tempo todo.

No terceiro dia, as coisas estavam meio estranhas. Acabou a energia em mais da metade do país, um apagão geral noticiado no mundo todo. Com a falta de energia, acabou também a água e a internet. Resolvi ir ao parque, mas não consegui correr. À noite, tudo foi restabelecido e decidi sair para jantar. Na volta, fui surpreendida por um assaltante, que me tomou o celular. O susto foi tão grande, que comecei a chorar. Sem saber ao certo o que fazer, recorri à dona do apartamento que aluguei. Ela apagou todos os dados do celular e me ofereceu um dia a mais de hospedagem gratuitamente para que eu tentasse resolver tudo. Sem conseguir acessar nada, informar o roubo para a operadora de telefonia ou comprar outro aparelho, decidi antecipar a volta ao Brasil. Verifiquei no computador a rota a ser feita, anotei em um papel o nome das ruas e das cidades pelas quais teria que passar e peguei a estrada, atenta a todas as placas.

A primeira cidade que parei foi San Luis, capital da Província com o mesmo nome, que até então eu sequer sabia da existência. É uma cidade linda, com prédios históricos e uma avenida com vários gastrobares. Escolhi um deles, parei, sentei-me em uma mesa ao ar livre, pedi o wi-fi e uma cerveja. Liguei o computador e resolvi mais algumas coisas do trabalho. Fazia um fim de tarde lindo. Lembrei-me de que, enquanto eu estava viajando, um terremoto matou 50 mil pessoas na Turquia e na Síria, e uma enchente matou 50 pessoas em São Paulo. Famílias inteiras mortas, famílias inteiras choravam, e eu só estava sem celular. Voltar ao Brasil dirigindo sem celular ou comunicação não é, definitivamente, superação, mas um privilégio. Às vezes, só estar viva já é um privilégio. A volta para casa durou cinco dias, dos quais curti cada momento e cada detalhe dos lugares em que passei. Neste momento, encontro-me planejando a próxima viagem de carro na América. Ao longo da vida, sempre vamos nos deparar com obstáculos, mas os limites, esses somos nós quem os definimos.

5

O QUE VOCÊ QUER SER QUANDO CRESCER?

A maturidade pode despertar uma nova mulher. A partir de sua própria experiência, ao "quarentar", a autora aborda mudanças de atitude e consciência. De reinvenções possíveis na vida pessoal e profissional. De ganho de autoconfiança e desejo de tomar as rédeas do próprio destino. De não reclamar mais do outro, mas de ir lá e resolver. De se permitir arriscar, errar e acertar. Se aceitar. Viver mais vidas dentro de uma mesma vida. E conquistar, no dia a dia, mais autonomia, leveza, autenticidade e prazer.

ANA LUIZA CASSALTA

Ana Luiza Cassalta

Contatos
www.soudonadaminhavida.com.br
analuiza.cassalta@gmail.com
LinkedIn: linkedin.com/in/analuizacassalta
Instagram: @dona.da.minha.vida

Jornalista (PUC-Rio) e publicitária (PUC-Rio), com pós-graduação em Comunicação Empresarial (Estácio) e MBA em Gestão, Empreendedorismo e Desenvolvimento de Negócios (PUC-RS). Especialização em Gestão de Mudanças (HCMP®, HCMBOK® e HUCMI), Gestão de Projetos (FGV), Metodologias Ágeis (FGV), Comportamento Empreendedor (Empretec - Sebrae) e Mentoring (FGV). Carreira de mais de 20 anos em grandes empresas, como, jornal O Dia, Shell, Americanas e Globo. Ocupou cargos executivos por mais de 10 anos, com liderança de equipes e processos estratégicos. Diretora-adjunta de comunicação na ABMEN (Associação Brasileira de Mentores de Negócio). Mentora voluntária de mulheres nas ONGs Mulheres do Brasil e Instituto Vasselo Goldoni. Fundadora e diretora da consultoria Dona da Minha Vida, especializada em empreendedorismo, gestão de negócios e projetos culturais. Ama escrever desde que se entende por gente, viajar, conversar e tomar café, acompanhado de um bolinho no meio da tarde.

40...

QUA-REN-TA...
Um número.
Um marco.
Eu quarentei na quarentena.
O mundo inteiro em ebulição
e o meu mundo interno também.

A iminência da morte
acelerou mudanças.
E eu acelerei resolver
mal-resolvidos
acumulados por aí.

Me incomodei
de estar incomodada
há tempos
e deixar a pressa,
o corre,
o outro
levarem a culpa
terceirizada
da minha falta de ação.

Decidi não mais
não me responsabilizar.

Não infantilizar situações.
Não "adolescentar" relações.

Mulher de 40 já é adulta, né...
Tem que assumir a rédea
do que quiser na vida.
Zerar os "BOs"
acumulados na vida.

Trans-for-ma-ção.
A ação
De transformar.
De transpor, de ultrapassar.
De ter um mar de possibilidades.

E se você tivesse a chance de se reinventar?

E se você conseguisse trabalhar em algo novo?

E se você desejasse estudar algo novo?

E se você pudesse viver uma paixão de novo?

Valeria a pena tentar?
Você ia querer tentar?
Você teria coragem de tentar?

Experimentar.
Arriscar.
Vivenciar.
Amar.

Quantas vidas dá para viver em uma vida?
Quantas nós podemos ser nesta vida?
Quanto cabe em nós,
além do que nos acostumamos a viver?

Um dia, acordei e estava demitida.
Dezesseis anos
de relacionamento.
Foi um ótimo casamento.

Mas terminou.
E o fim
sempre me parece triste.
Mesmo quando sei
que o ponto-final
precisa acontecer.

Somos criadas para ilusão.
Para agradar, para conquistar,
para depender sempre da aprovação do outro.

Amores perfeitos e mágicos.
Amizades eternas e irretocáveis.
Ascensão e meritocracia sempre na carreira.

Às vezes, até damos sorte.

Mas terceirizar
nossa felicidade
ao externo
é garantia de frustração.

E, quando a desilusão vem…
Como não cair?

E, se arremessada ao chão…
Como levantar?

Como cicatrizar?

Sempre ouvi do tempo…
"Deixa o tempo curar."

Como "o tempo" soa diferente aos ouvidos…
Aos 15, aos 18, aos 30, aos 40…
E em todas as outras idades
em que ainda hei de ouvir
que só o tempo cura.

Certas "coisas"
precisam terminar.
Precisam ir.
Ruir.
Explodir.
Pra gente não implodir.

E, quem sabe um dia…
eclodir.
Renascer.

Mas não igual.
Porque você mudou.
Não ficou estática,
inerte, imóvel.

Se entende mais.
Se gosta mais.
Se valoriza mais.
Se expressa mais.
E a mudança se faz visível.

A maioria das mudanças não é
uma ruptura que vem de fora.

Na relação pessoal,
na relação profissional.
A mudança vem vindo
e a gente a vê enquanto a vive.
Mesmo que queira fingir não ver…

E, quando entender
que ela veio de vez,
que o fim chegou,
viva os rituais desse luto.

São necessários.

Libertam para o recomeço.

Recomeçar pode ser libertador.

Saber que você se entregou,
fez seu melhor.
E que, ainda assim, acabou.

Não deixar reticências.
Não alimentar reticências.
Dar o ponto-final.

Aceitar que é parte
da sua trajetória,
Mas que não resume
você.

Pular o parágrafo
e escrever uma nova história…
Qual é a nova história que você quer escrever?

A página em branco assusta!

Recomeçar também pode ser amedrontador.

A gente se acostuma a fazer parte
de histórias já criadas, já contadas.
Raramente a ser autora,
diretora e protagonista
da própria história.

Quando você pode criar
o algo que mais deseja...
O que realmente você deseja criar?

Eu criei a DONA DA MINHA VIDA,
para apoiar mulheres
a viverem de seus negócios.
A serem gestoras, líderes,
donas e rainhas da porra toda!

Uma afirmação.
Uma confirmação.
Que eu mesma precisava ouvir.
E acreditar.
Para dentro e para fora.

Não permito
que alguém decida minha vida por mim.
Não mais.

Me responsabilizo
por escolher,
por decidir,
por agir,
por reagir.

Me permito
viver o que nunca vivi.
Gostar ou não gostar.
Manter ou desapegar.

Acertar e errar.
Meus acertos, meus erros.
Novos acertos, novos erros.

Respiro.
Inspiro.
Transpiro.
E, às vezes,
também assumo que piro.

Na vida,
não há como
só romantizar.

Tem que analisar.
Enxergar com clareza.
Pensar alternativas.
Criar novos destinos.
Planejar o que quer de bom.
Saber do que não abre mão.

Eliminar o que machuca.
Dar espaço para o que faz bem.
Dar espaço para quem lhe faz bem.

Traçar estratégia
para as ideias
saírem das nuvens
e tocarem o chão.

E andar, nas nuvens,
ao viver os sonhos:

Mais leveza.
Mais riso.
Mais prazer.
Mais vida
na vida corrida
do dia a dia.

Querer mais ser do que ter,
do que mostrar,
exibir,
ostentar,
provar.

Tirar vendas dos olhos.
Tirar máscaras do rosto.
Tirar a obrigação de ser perfeitinha...

Aluna nota 10,
filha padrão,
namorada ideal,
esposa perfeita,
dona de casa exemplar,
mãe representante de turma,
funcionária do mês.

A vida real não é rede social.
A mulher real não é cheia de filtros.

Não quero filtros.

Quero autenticidade.
Quero espontaneidade.

Não tenho nem idade,
nem vontade de usar máscaras.

A cara limpa,
a voz honesta,
a comunicação sincera
me interessam.

Boas companhias me interessam.

A maturidade é boa.

Deixo o passado no lugar dele.
E vivo o presente,
o agora
com o que quero
para o futuro.
E, no futuro,
decidirei qual novo presente
quero me dar.
Para viver.
E ir além.

E você, também?

6

PESSOAS INTELIGENTES VOAM

Neste capítulo, você encontrará uma história de quem aprendeu a voar entre ondas, ventos, penhascos e tempestades com aproveitamento de cada experiência como exercícios para ter uma visão do futuro. Você vai perceber que reagir com negação da suas ações construirá paredes internas na sua consciência. E essas criam mais oportunidades para a ignorância e dificultarão o olhar direto para o que está realmente acontecendo dentro de você e da sua mente. Estamos sempre nos tornando, a todo momento, uma visão renovada de nós mesmos, desde que busquemos o autoconhecimento.

ÂNGELA SANTARÉM

Ângela Santarém

Contatos
angelamczs55@gmail.com
Instagram: angelasantaremcoach

Formada em direito, com pós-graduação em Direito Processual Civil e Neurociência. *Master coach* pela Federação Brasileira de Coaching Integral Sistêmico (Febracis) e pela Florida Christian University (FCU/USA). Formada em Orientação Vocacional e de Carreira, Inteligências Múltiplas, *Coaching For Money*, *Business High Performance*, Como Vender Tudo com Marketing Digital, *Mindfulness*, Oradores e Palestrantes, analista comportamental e PNL. Atua como palestrante, *trainer* e *master coach executive.*

Autobiografia

Sou filha de dois pernambucanos. Só aí já tem muito "oxente". E eu não tenho 61 anos. Eu tenho 18 anos, com quarenta e três de experiência. Eu nasci em 5 de maio, dia da Comunicação – então, falava pelos cotovelos (acho que ainda falo) – em Brasília/DF, Taguatinga Norte, cidade satélite cheia de terra vermelha. Brasília era terra vermelha por todos os lados. Quando, lá em cima, me mandaram descer, eu acho que perguntei qual era o planeta e me disseram Terra, mas quando vi no telão, falei: "Eita! É Terra, não! Brasília é toda vermelha, então é Júpiter".

Nasci tão pequena que minha mãe achava que eu não "vingaria". Era assim que se falava no Nordeste. Já era a quarta filha em menos de cinco anos. Eram dois meninos e duas meninas e, logo, bem loguinho mesmo, seríamos sete. Chegaram mais três meninos. Lá estava eu, imprensada entre três mais velhos e três mais novos. Mas para a surpresa da minha mãe, eu "vinguei", e a cada dia me tornei uma criança mais esperta.

Antes de aprender a ler e escrever, já pegava os cadernos de meus irmãos mais velhos e riscava tudo. Na verdade, riscar era passar o lápis por cima de tudo que já estava escrito. Eles não entendiam que eu queria aprender rápido; então terminava levando muitos cascudos. Mas riscava assim mesmo. Fui para a escola com sete anos. Já sabia escrever meu nome e lia algumas palavras. Afinal de contas, os cascudos teriam que servir para alguma coisa.

Minha irmã tinha problema de saúde e era proibida de brincar, correr, pular ou qualquer outra atividade com risco de machucar. Todas recomendações muito difíceis para uma criança cumprir. Então, eu ficava sem companhia. Isso até eu descobrir que podia brincar com os meninos, mesmo apanhando de vez em quando. Sabia fazer pipa, rabiola e até o cerol.

Eu morava em uma casa muito simples, de madeira. Era tipo a música, "não tinha teto, não tinha nada"; quando chovia, parecia que estava na rua, era goteira para todo lado. A privada – que não é instituto, já vou avisando, é o mictório, casinha para uns, para nós era o banheiro – era no quintal.

Chegou o dia de ir para a escola. Logo que cheguei, a diretora se apaixonou por mim. Ela sabia que minha família vivia em condições difíceis e resolveu pedir para minha mãe me dar em doação para ela. Foi um Deus nos acuda! Imagina, Maria Raimunda dar algum de seus filhos. Nunca. Jamais. Morreria de fome, se preciso, mas separar a família jamais. Naquele dia, meu coração bateu mais forte porque inicialmente pensei que ela me daria, mas bateu forte também porque ela não me deu. Afinal das contas, eu teria uma chance de ter uma vida melhor, pensei. Imagina eu, com apenas 7 anos, já fazendo reflexões (descobri isso, entre outras coisas, na ferramenta Elevador do Master Coach).

Na escola continuei conversando muito e esse era o único motivo de uns puxões de orelha, pois nas matérias não ficava atrás de ninguém.

Enfim, fui crescendo e em alguns aspectos houve uma melhora substancial. Em outros permanecia. O que mais me incomodava era ver meu pai na cana (não é prisão, ou é?), na cachaça. Não podíamos contar muito com ele, pelo menos financeiramente, a não ser para brincar de chicotinho queimado, futebol e danças (nisso ele era ótimo).

Aos 12 anos já trabalhava, aos 16 já tinha carteira registrada, estudava à noite e trabalhava durante o dia.

Aos 18 anos, fui bancária e estudante de Direito. Esse último, acho que foi certo, pois eu sempre fui falante e querendo ter razão (graças ao meu perfil dominante e influente – Perfil Comportamental), mas, na verdade, o que eu queria era não ser uma maria-ninguém. Afinal de contas, filho de pobre naquela época só era respeitado se fosse doutor (crenças).

Aos 25 anos, era advogada, casada com meu príncipe (que até hoje não virou sapo) e zarpando para *Mi Buenos Aires querida*. Três anos de lua de mel e trabalho. Retorno ao Brasil com uma bonequinha no colo, Maria Mikaela, primeira filha. Três anos depois, nasceu Ana Milena, a segunda bonequinha. Fechamos a fábrica de bonequinhas, senão poderiam virar sete (repetição de padrão), e aí o negócio ficaria feio.

Entre uns dias e outros continuei, a estudar, a cuidar de meus pais, da casa, das crianças e a trabalhar. Com o passar do tempo, tornei-me procuradora pública, caminhando entre os tribunais superiores, assessorando e viajando por todos os estados. Em razão disso, conheço quase todo o Brasil, quase sempre a trabalho. Não reclamo, afinal, cada um tem a vida que tolera.

Maria Mikaela e Ana Milena cresceram lindas, inteligentes e sabendo o que querem. Uma é médica e outra é cientista política. Uma no Brasil, outra no Canadá. Como dizia minha mãe: estão encaminhadas. Em 2016, ganhei mais uma bonequinha e, em 2022, um bonequinho. Ganhei mesmo, presente de Deus. Isadora e Marcos. E logo teremos mais uma flor no nosso jardim, Olivia, terceira neta. Netas e neto queridos que me fazem reviver e viver plenamente todos os dias.

Entre conquistas e desafios, revivendo e vivendo momentos, passando por dores que nos chegam sem aviso prévio, todas as fases da vida continuam vivas na lembrança. Entretanto, a perda de dois irmãos tragicamente e a luta diária de uma irmã com câncer me fizeram entender – e a cada dia mais – que é um dia de cada vez.

Em 2017 escrevi "Sorry, Serviço Público. Desta vez, vou embora." Foi assim que assinei meu Plano de Desenvolvimento Individual (PDI) e recomecei uma nova jornada, uma transição de carreira. Foi uma gritaria geral. Todos vieram falar comigo. Afinal eu estava louca, ensandecida, biruta, e até maluca por tomar uma decisão assim. No início achei que talvez estivesse mesmo. Hoje sei que realmente estava, mas foi uma questão de sobrevivência. Estava presa a uma cultura de *fast forward*. Ficaria velha, caquética e desequilibrada antes do tempo.

Atualmente, diminuí o número de compromissos para que sobrasse mais tempo para coisas importantes (isso e o que vem abaixo aprendi no curso Formação em *Coaching* Integral Sistêmico). Parei de usar relógio, ver televisão todos os dias e tenho desligado o celular e o computador um pouco. A tecnologia não é algo bom ou ruim – é neutra, depende do uso que se faz dela. Tenho feito meditação, pensado antes de falar e aprendido a dizer não. E, principalmente, aprendido a me amar mais.

Hoje, atuo como advogada, *coach*, palestrante, dirigente de instituição feminina e estudo diariamente.

Fechando minha autobiografia, pergunto para mim mesma que epitáfio escreveria aqui na época da correria. Eu mesma respondo que seria: "Ela viveu (e morreu) com pressa". O de hoje seria: "O tempo foi seu aliado, o amor seu companheiro, a alegria sua constante, a persistência sua cicatriz e Deus seu refúgio".

E a sua? Como seria?

Movimento e transformação

Considero-me uma mulher emblemática, que voou como tantas outras pessoas em diversos momentos da história do mundo, porque sei que faço parte de um grande contexto.

Todas essas pessoas não nasceram sabendo. Elas fizeram vários movimentos e passaram por vários contrastes e contradições. E lembro que movimento não é sinônimo de resultado. Movimento é construção, desconstrução e reconstrução, ou seja, permanente transformação.

Heráclito de Éfeso, século VI antes de Cristo (filosofia pré-socrática), dizia que os seres e as coisas do mundo estão em permanente transformação. Tudo flui, nada persiste ou permanece. Todas as coisas se constituem por contrastes e contradições. A mais bela harmonia consiste no resultado da relação entre os contrastes. O ser é um constante vir-a-ser. Estamos sempre nos tornando, a todo momento, uma visão renovada de nós mesmos.

E eu pergunto: o que provocou essas pessoas a transformarem o seu tempo, a criarem asas? O que nos provoca?

Se você estiver atento, verá que a criação clama por movimento. Ela é normal e necessária à transformação. Então, se você estiver fazendo sempre as mesmas coisas, não estará se transformando. Se você estiver reclamando das forças contrárias, não compreendeu que são elas que nos fazem decolar e voar. Você sabe por que o avião voa? Pois vou lhe contar. São as resistências e as forças contrárias que fazem o avião decolar. (Leia mais no QR code abaixo)

Então, observe que, para decolar, é necessário tomar a decisão de transformar, e toda transformação passa por três fases, que são: a primeira, quando você entra no processo de fazer algo, mas escuta zombarias ou até mesmo sua voz interior que o enfraquece; na segunda, você aguenta e não desiste, e, nessa fase, vão começar a respeitar você; e na terceira fase,você permanece no movimento e o executa com sucesso. Isso é contínuo, e, com o tempo, você terá equilíbrio para passar por essas fases, para cada ação que tomar. Lembro que nossa vida é composta por fases, e todas as fases causam medo, têm erros, dificuldades e desafios, mas todas são fases, e elas passam.

Em todas as fases, você pode fazer um exercício que chamamos de Ocupação Consciente, que é a técnica de trazer na consciência versículos e leituras; palavras que trazem equilíbrio, fé, esperança, aconchego e segurança. Cito, por exemplo, que costumo usar "o Senhor é meu pastor e nada me faltará". Em caso de um fracasso, eu não permito que fique o pensamento "sou uma pessoa fracassada", mas reagirei com um "tudo posso naquele que me fortalece". Portanto, assim que uma afirmação negativa passa pela minha cabeça, eu lhe respondo com afirmação positiva. O uso correto das palavras que nos inundam a cada momento é uma das tarefas principais da vida. Por isso é importante a consciência e a declaração verbal daquilo que se quer viver. Assim como os aviões precisam descer nos aeroportos para manutenção, abastecer, consertar algo; nós também precisamos entender que precisamos parar de vez em quando. E essas descidas são necessárias para aprendermos coisas novas.

No livro *Picos e vales,* de Spencer Johnson (2009), ele nos mostra como é natural e necessário aproveitar os momentos bons e os ruins em toda nossa vida. Que é necessário perceber que há momentos que precisamos avaliar nossas conquistas, nossas escolhas, nossos objetivos; e reconhecer que sempre haverá para cada ação uma reação e que precisamos aprender a transitar entre os resultados.

Diante de tudo que já passei, momentos bons e ruins, aprendi que necessito de ajuda de outras pessoas e que posso pedir quando necessário.

E pedir ajuda é tornar-se frágil para depois ficar forte. É necessário, a cada dia, manter-se com a intenção de começar de novo, reconhecendo os erros e tomar a decisão de não repeti-los no futuro. Crie novas habilidades, substitua velhos hábitos por novos bons hábitos.

Deixo, aqui, algumas ferramentas para que você possa utilizar no seu dia a dia.

1. Autobiografia. Como especialista em neurociência, acredito que cada um de nós é um neurônio desse mundo que habitamos. E cada neurônio tem informação e conhecimento que o outro não tem. Assim, compartilhar conhecimento, vida, emoções e informações é um caminho para o autoconhecimento. O exercício de compartilhar, alimentar, conectar, integrar a todos de uma forma digna, respeitosa e alegre faz que tomemos decisões mais acertadas; sem partir de julgamentos, mas de integração e de amor. Aborde a sua vida. A escrita deve ser em primeira pessoa, já que é sobre você mesmo que o assunto se refere. Evite, na escrita, se fazer

de vítima, colocando-se como vencedor. Afinal, se você olhar para trás, verá o quanto voou.
2. Autoprovocação. Escreva tudo aquilo que já quis construir ou quer fazer e veja quais são as resistências e forças contrárias.
3. Ocupação consciente. Escolha palavras, provérbios e frases que poderá utilizar quando pensamentos bloqueiam sua energia e vontade e/ou deixam você arrasado.

E termino com uma frase de que gosto muito: "Como as aves, as pessoas são diferentes no seu voos, mas iguais no direito de voar." (autor desconhecido). Então, usufrua do seu direito de voar. Voe, pois a vida é um voo!

Referências

BÍBLIA Sagrada. São Paulo: Ave-Maria, 2002.

JOHNSON, S. *Picos e vales*. Rio de Janeiro: BestSeller, 2009.

7

SER PONTE ENTRE MULHERES

Entre letras e números, escolhi os dois. Uma engenheira também pode ser escritora. Além das contas, sou dos contos e um dos meus *hobbies* é quebrar paradigmas. Quando uma mulher constrói uma carreira em setores com pouca presença feminina, ela se torna ponte para a próxima geração. O Elas de Botina e meus livros infantis têm o propósito de ser ponte entre mulheres por meio de histórias.

CAMILA MACIEL

Camila Maciel

Contatos
www.elasdebotina.com.br
www.camilamaciel.com
engcamilamaciel@gmail.com
LinkedIn: milamaciel
Instagram: @elasdebotina / @engcamilamaciel

Engenheira eletricista pela UFCG e mestre em Engenharia Elétrica pela UFPB, especialista em HVDC com 12 anos de experiência em subestações da rede básica do setor de transmissão de energia. Construiu subestações de alta a ultra-alta tensão de corrente alternada a contínua pelo Brasil. Como projetos principais, foi corresponsável técnica de dois grandes empreendimentos bilionários de relevância histórica para o setor elétrico, o Bipolo I em HVDC de 600kVcc e 3,15GW do Madeira na subestação de Porto Velho e o Bipolo II em UHVDC de 800kVcc e 4GW do projeto Belo Monte, na subestação Xingu. Palestrante e professora do curso Negócios em Transmissão de Energia na Head Energia. Criadora do Elas de Botina – comunidade no Instagram –, que tem o propósito de ser ponte entre mulheres por meio de histórias. Autora de coleção de livros infantis para incentivar as meninas a conhecerem, desde a infância, as áreas de engenharia, tecnologia e ciências.

Uma mulher que decide construir uma carreira em áreas predominantemente masculinas precisa atravessar um rio a nado, contra a correnteza. Muitas desistirão antes mesmo de tentar ao ver que a correnteza é muito forte, e por acreditarem que não terão força suficiente para conseguir atravessar. Algumas começarão a nadar, mas serão levadas pela correnteza e desistirão no meio da travessia. Pouquíssimas conseguirão atravessar o rio, mas serão essas mulheres – as que conseguem atravessar o rio – que construirão pontes para que outras consigam atravessá-las.

Não será fácil enfrentar essa travessia. Serão muitos motivos que tentarão nos fazer desistir, mas somos firmes e fortes, porque amamos o que fazemos, somos excelentes profissionais e temos orgulho de calçar nossa botina na área que escolhemos como carreira. Chegar do outro lado da margem do rio e ver o quanto enfrentamos para chegar ali é motivo de se orgulhar.

Mulher, orgulhe-se da sua jornada!

Quando uma mulher constrói uma carreira em setores profissionais com pouca presença feminina, ela se torna uma ponte para a próxima geração de mulheres. Nenhuma mulher deve desistir da carreira que tanto sonha por medo de o setor ser predominantemente masculino.

Juntas, as nossas histórias são a força necessária para atravessar rios com forte correnteza. Vamos colocar nossa botina que tanto amamos e ser ponte.

Em 2019, depois de uma palestra sobre minha carreira, ouvi de uma estudante de engenharia: "Sonhava seguir carreira em construção, mas por medo de ser um ambiente predominantemente masculino, não imaginei que seria para mim, até ouvir sua história".

Nesse momento, vi a força que existe em contar histórias para encorajar mulheres que sonham seguir carreira em áreas com pouca presença feminina. E assim surgiu a ideia de criar o Elas de Botina, que tem o propósito de ser ponte entre mulheres por meio de histórias.

Sempre gostei muito de escrever, e já me disseram que sou uma boa contadora de histórias. Não sei ao certo o que veio primeiro, meu amor pelas letras ou pelos números; preferi não escolher e não me limitar por definições. Uma engenheira também pode ser escritora. A primeira história contada no Elas de Botina, e que trarei aqui, é a minha.

Sou baiana, com coração paraibano. A primeira engenheira de todas as gerações da minha família. Matemática era minha matéria predileta e depois passei a gostar também de física. Por afinidade com as disciplinas, decidi cursar engenharia elétrica. Quando optei por essa escolha, pensei: "Não tenho ninguém na minha família nessa área; precisarei correr atrás para fazer meu nome no setor que escolher".

Meu primeiro passo foi querer levar comigo o peso de uma grande universidade. Fui no Google pesquisar sobre as melhores de elétrica do Brasil e encontrei a Universidade Federal de Campina Grande. É essa!

Fui sozinha para outro estado, quase mil quilômetros longe da minha família. Foram cinco anos de longas viagens de ônibus entre a Bahia e a Paraíba que, com sorte, duravam no mínimo 18 horas.

Pretendia seguir carreira acadêmica por gostar de ensinar e da área de pesquisa; e entrei no mestrado logo depois que me formei.

Mas... a vida é uma caixinha de surpresa.

Para o tema do meu TCC escolhi um que achei interessante: Linhas de transmissão submarinas em HVDC. Isso era 2010 e, nessa época, só existia em operação no Brasil o linhão do Bipolo de Itaipu em HVDC.

A minha primeira mentora de carreira foi minha mãe, ao falar para todos que entravam no Mercadinho Mila que tinha uma filha engenheira eletricista. Assim fiquei conhecida por um engenheiro eletricista ex-UFCG que estava à procura de um profissional.

Nesse dia, lembrei da época de universidade, quando sempre dizia: "Se um dia receber uma proposta interessante de trabalho para ir para o meio da Amazônia, eu vou sem pensar duas vezes". Foi exatamente assim que aconteceu; por isso, cuidado com o que você deseja.

A proposta era para ser a engenheira residente da empreiteira, responsável pela montagem do Bipolo I em HVDC do Madeira em 600kVcc e 3,15GW na subestação de Porto Velho. Nunca tinha sequer pisado em uma obra na minha vida; passei de pesquisadora de mestrado a engenheira-residente, responsável por mais de 100 homens em uma subestação enorme. A porta se abriu para mim e eu não poderia perder essa oportunidade.

Sei que nem todos fariam o que eu fiz, principalmente as mulheres, muitos esperam as condições perfeitas de temperatura e pressão para começar em alguma área no mercado de trabalho; colocam em si mesmos vários requisitos necessários, como especialização e experiência, e só depois se candidatam a uma vaga como essa.

Fui para Rondônia com a cara, coragem e todos os medos possíveis. O desafio de fazer essa obra em HVDC era meu principal motivador. E transformou todas as dúvidas de que eu seria capaz em força de vontade e determinação para arregaçar as mangas e me dedicar com o possível e o impossível.

A gente não aprende tudo na universidade. E mesmo depois de tantos anos de carreira, continuo a aprender diariamente.

Uma das coisas que nunca tive problema foi de perguntar algo que não sabia. Agradeço a todos os grandes profissionais que me ensinaram muito todos esses anos, e em especial os que ajudaram no meu começo.

Nessa obra trabalhei com profissionais de diversos lugares do mundo. Foi a primeira vez que falei inglês com um estrangeiro, ou eu falava ou eu não fazia a obra. E percebi que, sim, eu sabia me virar muito bem com meu inglês.

Entrei com os dois pés na porta do setor elétrico. O começo de carreira é tão importante quanto a jornada. Mantenha sempre suas portas abertas. Apaixonei-me por construção e fui rodar o Brasil.

De Porto Velho fui para o calor do Piauí montar um *bay* de banco de reatores. Do Piauí fui para mais duas obras no Rio Grande do Sul. Fui do calor para o frio. Agradeço muito à primeira empresa em que trabalhei, e acredito que todos deveriam começar em empresas pequenas. É ali que você aprende a otimizar recursos, trabalhar no limite do orçamento e fazer mil coisas como única engenheira-residente, responsável pela obra. Sei fazer admissão, demissão, cuidar de controle de refeição, segurança e medição. Domino toda a parte administrativa e absolutamente tudo em uma construção de subestação, do começo ao fim. Trabalhava por três, e não me arrependo, aprendi muito.

No Sul, fiquei quase um ano e meio, e fiz duas subestações. No Rio Grande do Sul recebi a proposta para trabalhar em uma multinacional espanhola, a mesma para a qual prestamos serviço no Bipolo em Porto Velho.

Dei mais um importante passo na minha carreira; aceitei o desafio de entrar em uma multinacional, ser coordenadora de subestações e responsável por três ampliações nos estados do Ceará, Piauí e Pernambuco.

Nessa empresa, fui selecionada entre 33 engenheiros da América para fazer um curso de Direção de Projetos, única mulher na disputa. A primeira etapa foi no Chile, onde visitamos uma construção de uma termossolar, no meio do deserto do Atacama.

As obras estavam indo muito bem. Formei uma equipe excelente e conseguimos fazer o primeiro eletrocentro das subestações dessa empresa aqui no Brasil. Porém, numa sexta, pouco antes de concretizarmos a primeira base de reator, recebemos a notícia de que seríamos demitidos na segunda.

Sabe aquela coisa de filme? Eram 7.500 km de linhas e 34 subestações em construção, em andamento aqui no Brasil; quase 5 mil funcionários e mais um monte de outros países, todos demitidos da noite para o dia. E agora?

Meses antes, outra empresa – também multinacional espanhola para a qual já havia prestado serviço no Rio Grande do Sul – me fez uma proposta para uma vaga na Bahia; porém, como eu estava muito bem no meu atual trabalho, agradeci e recusei. Nunca imaginaria que meses depois estaria no olho da rua.

Entrei em contato novamente com a empresa, informei que estava disponível se eles ainda tivessem interesse em me contratar. Para a minha sorte, a vaga ainda não havia sido preenchida.

O projeto era na Bahia, voltei para minha terrinha! A obra ficava em Juazeiro. Cheguei a morar em Petrolina e atravessava a ponte todos os dias. Que alegria! Todos os dias saía para trabalhar em Juazeiro, 120 km da cidade de mainha. A obra em Juazeiro acabou e fui ser chefe de obra em Sapeaçu, ainda na Bahia; porém, mais distante de mainha, mas pertinho da cidade da minha avó paterna, de tias e primas.

Mais uma vez, a vida me surpreendeu, e o que plantei – ao fazer um bom trabalho na minha primeira obra de HVDC – colhi sete anos depois. Um *headhunter* que procurava profissionais com experiência em HVDC me encontrou no LinkedIn e me convidou para participar do processo seletivo para ser engenheira eletricista, corresponsável técnica do projeto do Bipolo II em UHVDC de 4GW de Belo Monte. A maior linha de transmissão do mundo em 800kVcc, na subestação Xingu, na maior empresa do mundo do setor de transmissão.

Passei na seleção, e novamente fui para o meio da Amazônia encarar o desafio de trabalhar em uma obra gigante de UHVDC; dessa vez, em Altamira, no Pará.

No Brasil, existem apenas três projetos de linhões em corrente contínua: Itaipu, Madeira e Belo Monte. Poucos engenheiros eletricistas brasileiros tiveram a oportunidade de trabalhar neles e eu iria trabalhar no meu segundo HVDC.

Participar desse projeto desde o comecinho, em 2017, e ter o meu nome entre os corresponsáveis técnicos de uma obra bilionária foram os maiores orgulhos da minha carreira.

Em agosto de 2019, a XRTE foi entregue para operação comercial com 100 dias de antecipação, marco histórico do sistema elétrico brasileiro. No pico da obra, chegamos a mais de 800 pessoas, de mulheres, somente eu de engenheira, e mais umas seis nas áreas administrativa e limpeza.

Continuo no Bipolo II UHVDC de Belo Monte, atualmente como engenheira de Estudos & Sistemas, no departamento técnico. Desengavetei o sonho acadêmico e aproveitei a oportunidade na pandemia para fazer um mestrado remotamente. Foi bem difícil conciliar a vida acadêmica com o trabalho e relembrar os conceitos depois de 10 anos de formada, mas, com muita dedicação e apoio da família, consegui concluir e me tornei mestre em engenharia elétrica.

A vontade de ensinar, que sempre amei, concretizei com as palestras – que aumentaram com o on-line. Parei de contar depois da vigésima. Ministrei um curso de transmissão na Head Energia e, antes de terminar o mestrado, recebi a proposta para ser professora em uma das maiores instituições de ensino do Brasil, num renomado MBA do setor elétrico.

Minha história foi a primeira de muitas que já foram contadas no Elas de Botina. Sempre recebo mensagens de mulheres que queriam desistir do sonho de carreira em áreas predominantemente masculinas, mas que – por meio das histórias do Elas de Botina – ganharam força para continuar ao ver que não estavam sozinhas.

Não vai ser fácil, mas não é impossível. Com força e garra conseguiremos conquistar cada vez mais nosso espaço! Ainda somos poucas, mas juntas podemos ir além e ser bem mais! Acredito que com exemplos reais somos transformadas em ponte e podemos atingir cada vez mais mulheres e fazê-las acreditar sempre em seus potenciais, e que lugar de mulher é onde ela quiser.

Ao contar as histórias dessas mulheres, vi que muitas não tinham o apoio da própria família quando decidiram fazer algum curso técnico ou engenharia. Assim, tive a ideia de escrever uma coleção de livros infantis.

Sonho um dia conhecer uma engenheira que me dirá: "Ganhei seu livro quando era criança e foi ele que me abriu as portas para a possibilidade de pensar que eu poderia me tornar uma engenheira".

No primeiro livro, *As descobertas de Carol no mundo da engenharia*, Carol recebe uma lição de casa na qual precisa escrever o que ela quer ser quando crescer.

Com a ajuda da sua mãe, que é engenheira eletricista, e das mamães das suas amiguinhas, que são engenheiras de outras áreas, ela aprende por meio de brincadeiras que existe o mundo da engenharia. Aprende a construir sua própria casa de boneca com a engenharia civil, a usar os EPIs com a engenheira de segurança do trabalho, a montar um avião com a engenheira aeronáutica e muitas outras brincadeiras com a engenharia ambiental, a naval, a mecânica, a de computação e a aeroespacial.

O segundo livro, *As aventuras de Carol no mundo da robótica*, é sobre a importância de incentivar o potencial das meninas desde a infância. A professora Sara viu no clubinho de robótica uma grande equipe capaz de ganhar a Olímpiada Brasileira de Robótica.

O terceiro livro, *Luna na Lua,* é sobre legado. Cada mulher que decide conquistar uma carreira na engenharia é uma ponte para a próxima geração de engenheiras. Luna, filha de Carol, herdou da mãe a paixão pela engenharia e descobriu que o céu não era o limite para os seus sonhos de se tornar uma astronauta e chegar na Lua.

A coleção de livros é para toda a família. Uma futura engenheira nasce primeiramente em um lar que apoia as escolhas de uma menina. Engenharia, ciência e tecnologia começam na infância.

Acredito na mudança que os livros constroem, e é esse o legado que quero deixar para a próxima geração de engenheiras.

8

A LIBERDADE DO FIM

(Re)começos só são possíveis a partir de ciclos encerrados. Não se lamente pelo fim. Alegre-se pelas infinitas possibilidades que só os finais são capazes de nos proporcionar.

CARLA NAKAI

Carla Nakai

Contatos
carlanakai@hotmail.com
Instagram: carlanakai.oficial
Facebook: carla.nakai
11 99900 0800

Pedagoga graduada pela Universidade do Grande ABC (2006), especialista em Educação Especial, pós-graduação *lato sensu* na Anhanguera Educacional (2010), MBA em Gestão Empresarial pela Fundação Getulio Vargas (2019), *Customer Experience* (extensão) pela PUC-SP (2021), pós-graduanda em *Psicologia* Positiva pela PUC-RS (2022). Entusiasta pela qualidade de vida, felicidade e desenvolvimento infantil. Bancária, voluntária, educadora e mãe de três.

"Pra que sofrer com despedida?
Se quem parte não leva
Nem o sol, nem as trevas
E quem fica não, não se esquece
Tudo o que sonhou, eu sei

Tudo é tão simples
Que cabe num cartão-postal
E se a história de amor não acaba tão mal
O adeus traz a esperança escondida

Pra que sofrer com despedida?
Se só vai quem chegou
E quem foi vai partir
Você sofre, se lamenta, depois vai dormir

Sabe
Alguém quando parte
É porque outro alguém vai chegar
Num raio de lua, na esquina, no vento ou no mar
O adeus traz a esperança escondida
Pra quê?

Sabe
Alguém quando parte
É porque outro alguém vai chegar
Num raio de lua, na esquina, no vento ou no mar
Pra que querer ensinar a vida?
Pra que sofrer?
(*Coisas da vida*, PAULO COELHO e RITA LEE)

Normalmente, quando sabemos do término de um relacionamento, nossa primeira reação é esboçar um: "Sinto muito!" ou "Que pena que não deu certo!".

Mas já pararam para pensar que a alegria dos (re)começos só é possível graças aos finais, sejam eles espontâneos ou compulsórios?

Precisamos normalizar os finais. Além de necessários, eles são, em sua maioria, libertadores. Só chegamos à faculdade por termos encerrado os ciclos da educação infantil, do ensino fundamental e médio. Só chegamos à vida de adulto por termos sido bebês, crianças e adolescentes.

Passei por uma separação depois de um relacionamento de 20 anos. Quando alguém ficava sabendo da minha decisão era nítido, na reação das pessoas, a feição de tristeza, pena ou algo que o valha. As pessoas sentiam muito por não termos dado certo.

Foram 20 anos de relacionamento. Compartilhamos meia vida, tivemos três filhas maravilhosas, construímos patrimônio. Éramos, para a sociedade, a típica família de comercial de margarina: papai, mamãe, filhinhas e cachorro (nosso *yorkshire* que atende pelo nome de Panqueca). E ainda assim eu ouvia um: "Nossa, mas por que não deram certo?"

Oi? Não demos certo? Como assim?

Demos certo até determinado ponto. Quando olhava para trás, eu só conseguia sentir gratidão por tudo o que havia conseguido e construído, mas principalmente me orgulhava por ter discernimento suficiente para entender que, a partir de dado momento, não era mais possível seguir em um relacionamento que já não tinha mais nada para ser feito a favor do "felizes para sempre". A partir dali, era morrer um pouco por dia, vendo a vida passar e a gente sendo infeliz numa relação que já não tinha mais nada a oferecer, além de refeições sem companhia e a sensação de solidão mesmo acompanhada e de despender à toa nosso bem mais precioso: o tempo, onde já não cabíamos mais. Você já usou um sapato apertado? Ele pode ser lindo, de couro legítimo, da sua cor preferida, um sonho de consumo, mas a melhor sensação é, sem dúvida, quando você chega em casa e pode tirá-lo. O alívio e o prazer são tão grandes que você chega a se perguntar como aguentou calçá-lo por tanto tempo. É assim quando termina uma relação. Ainda que doa, ainda que você sofra e chore um dia ou dois (ou meses, ou anos; afinal, cada um tem um tempo para aceitar e se adaptar à nova vida). Quando percebe que a vida é melhor sem que você precise se diminuir para caber no mundo de alguém, num mundo que aperta e machuca como aquele sapato, você vai sendo tomada por um sentimento de imenso alívio. Alívio por poder voltar a sorrir, alívio por novamente sentir prazer em voltar para casa e finalmente não precisar tentar mudar mais ninguém, nem gastar tempo e energia tentando mudar o mundo. Afinal, a principal mudança já aconteceu e ela começou dentro de você.

E assim é possível voltar a acreditar que você é capaz de mudar o mundo, a começar pelo seu. É possível fazer que as pessoas entendam que os finais são a mola propulsora para o início de sonhos ainda maiores. Que não adianta ter todos torcendo a favor se os jogadores já não suportam mais estarem em campo.

Minha pretensão aqui não é florear nem romantizar os finais. Comumente eles trazem dor e mágoa, eu sei. Mas tenho plena convicção de que nos mantermos presos a algemas invisíveis que nos machucam e nos diminuem pode ser muito mais doloroso, se não fatal. A prisão que relacionamentos falidos nos coloca, paulatinamente, rouba nossa vitalidade e prazer de viver, nos sufoca, adoece, entristece e nos faz duvidar se seremos novamente capazes de sermos felizes.

Se você se sentir assim, tente continuar. Tente tudo quanto for possível – e tanto tempo quanto conseguir. Tente a terapia, tente a religião, tente programas a sós, tente sair da rotina; pois ao esgotar as possibilidades você não vai se culpar por não ter tentado. E nada melhor do que uma consciência tranquila de ter feito o que estava ao seu alcance. Tente, mas perceba seu limite e não perca de vista sua vitalidade, sua capacidade de se amar e amar outrem, de ser melhor a cada dia, de sentir vontade de contemplar o que de bom a vida pode nos oferecer e de acreditar que você pode e merece ser feliz. Tenha coragem de colocar uma pedra em cima de histórias que um dia foram lindas, mas que hoje já não agregam mais nada de bom e prazeroso. Ouse voltar a acreditar que a vida é feita para sermos felizes. Haja vista a finitude de nossa existência, não podemos aceitar menos do que merecemos. Não devemos deixar de nos indignar com o que não nos faz plenamente feliz. Não sejamos meros expectadores de nossa existência. Sejamos protagonistas de nossa história com ousadia e coragem para mudar tudo o que nos impede de nos sentirmos plenamente realizados e felizes.

Somente aqueles que encontram coragem para encerrar ciclos são presenteados pela vida com novas paisagens, sabores e amores.

9

PLANEJAR-SE PARA REALIZAR

A RECEITA DE UMA MULHER DE SUCESSO!

Pequenos hábitos de organização e planejamento diário de sua rotina podem fazer grande diferença na sua vida, e assim você pode ter mais tempo para projetos pessoais, para a sua família e até para cuidar da sua saúde. Como dizia Graham Bell, "antes de mais nada, a preparação é a chave do sucesso".

CLAUDIA LOLITA

Claudia Lolita

Contatos
claudialolita.com.br
claudialolita@grupoclac.com.br
Instagram: @dizpramimcontadora
Facebook: @claudialolitafreitas
@dizpramimcontadora
Youtube: CLAC Contabilidade
LinkedIn: @claudialolitafreitas
21 99989 7513

CEO da CLAC Contabilidade, ministra cursos e palestras na área contábil e de planejamento sucessório. Possui pós-graduação em Contabilidade e Perícia Judicial, MBA em Empreendedorismo Contábil e é mestranda em Ciências Contábeis. Participou de mais de 300 eventos e é presidente anterior da Associação dos Profissionais Contabilistas de Teresópolis. Atualmente, é diretora do SESCON RJ e sócia do Clube de Contadoras. É advogada, corretora de imóveis e possui certificações em *coaching* e liderança de negócios. Participou de imersões internacionais e é apaixonada pelo empreendedorismo contábil e seu impacto no desenvolvimento econômico e dos negócios.

Se acreditar em si mesmo e tiver confiança em si mesmo, você pode fazer qualquer coisa. Eu realmente acredito nisso.
KARLIE KLOSS

Ouvi certa vez que a escritora Isabel Allende preferia os homens na cama, mas em outras situações costumava achar as mulheres muito mais interessantes. Eu, apesar de também preferir os homens na cama, até uns oito anos atrás, tinha uma mentalidade bem masculina. E essa maneira de pensar, de agir, me foi benéfica por muito anos. Principalmente para empreender no ramo da contabilidade, profissão que, até poucos anos atrás, era predominantemente masculina.

Em 1950, o número de contadoras no Brasil era de 4,3%. Atualmente somos cerca de 47,4% do total dos contadores brasileiros. Em uma pesquisa do Sebrae em 2021, as mulheres empreendedoras perfaziam o montante de cerca de 10,1 milhões. Nesse mesmo ano, a população brasileira era composta por 48,9% de homens e 51,1% de mulheres. Com estes números você pode entender como era difícil para mim ser contadora em um universo primordialmente masculino. A adaptação foi necessária para a sobrevivência. E funcionou. Hoje minha empresa CLAC Contabilidade tem 27 anos, e já tenho outras cinco empresas.

Todavia, passado o tempo, posso afirmar para você que também acho as mulheres muito mais interessantes. Li há algum tempo que o problema das mulheres não é que elas falam muito, e sim porque elas pensam alto. Essa afirmação sempre me chamou atenção por alguns motivos, dentre os quais, inicialmente, porque concordo com ela. Nós, mulheres, temos a mania de dizer em voz alta aquilo que, às vezes, não tem ninguém interessado em ouvir; e que não temos a menor necessidade de compartilhar. Posso exemplificar: "Preciso fazer minha unha", "Tenho que passar no sacolão", "Hum, me esqueci de ligar para a Kenia no aniversário dela". Comentários que poderiam, cá entre nós, ficar restritos ao pensamento. E por muitas vezes esses comentários são transformados em falas e dirigidos a interlocutores que certamente preferiam o silêncio.

Mais interessante também é que essa afirmação acima foi feita por um homem. Inevitavelmente pensei: meu Deus, os homens sabem como as mulheres pensam? Interessante, não é? Mas você sabia que, por muito anos, os homens questionaram a inteligência feminina?

Hoje, porém, ninguém mais duvida de que as mulheres não só pensam alto, como pensam muito e pensam bem! Não é necessário, absolutamente, listar aqui as provas da capacidade intelectual feminina. O fato a se refletir é que quando a vaidade está em jogo, ou a execução de algum fato que julgamos absolutamente essencial para nossas vidas, nós acabamos ficando com a inteligência comprometida. Exemplificando: fomos convidadas para um casamento, com celebração na igreja e festa de cinco horas depois. Vamos com nosso marido e nossos dois filhos, um de quatro anos e o outro de dois anos. Qual é a roupa que escolhemos para ir ao casamento? Pois bem, um macacão divino, que ficamos simplesmente maravilhosas nele. Mas ele tem mais de vinte botões e esses botões estão situados na parte de trás da indumentária. Como fazemos para ir ao toalete? Pedimos ajuda às amigas ou pedimos à primeira mulher que estiver no banheiro, para desabotoar e depois abotoar os vinte botões? "Nunca vi um homem mandar fazer ou comprar uma roupa de abotoar atrás", disse uma amiga certa vez. Você discorda?

Quando eu estava fazendo mestrado, questionei o coordenador do curso do porquê ou qual a causa de não termos professoras. Achei que era uma política da instituição, mas para minha surpresa o coordenador argumentou: "As mulheres, de uma forma geral, não concluem o doutorado. Temos mais homens com doutorado do que mulheres. E por isso a dificuldade na seleção e na contratação de mulheres com doutorado". Refleti sobre aquela afirmação. E realmente cheguei à conclusão: já perceberam que, quando um homem quer crescer na vida, dar um salto profissional, a esposa é a primeira a apoiá-lo? "Vai, meu bem, eu cuido de tudo e das crianças". Na maioria das vezes, ela o incentiva. Mas e quando é o contrário? Os homens largariam tudo para cuidar da casa e dos filhos para que a mulher tenha a aspiração pessoal e profissional atendida e possa concluir um doutorado, por exemplo? Ainda não vi muitas situações como essa – são verdadeiras exceções.

Mulheres: executoras ou fazedoras?

Mulheres têm o hábito de fazer cinco ou seis coisas de uma vez. Em geral, somos capazes de dirigir e ver o que as crianças estão fazendo no banco de trás do carro e chamar a atenção delas; ouvir música ou notícias no rádio, retocar o batom quando o sinal fecha; enviar uma mensagem para nossa secretária para deixar algo pronto para o jantar; mandar uma mensagem de voz para a gerente da empresa sobre o material da reunião da tarde; ler os descontos anunciados nas vitrines e conferir o marcador de gasolina. Em casa, certificamos o que tem na geladeira; verificamos os uniformes das crianças, o que elas vão jantar mais tarde, o reservatório de água para a escola; lavamos os potinhos de comida da cadelinha; falamos ao telefone; vamos até o banheiro para ver se precisamos retocar a tinta do cabelo, ligamos e mandamos mensagem para o salão a fim de marcar a hora; damos xarope para as crianças; perguntamos à empregada se sua mãe que estava doente melhorou; separamos a roupa para a reunião de trabalho da tarde – tudo ao mesmo tempo. E observando todos os detalhes. Enquanto estamos olhando os fios brancos do cabelo, por exemplo, verificamos se a pia do banheiro está limpa. E notamos quando há pasta de dentes respingada no espelho.

O palestrante e colunista de rádio e de revista Max Gehringer respondeu a uma pergunta da autora Leila Ferreira (2011), sobre o que ele achava da lógica feminina. Ele prontamente respondeu: "Basicamente, o homem enxerga a árvore. Não, a mulher não enxerga a floresta. A mulher enxerga a pilosidade dos folíolos. O androceu e o gineceu das flores. A conspicuidade do tomento do pecíolo. E ao mesmo tempo fala ao telefone, dirige, digita, lixa as unhas e presta atenção às conversas paralelas. Tudo isso sem perder "o foco" que nenhuma mulher consegue explicar qual é".

Mas é aí que vem a minha maior questão, a minha mudança de chave. Apesar de a mulher (gênero feminino) ter a capacidade de decidir sem ter todos os dados – faz com a sua própria intuição –, essa habilidade, que logicamente é importantíssima, não nos faz alcançar sólidos resultados. Sim, eu entendi que para ter mais resultados, mais batimento de metas e ter um controle das minhas rotinas, tarefas pessoais e profissionais, eu deveria começar a me tornar uma planejadora.

Segundo o Wikipédia (2023),

> o planejamento é uma ferramenta administrativa que possibilita perceber a realidade, avaliar os caminhos, construir um referencial futuro, o trâmite adequado e reavaliar todo o processo a que o

> acoplamento se destina. Sendo, portanto, o lado racional da ação. Tratando-se de um processo de deliberação abstrato e explícito que escolhe e organiza ações, antecipando os resultados esperados. Essa deliberação busca alcançar, da melhor maneira possível, alguns objetivos pré-definidos. Planejar é decidir com antecedência o que fazer, como fazê-lo, quando fazê-lo, e quem deve fazê-lo. O planejamento cobre o espaço entre onde estamos e para onde queremos ir. Torna possível a ocorrência de eventos que, em caso contrário, não aconteceriam. Embora o futuro exato não possa ser predito, e fatores incontroláveis podem interferir com os planos mais bem formulados; a menos que haja planejamento, os eventos serão deixados totalmente ao sabor do acaso. Planejamento é um processo intelectual exigente; requer determinação consciente das alternativas de ação e a fundamentação de decisões em finalidades, conhecimentos e estimativas cuidadosas.

Na arquitetura, quando se projeta ou se arquiteta para outras pessoas, projetamos nossa interpretação de nossas necessidades; e quanto mais divergente for nossa experiência e entendimento em relação à delas, mais provável é que estejamos errados. E isso, observe, acontece, por exemplo, quando um homem projeta para milhares de mulheres.

Tudo o que ouvimos, observamos e interagimos é processado por meio dos filtros de nossos próprios preconceitos, do nosso próprio mundo interno. Nossas vivências, nossos valores. Nossa interpretação é baseada em quem verdadeiramente somos, e não em quem as pessoas realmente são.

Mas por que eu estou falando isso tudo? Muito simples. Eu nasci uma mulher, gosto de ser mulher e quero morrer como uma mulher. Mas isso não quer dizer que eu não pudesse me modificar e captar minha organização pessoal e profissional por meio de uma certa percepção masculina. E aí? Bingo!

As mulheres, de uma maneira geral, em sua maioria absoluta, são fazedoras, realizadoras e executoras, mas não planejadoras.

E eu, como uma mulher raiz, não era diferente, e precisava ser mais planejadora e obter melhores resultados.

Ao desenvolver meu perfil planejador, eu me tornei mais estável e paciente. Hoje, tenho tendência a ser apaziguadora e conciliadora. Em um ambiente sou das que menos fala e observo muito mais, normalmente estou calma e sou diplomática. Com a natureza estável, gosto de manter uma rotina com regularidade.

Num projeto profissional, por exemplo, posso ter a minha velocidade questionada, mas embora não tenha uma "arrancada", minha estabilidade e consistência fazem que os meus projetos tenham início, desenvolvimento e término. E tudo isso em ritmo constante e sem muitos erros para serem corrigidos.

Nos meus relacionamentos, sou boa ouvinte e sou uma amiga leal. Não gosto de conflitos e me considero pacificadora. Valorizo a vida em família e o convívio com amigos, mas também, hoje, gosto muito da minha própria companhia.

Mas e aí, é fácil praticar a mudança de vida?

Mas é claro que não foi nada fácil. Psicanálise, cursos e mentoria de autoconhecimento. Leitura e estudo de muitos livros sobre esse assunto. Foi um processo; no entanto, foi um processo consciente.

Eu sempre tive em mente meu foco: não queria ser mais a mulher maravilha, que fazia tudo ao mesmo tempo e que cuidava de todos ao mesmo tempo, mas que se sentia sozinha na maior parte do dia. Que era atropelada pelos afazeres, que não parava, não refletia sobre os fatos e se embolava no cotidiano das tarefas pessoais e profissionais. Aquela que via o detalhe do detalhe do pecíolo. Era muito cansativo, era frustrante.

Mas eu continuo sendo mulher. Às vezes, faço uma mala muito grande, dando um exemplo tipicamente feminino. Tenho ainda muitos pontos para melhorar. Faz parte do processo contínuo. É a velha história do aconchego que as mulheres tanto prezam. E querer que os homens entendam isso é ignorar as nossas diferenças. Sim, somos diferentes. E quer saber? Eu amo essas diferenças. E nós nos completamos. Eu penso assim... Independentemente de qualquer coisa. Estou falando aqui de gênero humano.

Assisti a uma série muito interessante, do ambiente egípcio, chamada *Amor para recomeçar* (Netflix). Ola, a personagem principal, surpresa com o pedido de separação requerida pelo marido, relatou em um diálogo com um amigo com o qual estava fazendo uma tarefa do acampamento com os filhos, no quinto episódio da série: "Eu estou escrevendo aquela carta para as crianças, e você estava certo, não é fácil. Eu fico tentando provar para todo mundo que estou bem, que sou forte, que estou no controle, que eu fico tentando equilibrar minha carreira e vida pessoal. Mas quando se trata das crianças, eu queria desabafar, dizer que não tenho todas as respostas, que não tenho muita coisa, que me sinto perdida, cansada. A bagagem é pesada. Mas quando você tem filhos tem quer ser forte, não dá para ter medo".

Foi muito bom assistir a esse diálogo. Isso me certificou o quanto eu estava certa, o quanto recuar, me autoconhecer e tornar-me uma planejadora – antes da executora – foi fundamental para meu sucesso.

E acrescento: independentemente de você ter filhos ou não, uma mulher nunca está sozinha. Ela tem sempre um fardo para carregar. Fardo no sentido de que sempre fica nas costas da mulher o cuidado dos pais, dos parentes, daquele funcionário-problema. Temos sempre que resolver algo para alguém. Por isso, necessariamente, um dos pilares da minha transformação foi a criação da minha mentalidade próspera. Sem a mentalidade próspera, a mudança não acontece. Com ela posso ajudar mais pessoas, os fardos ficam mais leves. O segundo pilar da minha transformação foi definir meu propósito de vida. Para que eu estou neste mundo? Qual é a minha missão? E o terceiro pilar foi realmente a gestão desse processo de mudança. O que eu precisava? Como eu faria? Com quem eu faria? De que ferramentas eu precisava?

Mas quem pode me ajudar?

Por conseguinte, dois livros muito me ajudaram nesse processo. O primeiro foi: *Comunicação não violenta*, de Marshall Rosenberg (2006). O autor define a comunicação não violenta como uma abordagem da comunicação, que compreende as habilidades de falar e ouvir, que leva os indivíduos a se entregarem de coração, possibilitando a conexão consigo mesmos e com os outros, permitindo assim que a compaixão se desenvolva. O segundo foi*: Os quatro compromissos*, de Don Miguel Ruiz (2022). Nesse livro, o autor descreve um caminho para a liberdade pessoal que, praticando os compromissos apresentados, faz que possamos trazer um olhar mais leve sobre a vida, uma perspectiva mais consciente sobre aquilo que nos acontece. Os quatro compromissos são: 1) Seja impecável com a sua palavra; 2) Não leve nada para o lado pessoal; 3) Não tire conclusões; e 4) Dê sempre o melhor de si.

Posso dizer, embasada em minha própria experiência, que quando eu consigo colocar em prática esses ensinamentos, tudo muda. Muda meu humor, mudam as minhas reações, transformo meus sentimentos negativos em positivos, mudo os meus pensamentos, tiro os meus autojulgamentos e julgamentos e, de fato, a vida fica mais bonita, plena, leve, livre e, consequentemente, tudo ao meu redor muda. Mudam as pessoas, mudam as situações, eleva a frequência vibracional. Sinto-me mais plena e feliz.

Há dias em que você não conseguirá cumprir os compromissos, mas o mais importante é sempre dar o melhor de si. Cair e se levantar, e tentar novamente.

Fazendo a roda rodar, rodando...

E aí? Na minha abordagem, pretendi mostrar a você que, para sermos planejadoras, para realizarmos as funções do dia a dia – ou nossas tarefas importantes, prioritárias ou urgentes (dependendo de como você as classifica) – precisamos adequar nosso *mindset*, nossa forma de pensar e agir, para fazer um *checklist*, para planejá-las. Ter consciência das nossas verdadeiras necessidades e do tempo disponível que temos para executar e concluir nossas tarefas. Pode ser que você ache que é uma difícil missão. Sim, e é mesmo. Todos os dias acontecem coisas diferentes. Às vezes fatos bons e, às vezes, ruins. Vivemos em sociedade, e muitos fatores sequer dependem de nós. Mas o importante nessa trajetória é que estejamos cientes do que queremos e aonde pretendemos chegar.... E eu tenho certeza: você consegue!

Referências

Amor para recomeçar. Direção: Hadi El Bagoury. Egito: Netflix, 2021. 1 temporada (5 horas), son., color.

FERREIRA, L. *Mulheres: por que será que elas...?* São Paulo: Editora Globo, 2011.

PLANEJAMENTO. *In*: Wikipedia, a enciclopédia livre. Flórida: Wikipedia Fundation, 2023. Disponível em: <https://pt.wikipedia.org/w/index.php?title=Planejamento&oldid=62254838>. Acesso em: 30 abr. de 2023.

ROSENBERG, M. B. *Comunicação não-violenta: técnicas para aprimorar relacionamentos pessoais e profissionais*. São Paulo: Editora Ágora, 2006.

RUIZ, D. M. *Os quatro compromissos – o livro da filosofia tolteca*. Rio de Janeiro: BestSeller, 2022.

10

CRIANDO SUA PRÓPRIA HISTÓRIA

COMO ASSUMIR A RESPONSABILIDADE PELO SEU DESTINO E ALCANÇAR A FELICIDADE

Este capítulo aborda a importância de assumir a responsabilidade pela própria vida e se tornar protagonista da sua história. Ele explora como, ao desafiar o *status quo* e questionar as normas sociais e culturais, é possível encontrar o caminho para alcançar a felicidade e realização pessoal. Em suma, o texto apresenta *insights* valiosos sobre como assumir o controle da própria vida.

DALVA SILVANY

Dalva Silvany

Contatos
psicanalistadalvasilvany@gmail.com
Instagram: @dalvasilvany
Facebook: @dalvasilvany
YouTube: @dalvasilvany

Pedagoga pela UFMG (2006), graduação em Filosofia pela UFLA (2017), com pós-graduação em Educação Empreendedora (UFSJ), pós-graduação em Psicopedagogia (UNYLEYA) e pós-graduação em Neurociências e Aprendizagens (IPEMIG). Formação em Psicanálise, Hipnoterapia e outros cursos de extensão. Seu diferencial é ser apaixonada por aprender cada vez mais sobre o desenvolvimento pessoal e interpessoal, e ajudar o maior número de pessoas possíveis a alcançar o seu propósito de vida.

Cresci ouvindo minha mãe dizer que eu havia chupado "bico" – termo usado no interior de Minas para descrever a chupeta – até os cinco anos de idade. É claro que ela não relatava esse fato com orgulho, mas para ilustrar que não conseguira retirar tal objeto do meu uso antes dessa idade, mesmo tentando vários artifícios. Meus tios e tias estavam fartos de ver a insistência da minha mãe para retirar a chupeta. E como ela não obtinha sucesso, resolveram fazer uma barganha comigo. Meu avô tinha uma mercearia na roça, onde se vendia de tudo: mantimentos, utensílios domésticos, sela para cavalo, ferradura, caderno, lápis, borracha, dentre outros. Com a família reunida na casa do meu avô, meus tios ofereceram-me material escolar em troca de não usar mais a chupeta. Segundo minha mãe, eu entreguei imediatamente o bico e nunca mais pedi meu objeto, inseparável até aquele momento. A partir de então meus objetos inseparáveis passaram a ser os materiais escolares. É bom esclarecer que eu nasci em 1970, em uma pequena cidade do interior de Minas Gerais e meus pais era lavradores. A escolarização não era direito de todos e muito menos para as pessoas das classes menos favorecidas, sendo mulher, então, a dificuldade para frequentar a escola era ainda maior.

O material escolar que eu recebi dos meus familiares era o mais simples possível que existia na época. Isso ocorreu por volta do ano de 1975. Morávamos dentro de uma cidadezinha, no interior de Minas Gerais, e meus avós, na roça, onde não tinha energia elétrica, água encanada e ônibus. Nem mesmo as estradas eram abertas, caminhávamos entre trilhas, no meio do mato. Os meios de transporte eram o cavalo, a carroça ou o caminhão de leite.

Minha mãe amava usar essa história para ilustrar o meu amor pelo conhecimento e aprendizagem desde pequena. Aos sete anos de idade, meus pais se mudaram para a periferia de Belo Horizonte. Moramos de aluguel em vários bairros, e o meu pai, de lavrador, passou a trabalhar como servente de pedreiro. Ele vendeu a carroça que tinha no interior e comprou um barracão na favela, agora chamado de aglomerado. Isso porque pagar o aluguel e sustentar uma casa com o salário era difícil. Nessa época, éramos eu e mais um irmão, e quando morávamos no aglomerado, nasceu meu outro irmão e ficamos em três filhos. Eu, a filha mais velha e a única menina da casa.

Mesmo gostando muito de estudar e alcançando boas notas na escola – pública, é claro –, somente aos 32 anos consegui cursar a tão sonhada faculdade. Sou de uma época em que a escola pública não era para todos. Os livros eram comprados, os alunos que não tinham o livro não tinham permissão para assistir às aulas. Havia lojas de trocas de livros usados, onde a pessoa levava dois livros e recebia um. Em alguns locais, as pessoas se reuniam para trocar livros. O problema é que não era sempre o mesmo título para a escola toda. Cada professor tinha autonomia para exigir o livro que usaria naquele ano. Enfim, para minha geração, concluir a escola básica, vindo de família pobre, sem instrução e esclarecimento, era quase um milagre.

Nunca fui a aluna preferida da professora. Os meus cadernos eram amassados, minha caligrafia horrível e eu amava conversar em sala de aula. Mesmo assim, tirava ótimas notas nas provas. O problema era as tarefas de casa que não conseguia fazer sozinha, pois eu não tinha pessoas para me ensinar em casa. Meu pai e minha mãe não tinham conhecimento para me ajudar em nenhuma tarefa de casa. Eu ficava apavorada em ir para a escola com alguma tarefa sem fazer. Pessoas vizinhas eram a minha salvação. Minha mãe intermediava e solicitava ajuda, porém poucos vizinhos eram escolarizados. A recomendação da minha mãe era que eu prestasse bastante atenção nas aulas, para não incomodar as pessoas pedindo ajuda.

A escola era longe de casa, cerca de trinta minutos a pé, para ir e para voltar. Sem contar que o bairro não tinha energia elétrica nem água encanada. A iluminação era com vela e lamparina de querosene, a roupa se passava com ferro a brasa. Minha mãe costurava em casa para ajudar financeiramente nas despesas domésticas. Era responsabilidade da minha mãe comprar os materiais escolares, roupas e tudo o que os filhos precisassem. O salário do meu pai era para as despesas alimentares. Nessa época, já havia saído da favela para morar em um bairro da região metropolitana de Belo Horizonte. Meu pai aprendeu a trabalhar como operador de máquina retroescavadeira; viajava muito para outras cidades e até mesmo para outro estado a serviço. Sempre morri de amor pelo meu pai; quando ele chegava, eu transbordava de alegria. Consegui concluir o ensino fundamental e depois o ensino médio, em magistério. Naquela época, o aluno deveria escolher qual curso fazer no ensino médio. Na minha escola era o científico, auxiliar de contabilidade ou magistério.

A habilitação no magistério, em nível de ensino médio, permitia lecionar para alunos do primeiro ao quarto ano do ensino fundamental. Aos 18 anos, eu já estava formada e casada; só não tinha filhos ainda.

Como alguém que gosta de estudar tanto e sonha em fazer faculdade para melhorar de vida se casa aos 18 anos de idade? Essa não é uma resposta simples. Então deixo sem responder por enquanto.

Fazer um curso superior em 1988, quando concluí o ensino médio, era exceção e não a regra. A mulher, naquele período, ainda era educada para casar e ser uma "boa dona de casa" e não a "dona da p**** toda". Era muito caro cursar faculdade, com poucas opções de faculdades particulares. As universidades públicas eram muito seletivas, poucas vagas para muitos interessados – um vestibular excludente. Sem contar que não havia divulgação com informações sobre acessibilidade ao ensino superior. Estamos falando de uma época em que ainda não existia internet, os meios de comunicação mais usados eram o rádio e a televisão. A reprodução social era o mais comum: se seus pais não sabem ler, você também não saberá. Sua mãe é costureira, você também será.

Enquanto isso, os anos foram se passando. Eu me casei, me separei, tive dois filhos. Mas continuava com a certeza de que iria fazer faculdade; no entanto, teria que ser pública por não ter a menor condição de pagar. Eu sentia necessidade de melhorar de vida financeira e só conseguia pensar que os estudos poderiam me proporcionar isso. Meu primeiro emprego, aos 17 anos, foi de balconista de lanchonete nas Lojas Americanas. Eu sou a única pessoa da minha família a estudar em uma universidade pública. E quando digo família, estou me referindo a primos, sobrinhos, parentes de primeiro e segundo grau. Os meus dois irmãos não concluíram nem mesmo o ensino fundamental, coisa "normal" naquela época para as pessoas pobres como a minha família. O "anormal" seria eu conseguir sair de filha de uma família de pais lavradores para uma universitária de uma das melhores universidades da América Latina, a Universidade Federal de Minas Gerais (UFMG).

Somente aos 32 anos de idade consegui entrar na universidade, depois disso nunca mais parei de estudar. Nesse momento em que escrevo, tenho 53 anos, estou matriculada em três cursos diferentes, trabalho em duas escolas e administro um salão de festas. Estudei Pedagogia na Universidade Federal de Minas Gerais e Filosofia na Universidade Federal de Lavras; tenho pós-graduação em Educação Empreendedora, Psicopedagogia e Neurociências e Aprendizagens. Formação em Psicanálise e Hipnoterapia, especialista em

Avaliação Externa e outros cursos de extensão. Será que posso dizer que a favela venceu? Continuo estudando, aprendendo, construindo conhecimento, me informando. Esse é o grande propósito da minha vida: estar sempre aprendendo e me capacitando.

Conciliar tarefa de dona de casa, estudante, mãe e profissional competente é viver se equilibrando o tempo todo. É um grande desafio. Sinto-me literalmente a "dona da p**** toda".

Casei-me aos 18 anos e me separei aos 26, ou seja, oito anos de casada. Tive meu primeiro filho nesse casamento com uma pessoa extremamente possessiva e ciumenta, era um relacionamento totalmente abusivo em que sofri muito. Foram anos de choro, tristeza, e até de me sentir culpada por tudo o que acontecia. É característica do abusador colocar na vítima a culpa pelas suas atitudes. Além de ser muito nova, naquela época não havia informações a respeito de relacionamentos abusivos como temos hoje. Hoje sou uma embaixadora na tarefa de conscientizar as mulheres em não aceitar esse tipo de relacionamento. Eu trabalhava em comércio no centro da cidade e dependia de ônibus, mas era brigas e mais brigas caso eu chegasse minutos mais tarde. Ouvia muito que lugar de mulher era em casa, que as roupas que eu usava não eram de mulher casada, que eu não poderia tirar carteira de habilitação por ser uma falta de respeito ficar dentro de um carro com outro homem etc. Esmalte vermelho, fora de questão. Até hoje não sei como me casei com uma pessoa assim.

Foram anos de muito sofrimento. Eu não sabia o que fazer, era muito jovem; ele, dez anos mais velho do que eu. Depois que passava o surto dele, me pedia desculpas e dizia que não faria novamente. Uma semana depois, tudo se repetia. Qualquer pessoa na rua que ele supunha estar me olhando, ele brigava comigo ou mesmo com a pessoa. Mulher divorciada também não era bem-vista pela sociedade em 1996. Eu já era uma mulher independente financeiramente quando oficializei a separação. Eu tinha uma escolinha de educação infantil, que montei na minha casa. A ideia, a princípio, era ficar mais perto do meu filho, mas a escolinha acabou crescendo, me dando uma rentabilidade maior do que a do meu marido abusador na época.

Atualmente, sou concursada em dois cargos públicos na Prefeitura de Belo Horizonte, tenho minha casa própria, meu carro, já viajei para vários lugares, inclusive para a Disney, que era um grande sonho. Faço postagens nas redes sociais para ajudar outras mulheres a se tornarem donas da sua vida e fugir da reprodução social. Trabalho como psicanalista e hipnoterapeuta, empoderando essas mulheres por meio do autoconhecimento. As consultas on-line me permitem atender pessoas dentro e fora do país.

Para concluir

A sociedade, a família ou a sua situação não podem definir a sua vida atual. Mas a sua mente pode. Se você acreditar que não é capaz, que não merece coisas boas, deixará a sua vida estagnada.

Desafiar o *status quo* significa questionar e desafiar as normas convencionais, tradições estabelecidas e fazer as coisas acontecerem na sua vida. É uma atitude de mudança, de não se contentar com o que está estabelecido por questões sociais e culturais, buscar soluções e ideias que possam mudar esse paradigma. Foi exatamente isso que fiz em minha vida.

Ao desafiar o *status quo*, eu trouxe novas ideias e perspectivas para resolver problemas antigos, como a perpetuação da classe social e cultural estabelecida pelo contexto no qual a pessoa nasce. Espero que esse relato possa levar outras mulheres a mudanças significativas em diversas áreas da vida.

Não estou dizendo que é fácil desafiar o *status quo*, pois envolve enfrentar resistência e críticas de pessoas que estão confortáveis com o *status* atual. No entanto, ao desafiar as normas estabelecidas e buscar soluções para o que parecia não ter solução, é possível contribuir para seu progresso e o de outras pessoas.

Durante toda a minha vida, sempre questionei continuamente como as coisas são feitas, e por que acontecem assim. Esses questionamentos me permitiram fazer melhorias nas decisões, assumir riscos, me transformar e me adaptar – quando essa era a melhor alternativa.

11

O MAIOR SUCESSO DA VIDA É SER VOCÊ

Neste capítulo, você vai conhecer uma história real que vai ajudá-la a compreender que o maior sucesso da vida é ser você. Nos últimos anos, a autora viveu em dois países diferentes e transformou sua vida.

FABIANE GARCIA

Fabiane Garcia

Contatos
advfabianegarcia@gmail.com
Instagram: fabi_garhqz

Advogada graduada pela PUC-RS (2008), pós-graduada em Direito do Trabalho, coordenadora voluntária do serviço de orientação e informação aos imigrantes no Cáritas Madri, e líder voluntária dos comitês de comunicação e direitos da mulher do Grupo Mulheres do Brasil, núcleo Madri.

É preciso coragem para viver verdadeiramente. Arrisque-se! Nada substitui a experiência. Permita-se! Coisas bonitas esperam você além dos limites daquilo que você acredita poder e merecer.
WANDY LUZ

Você já se olhou no espelho e não se reconheceu?

Eu acordei assim no meu aniversário, em novembro de 2020. Olhei-me no espelho e percebi que eu não era mais a pessoa alegre, extrovertida e comunicativa de antes. Nesse dia, decidi mudar.

Eu morava em Stuttgart, Alemanha. Estávamos, eu e meu marido, vivendo lá há 18 meses, mas eu estava desempregada, infeliz com meu corpo e me sentindo sozinha. Na verdade, desde 2016, eu sentia que estava desconectada com a minha essência.

Aos 34 anos de idade, já havia me formado, tinha uma carreira, um apartamento e iria me casar. Para minha família eu era um sucesso, mas não me sentia assim. Entretanto, naquela época eu acreditava que era o natural da vida adulta, com base nas crenças que tinha.

Em 2017 me casei, e meu marido recebeu uma proposta de trabalho na Alemanha. Tínhamos uma vida estável no Brasil, não falávamos alemão nem conhecíamos a Alemanha, mas aceitamos o desafio. Fui desbravar o mundo aos 35 anos. E é aqui que começa essa história.

Em maio de 2018, desembarcamos na Alemanha. Chegar num país com apenas quatro malas de roupas é uma das atitudes mais desprendidas e corajosas que se pode ter. Nascia a minha versão imigrante.

Chegamos em Stuttgart, e eu entendi que falar inglês não funcionaria. Nenhum órgão da cidade respondia meus e-mails em inglês, e quando eu buscava apartamento para alugar, os proprietários desligavam o telefone ao perceber que eu não falava alemão.

Quarenta dias depois, consegui uma visita para ver um apartamento com uma alemã que falava inglês. Por alguns aluguéis adiantados e um contrato abusivo, fomos aceitos como inquilinos. Fizemos o nosso registro na cidade, e dei entrada no meu visto. Neste dia, recebi um folheto explicativo de que na Alemanha eles valorizavam a língua local, bem como os seus costumes. Eu entendi o recado e me inscrevi no curso de alemão.

Depois de 15 dias no apartamento, encontrei um ninho de morcegos na sacada. Eles defecavam todas as noites por toda a área. A proprietária alegou que, devido à lei ambiental, deveríamos aprender a conviver com os morcegos até o inverno chegar e eles deixarem o ninho. Mesmo com outros problemas no imóvel, nunca houve desconto no aluguel, nem pedido de desculpas da proprietária. Eu e meu marido aprendemos a conviver com os morcegos por meses.

Comecei a estudar alemão quatro vezes por semana, cinco horas por dia. Eu já sentia o peso de não me comunicar e passar o dia sozinha. Meus colegas de classe eram refugiados de outros países árabes, havia um argentino e eu. A única colega com quem eu conversava era uma síria. Todos os dias eu aprendia sobre a cultura alemã e sobre os países dos meus colegas; e escutava suas histórias de vida. Algumas delas foram difíceis de serem ouvidas, pois eram sobre bombas, perdas de direitos, vidas destruídas e famílias separadas.

Algum tempo depois, comecei o curso de integração. Eram aulas de idioma, cultura, política e legislação alemã. Havia alunos de todo o mundo: Rússia, Tailândia, Turquia, Irã, Iraque e Síria, e duas do Brasil. Mas eu ainda estava conectada ao Brasil e não me permitia arriscar e viver a experiência. Mesmo quando comecei a me aproximar das brasileiras, não conseguia abrir meu coração para elas.

Sentia falta da família, e enfrentava muita solidão. Pela primeira vez na vida, eu não tinha feito amigos e não gostava de onde eu morava. Acho que a expressão "não me sentia em casa" traduz o que eu sentia. Eu tentei trabalhar remotamente para o Brasil, mas não era comum na minha área. Então, me tornei dona de casa/estudante aos 35 anos. Foquei no estudo do idioma, pois sabia que era uma maneira de conseguir trabalho na Alemanha. O clima frio e a falta de sol contribuíram para que eu me fechasse ainda mais.

Em setembro de 2019, o curso acabou, e no último dia de aula escutei de uma colega do Irã a seguinte frase: "Nunca deixe de ser essa pessoa". Eu respondi: "Não entendi". E ela disse: "Você tem um bom coração. Já conquistou seu espaço, viveu com liberdade, respeita outras culturas e nos trata de maneira igualitária. É um exemplo para as mulheres que sonham em ter essa mesma liberdade". Durante o curso, falamos de nossa vida pessoal por meio dos exercícios de aprendizagem; e eu havia contado minha história.

Não me dei conta de que eu era uma influência para essa colega batalhar e continuar vivendo no exterior; afinal, não são em todos os países que a mulher escolhe com quem se relacionar, como quer viver e ter uma profissão. Hoje, eu compreendo que, para ela, eu era um exemplo de mulher disruptiva, pois representava coisas ainda inalcançáveis.

Em março de 2020, devido à decretação da pandemia mundial, meu marido começou a trabalhar *home office* e eu a estudar on-line. Passávamos, nós e o mundo, por uma situação inédita e difícil. Entrei num processo de reflexão sobre a vida, como muitas pessoas.

E somente em novembro, iniciei meu reencontro comigo mesma. Retomei meus treinos funcionais e terapia on-line. Oito meses depois me sentia mais conectada comigo, e abri meu coração para os brasileiros que conheci; eles me acolheram sem julgamentos e com muitos abraços. E eu entendi que morar no exterior é construir laços por meio de amigos.

Foi uma longa jornada, mas hoje reconheço que em meio ao sentimento de desconexão que eu vivia, mudei de país e tive que renascer em outra cultura onde eu não conseguia fazer o que hoje eu sei que faço de melhor: me comunicar.

E como tudo muda, no final de 2021, meu marido recebeu uma oferta de trabalho em Madri, Espanha. A vida estava me dando uma nova oportunidade. Então eu decidi: vou me arriscar, me permitir e farei tudo diferente. Comecei a aprender o idioma imediatamente, e contratei pessoas para me ajudarem com os trâmites de residência, trabalho e mudança.

Em 10 de janeiro de 2022, chegamos em Madri. A cidade tem uma energia incrível, e eu senti no meu coração: "Aqui vou conseguir recomeçar". Dessa vez, não cheguei só com malas, trouxe de caminhão tudo da Alemanha para a Espanha. E contratei um corretor para alugar o apartamento. Encontramos um apartamento com bom astral e boa localização.

Depois de ter convivido com outros imigrantes na Alemanha, eu queria ajudá-los. Então pensei em ser voluntária no Cáritas. Eles atuam na defesa dos direitos humanos no mundo. Participei de uma seleção e passei para a fase de entrevista. No dia da entrevista eu estava com medo, pois estudava espanhol somente há quatro meses, e não era fluente. Na entrevista, misturei italiano e espanhol para falar, e consegui me comunicar. Fui selecionada para participar de um projeto novo que ajudaria imigrantes.

O projeto foi criado por mim e uma empreendedora social, e chama-se SOIM – Servicio de Orientación e información a migrantes. Participei de 19 cursos sobre imigração para aprender como funciona a Espanha, depois montamos um guia, e dele nasceu uma palestra com as informações básicas para uma pessoa recém-chegada em Madri. A palestra se chama "Os primeiros três meses na Espanha", e já participaram 400 pessoas da América Latina em um ano. Dar palestras em espanhol acelerou a minha fluência no idioma.

Nasceu assim uma palestrante. Uma experiência que eu não imaginava viver. Recebo agradecimentos e e-mails afirmando que a informação transmitida ajudou a solucionar problemas. Ao final de cada palestra deixo meu recado pessoal: "Ser imigrante é aprender a ser paciente, resiliente e corajoso."

Também aprendi que preciso criar laços. Então, encontrei um grupo de voluntariado feminino: o grupo Mulheres do Brasil. O objetivo do núcleo Madri é apoiar a comunidade brasileira. E isso me estimulou a participar, pois eu queria ajudar as brasileiras a não se sentirem desamparadas; e a crescerem.

Escolhi participar do comitê de Direitos da Mulher e, na minha primeira reunião, fui acolhida. Tempos depois fiz amizades e aprendi sobre a cultura local com as brasileiras. Em menos de dois meses de minha chegada à Espanha, eu já estava registrada na cidade, era voluntária de duas instituições, tinha minha documentação e diploma em trâmite.

Hoje sou uma das líderes do comitê, e o objetivo é combater a violência de gênero, prestar apoio e orientar as brasileiras sobre seus direitos na Espanha. Temos um e-mail para as mulheres nos contatarem, e informações em nossas redes sociais para ajudá-las. Ao longo do ano de 2022, participamos de um projeto junto ao consulado do Brasil em Madri, e nasceu a cartilha de Dignidade, proteção e apoio à mulher brasileira na Espanha. Isso ajuda as mulheres a saberem como agir em situações que envolvam violência de gênero, guarda de menores e outras questões.

Posteriormente, fui convidada a ser líder do comitê de comunicação. E assim aprendi sobre mídias sociais, ferramentas de desenvolvimento e estratégias para fazer nosso grupo alcançar mais mulheres. Isso facilitou a minha adaptação, e eu aumentei meu poder de comunicação.

Ao longo do tempo, participei de eventos brasileiros e espanhóis nos quais conheci pessoas e aprendi mais sobre a Espanha. Meu visto levou sete meses para ser aprovado, e não foi fácil esperar, pois eu queria voltar a trabalhar de maneira remunerada. E quando minha permissão de trabalho saiu, iniciei minha busca por emprego.

Encontrei uma vaga na qual uma jornalista que havia conhecido trabalhava, escrevi uma mensagem e ela me indicou para o trabalho. A função era de *Game Presenter*. Após entrevistas, fui aprovada e comecei uma nova carreira: nascia a minha versão apresentadora.

Mais uma vez a vida me propôs um desafio, e eu aceitei. Câmera, luz e "Olá, queridos jogadores, eu sou a Gabi e vou jogar com vocês agora." Com essa frase e um nome fictício eu me apresentava. A "Gabi" era desenvolta e mais engraçada do que eu. Inclusive, por ela, aprendi a usar batom vermelho e voltei a usar maquiagem. Começava assim a minha divertida carreira de apresentadora de jogos on-line.

Blackjack e *Lightning Roulette* eram jogos que eu apresentava. Todos eram transmitidos ao vivo para o Brasil, e os jogadores interagiam comigo por meio de um *chat* em que eu lia o que escreviam para mim e para quem assistia. Havia também os *streamers* que transmitiam ao vivo enquanto jogavam e me ajudavam a garantir a diversão dos jogadores. Meses depois, decidi encerrar esse ciclo. Eu amava a parte das câmeras, maquiagem, figurino, e meus colegas. Nada vai substituir essa experiência, aprendi muito e ganhei amigos.

Em dez meses, eu realizei o dobro do que realizei em quase quatro anos de Alemanha. Estar conectada com minha essência me permitiu criar versões de mim, e tudo fluiu de maneira natural. E assim eu levo a vida desde que cheguei na Espanha. Profissionalmente, ainda estou esperando a equivalência dos meus estudos, que está em trâmite, e sigo trabalhando com outras atividades.

E como Madri nunca desaponta, tive um convite inusitado: desfilar no Fashion Week de Moda Sustentável. Quando na minha vida eu poderia imaginar ser possível desfilar aos 40 anos? Nunca, mas a vida me surpreendeu mais uma vez. Nascia a minha versão modelo.

Eu não sabia se conseguiria, mas fui com o coração aberto. Foi maravilhoso viver essa experiência e representar o Brasil. É como diz a escritora Wandy Luz: "Coisas bonitas esperam você além dos limites daquilo que você acredita poder e merecer".

Antes de 2018, eu nunca imaginei ser palestrante, ajudar imigrantes, apoiar brasileiras no exterior, ser apresentadora ou modelo, mas me reconectei e a vida me surpreendeu. Ver-me na passarela me deixou mais empoderada, e fez que eu reconhecesse que estou em harmonia comigo, independentemente de peso, idade, altura ou qualquer padrão de beleza. Eu entendo que ter liberdade é me sentir bem comigo mesma, e ao sentir essa liberdade, eu me reconectei. Hoje, eu me olho no espelho e me reconheço. Compreendi, depois de tudo o que passei nos últimos anos, que o maior sucesso da vida é ser o que a gente quer e viver a vida que nos agrada. É você por você. Por isso, cara leitora, o maior sucesso da vida é ser você.

Hoje, eu sei que posso ajudar mais pessoas por meio daquilo que adoro fazer: comunicar-me. E por isso resolvi contar essa história.

Espero que essa história de vida inspire você a ser quem é.

Com amor,

Fabi

12

AMOR, AQUI ESTOU EU

O amor é a cura de todos os males da vida. Uma pessoa que não acredita no amor desacredita de si mesmo. Pessoas felizes são aquelas que se amam o suficiente para se sentirem amadas. Aprender isso foi bem doloroso, mas valeu muito a pena. Leia e ame.

FLÁVIA COLOSIMO

Flávia Colosimo

Contato
21 99630 9077

Neuroterapeuta Hertz, terapeuta do inconsciente, especialista em reprogramação mental, comportamento vibracional e emocional. Graduada em TI. Segunda formação como psicoterapeuta holística, registro ABRATH CTRH-2788. Trabalha direcionada para a cura e cocriação de uma nova realidade por meio da consciência quântica vibracional. Taróloga há 40 anos; fundadora do Instituto Brasileiro de Tarot. Mentora, palestrante e escritora.

A mulher que não se ama vive na solidão. O homem que não se ama não ama ninguém. Não há felicidade quando não há amor. Isso significa que as pessoas felizes são pessoas que amam. Amar não tem a ver com ser amada, isso são coisas diferentes. Amar é quando você sente o amor dentro de si, e ser amada é quando outra pessoa sente o amor por você. Adoecemos por amor quando, em vez de sentir amor-próprio, esperamos que o outro sinta. Isso aconteceu comigo.

O baixo nível de amor-próprio foi o motivo de eu ter entrado no ciclo de doenças em que eu me curava e, poucos meses depois, adoecia novamente. Eu sempre me considerei uma pessoa feliz. Amei a vida, meu marido, minha filha, família, amigos e trabalho, porém me esquecia de sentir esse mesmo amor por mim mesma. O nível do meu amor-próprio era muito baixo. Amava mais o outro do que a mim. Diga-me, onde está o amor nisso? Porque você só dá aquilo que tem para dar. Como eu poderia amar alguém se eu não me amava o suficiente? Foi dessa maneira que adoeci. Para sair desse ciclo de doenças, que parecia interminável, eu precisei voltar a me aceitar, a me perdoar e me transformar, me curar para finalmente me amar de verdade. O tarot associado aos estudos da consciência quântica vibracional aplicada no dia a dia foi o que me tirou desse ciclo de doenças e resgatou o amor em mim.

A consciência quântica vibracional é uma parte do estudo da física quântica que revela o nível de consciência em que o ser humano se encontra. O tarot nos mostra o que está no nosso inconsciente. Por meio do autoconhecimento, nos curamos com técnicas de reprogramação mental em nível de DNA celular, elevando a nossa consciência e a vibração que emanamos ao universo. Nada tem a ver com o outro e tudo tem a ver com o meu eu.

O psiquiatra e pesquisador, David Hawkings, passou a sua vida investigando a mente humana e criou o Mapa da Consciência©, que rastreia o nível da consciência do ser humano a partir de suas emoções e sentimentos. Ele descobriu que quanto mais alto é o nível de consciência de uma pessoa, mais alta é a frequência vibracional que ela emite para o universo por meio de suas emoções e pensamentos. Os nossos pensamentos e os nossos sentimentos emitem uma frequência vibracional que pode ser medida em hertz. De acordo com a Escala de Hawkings, o sentimento de amor vibra em 500 hertz. É um desafio vibrar em 500 hertz quando você não sente amor por si mesmo e o amor que você sente pelo outro não deve ser maior que o amor-próprio. Caso contrário, você adoece por falta de amor e isso é uma doença silenciosa. Você nem vai saber que está doente enquanto o corpo não "falar". Aqui, trago a tabela de algumas emoções e do seu polo contrário:

Emoção Hertz	Polo contrário O negativo da emoção
Disposição 310 Hertz	Desorganização, preguiça, apatia, caos, desarrumação.
Aceitação 350 Hertz	Desinteresse, repulsão, negação, declinação, descarte, enjeitamento, repúdio, desaceitação, repulsa, recusa, rejeição.
Razão 400 Hertz	Alucinação, consequência, devaneio, cegueira, ofuscação.
Amor 500 Hertz	Fobia, desafeição, antipatia, desafeto, desamor, animosidade, abominação, aversão, desprezo, horror, inimizade, negligência, desapreço, ódio, raiva, malquerença, hostilidade, repulsa.
Alegria 540 Hertz	Desolamento, entristecimento, sofrimento, mortificação, mágoa, dor, desapontamento, pena, desconsolo, insatisfação, padecimento, amargor, frustração, desolação, mal-estar, luto, desânimo, desgosto, aflição, tristeza, contrariedade, decepção, descontentamento, desconsolação, afligimento, depressão, angústia, contristação, pesar, consternação, abatimento.
Paz 600 Hertz	Intranquilidade, movimentação, agonia, conturbação, pico, ânsia, paixão, aflição, angústia, medo, pânico, agitação, alvoroço, desassossego.
Iluminação 700 Hertz	Ignorância.

Uma das práticas mais importantes que eu adotei foi o "eu sou". Todas as vezes que alguém fala ou faz algo que me chateia, eu lembro que tudo tem a ver comigo e não com o outro. Se eu sinto tristeza, preciso curar com alegria. Se sinto raiva, eu curo com amor. Se sinto ansiedade, eu curo com a paz. E como faço isso? Uso a principal técnica da neuroterapia hertz que aprendi na formação *Hertz Therapy*, com a Elainne Ourives. Eu faço a autoaplicação da mesma técnica que uso nos atendimentos individuais. Em poucos minutos, mudo a polaridade do que estou sentindo e a minha vibração se eleva. Quando a minha vibração se eleva, um novo mundo se abre. Coisas inexplicáveis acontecem e sem esforço. Tudo o que eu intenciono vem na minha direção. Chamamos isso de "holo cocriação da realidade", somos copiloto da nossa vida e criamos junto com o Criador de tudo o que É.

Por longos anos, em meus atendimentos, percebi que muitas mulheres confundem amor-próprio com autocuidado. Pensam que fazer os cabelos, as unhas, colocar cílios, se maquiar para ficar bonita é amor-próprio. Na verdade, o autocuidado é para que ela se sinta mais bonita e eleve a sua autoestima. O amor-próprio é bem mais profundo do que isso, está relacionado com aceitar seus defeitos, suas celulites, sua maneira de ser, suas rugas, sua idade, seus medos, suas sombras, sua luz, suas limitações, suas fases e tudo mais que define quem você é. Parece simples e fácil, mas a prática é desafiadora. Quer entender um pouco mais? Faça o seguinte teste: olhe-se no espelho, dentro dos seus próprios olhos; veja o que você pensa sobre si. Qual é a representação interna que você tem de si mesma? O que vê em si? Não é sobre o que as pessoas falam ou pensam de você, isso é sobre o que você vê e pensa de si mesma. A resposta desse teste vai dizer se você se ama o suficiente. Você é feliz no amor? Se a resposta é não, você precisa elevar o seu amor-próprio. É preciso ser sincera consigo, não pode fingir ou mentir. A verdade sobre você precisa ser vista e encarada de frente. E se você medir as suas atitudes, vai saber que isso é uma reação do seu baixo nível de amor-próprio. Quanto mais amor-próprio sentimos, mais somos amadas e desejadas. Não é o amor do outro que vai fazer você se sentir amada, é o seu próprio amor que vai preencher esse vazio. O outro pode amar você, mas se você não se ama o suficiente para se sentir amada, vai continuar se sentindo sozinha – mesmo estando com alguém.

Por que é preciso elevar o nível da sua vibração por meio da consciência? Vou contar um segredo que, durante milhares de anos, ficou escondido, porque a nossa mente não teria condições para compreender. Você já ouviu falar da lei da atração? E se eu disser que atrair aquilo que você deseja não existe como você imagina que é? A verdade é que só atraímos aquilo que somos. Não é o que você quer, é sobre quem você é. A tal lei da atração deveria ser chamada de lei da vibração, porque tudo o que existe é energia e tem a sua frequência vibracional. Somos feitos de energia e vibramos para o universo. O nosso corpo é composto de vários outros corpos, temos corpo físico e os corpos invisíveis ao redor do corpo físico que compõe a nossa aura. Os centros energéticos principais do corpo físico, que conhecemos como chacras, é o que fazem a ligação entre o nosso corpo físico com os corpos sutis. Cada ser humano tem a sua frequência vibracional, medida em *hertz*, e que emana uma mensagem para o universo. A informação que passamos para o universo é por meio da nossa vibração.

O universo não fala línguas, português, inglês, alemão. A linguagem do universo é a vibração emitida por meio da sua energia. O que você sente, pensa, fala e como você age geram a frequência vibracional que você emite ao universo. E como ele sempre diz SIM, você vai receber de volta aquilo que emite. A lei da atração é baseada na mensagem que você emana para o universo com a sua frequência vibracional. A lei do retorno também existe quando você deseja algo para alguém. Lembra que não tem a ver com o outro, tudo tem a ver com o que emanamos para o universo. Se você fica feliz com a conquista do outro, logo você conquistará algo. Se você deseja a saúde para o outro, você está retornando saúde para você. Ou seja, tudo o que você deseja, intenciona com pensamentos e sentimentos alinhados ao desejo, volta para você literalmente. Essas são algumas leis do universo criadas por Deus, o Criador de tudo que é.

Nós fazemos parte desse universo divino e, por meio do livre-arbítrio, podemos escolher o que pensamos, o que sentimos, o que intencionamos, o que fazemos e, consequentemente, o que vibramos. O que você escolhe, hoje, é o que cria a sua realidade. Não existe o passado nem o futuro. Só existe o que você pode fazer agora. O passado é o que você já viveu, o futuro sempre existirá de acordo com o que você escolhe viver no presente. Para mudar o seu futuro, você precisa mudar as suas escolhas no presente. Quer um conselho de alguém que aprendeu com a dor? Ame-se. Ame-se incondicionalmente, antes de amar qualquer pessoa ou qualquer coisa. Você só vai receber o amor verdadeiro de alguém se você antes se amar verdadeiramente.

Quer abrir os seus caminhos? Quer se blindar de energias nocivas como a inveja dos outros? Quer desbloquear a prosperidade na sua vida? Quer ser amada? Quer um bom emprego? Quer passar numa prova? Quer ser feliz de verdade conquistando sonhos e ultrapassando as metas? Então está na hora de começar a se amar de verdade. Eleve a sua vibração. Permita-se entrar no fluxo de abundância, no universo das infinitas possibilidades. Sintonize com o que você deseja. Pare de olhar para os problemas e olhe apenas para a solução. Esqueça o outro e olhe para dentro de si. Faça um autoconhecimento. Treine isso durante pelo menos 90 dias, você já vai sentir uma mudança interior significativa. Nós somos transmutáveis, transmute-se.

Para ajudar você nesse processo de cura do amor, repita por 108 vezes o seguinte mantra do Ho'oponopono Quântico por 21 dias seguidos:

Eu te amo
Sinto muito
Perdoe-me
Sou grato
Eu me amo
Eu me aceito
Eu me acolho
Eu me aprovo

Pode usar um japamala para guiar você. Pratique como um exercício diário.

Considere a opção de buscar ajuda para curar as suas dores e ressignificar as crenças que limitam o seu processo evolutivo. Isso faz você ficar mais forte para superar os desafios da vida. Não pense que só você tem problemas demais. É por meio dos problemas que aprendemos as lições mais importantes da vida. O outro é apenas alguém para espelhar o que você tem dentro de si mesma. Agradeça por todas as pessoas que passaram pela sua vida, pelas que estão presentes nela e pelas pessoas que estão por vir. São os outros que nos mostram como estamos vibrando para o universo. O que você sente e pensa do outro é o que está dentro de você. Os seus sentimentos e pensamentos são o reflexo do seu próprio espelho. Aprenda com eles.

Devemos treinar a nossa mente para seguir o comando da nossa consciência. A nossa mente/cérebro não tem o conhecimento sem a consciência. A nossa consciência pertence à psique, está relacionada a uma qualidade psíquica humana. A nossa mente é o nosso cérebro subdividido em consciente e inconsciente (ou subconsciente). Você pode atribuir o nome da sua consciência como mente superior ou eu superior. Portanto, o alinhamento das três mentes (mente consciente, mente inconsciente e mente superior) é o que nos conecta diretamente à fonte divina e ao eu sou".

Eu controlo a minha mente, não é ela que me controla – palavras da própria consciência.

Você é capaz de transformar a sua vida numa vida incrível, de realizações por meio da sua consciência.

E lembre-se de todos os dias falar na frente do seu espelho: "Amor, aqui estou eu".

Referência

OURIVES, E. *DNA revelado das emoções*. São Paulo: Editora Gente, 2021.

13

AUTOGENTILEZA E LIDERANÇA COMBINAM?

Neste capítulo, o eu se fará presente para um encontro com a expansão da sua consciência. Sim, gentileza é um movimento que contempla a autogentileza, resultado pertinente de um comportamento de um líder do século XXI. Você quer construir uma liderança gentil? Vamos juntos explorar esse movimento de coragem que transforma empresas em todo o mundo.

GEOVANA PIFFER

Geovana Piffer

Contatos
www.humanun.com.br
www.pordentro.pt
contato@humanun.com.br
Instagram: @geovana_piffer
Facebook: facebook.com/geovana.piffer.vix/
facebook.com/humanun/

Sou uma pesquisadora em desenvolvimento humano e organizacional com foco em gentileza. Apaixonada pelo desafio de ajudar pessoas e organizações a terem uma relação mais saudável e produtiva, com propósito e sentido. Economista de formação, MBA em Gestão de Negócios pelo IBMEC. Formação em *Coaching* pela Lambent do Brasil-ICC (2015). Facilitadora de grupos pelo programa Germinar-EcoSocial, consteladora organizacional pelo Instituto Sistêmica. Idealizadora da Humanun, empresa de desenvolvimento humano. Sócia da Por Dentro, empresa portuguesa em treinamento e desenvolvimento humano, com atuação em Portugal. Atua como palestrante, treinadora de desenvolvimento humano e consteladora organizacional, no Brasil e em Portugal, levando a gentileza para as organizações.

Nós devemos confiar em nós mesmos para sermos excelentes e bons, e mesmo se, algumas vezes, essa confiança for mal empregada, muito mais frequentemente ela terá mérito, pois há algo dentro de nós que clama por um mundo melhor e mais justo.

CHARLES HANDY, The Hungry Spirit (1999)

A gentileza me escolheu em 2019, quando fui convidada por uma multinacional para falar sobre o tema em uma palestra. Confesso que, nessa época, apenas a palavra havia ressoado em minha alma e coração. Em um auditório lotado, palestrei sobre a temática. À medida que me comunicava com a plateia, mais sentia que a gentileza precisa e deve ser uma ação. Certamente, deveria se tornar verbo e não substantivo. Nesse momento, comecei a me perceber, a entender, a pesquisar e a verdadeiramente praticar a gentileza em pequenas ações no cotidiano. Algo mágico começou a fazer parte do meu dia a dia.

A didática do fazer é um caminho sem volta. No entanto, nossa cultura, em muitos momentos, se baseia na teoria das palavras, do marketing que sabe explorar o lado das emoções. O famoso estar sempre bem, o pensar que apenas grandes feitos trazem notoriedade e a famosa autoridade. Na minha doce e poética visão de mundo é a coragem de nos conectarmos, a tônica de que podemos fazer o bem com pequenos atos cotidianos, que em muitos momentos ficam esquecidos, e que são, em sua grande maioria, praticados por pessoas anônimas que fazem a diferença. Por exemplo, seu vizinho que lembrou de presenteá-lo com um maravilhoso prato de comida, ou uma lembrança de uma viagem. Quando, na empresa, recebemos um café de um colega. Ah, são tantos pequenos gestos cotidianos que esquecemos até de perceber.

Uma frase que faz sentido nos tempos modernos: "Tenha fé nas coisas pequenas, porque é nelas que está a sua força" (MADRE TERESA).

O engraçado dessa colocação é que muitos humanos ainda não acreditam nisso. Pensam que os grandes feitos – como erradicar a fome no mundo, exterminar a violência doméstica entre tantos outros grandes acontecimentos – é que são importantes. Certamente, grandes feitos mudam o rumo da história mundial, porém grandes realizações foram iniciadas por pessoas que deram o primeiro e significativo passo para o bem comum.

É simples. Quando se faz o bem, o bem volta automaticamente como um passe de mágica.

Como se ganha notoriedade para falar, fazer e comungar com outras pessoas a sabedoria deixada por grandes mestres? É aprender o amor, em primeiro lugar por você mesmo. Saiba se cuidar para cuidar, esse é o princípio mais forte da autogentileza.

Autogentileza e saber cuidar de si, para, assim, poder cuidar do outro. É um grande presente quando deparamos com líderes que sabem cuidar, é uma dádiva tanto para os liderados quanto para as organizações. Fala-se muito, no mercado corporativo, de liderança inspiracional. Será que ela existe sem ações reais? Será que realmente os líderes de hoje conseguem transformar e conscientizar pessoas para um mundo mais gentil?

A inspiração deste capítulo é a tradução para um olhar mais humanizado, ético, pautado em autogentileza, a qual será o foguete para levar você, líder ou não líder, a uma viagem de novas possibilidades, de um encontro com sua essência do bem. Joseph L. Badaracco Jr., autor de *Leading Quietly*, traz o seguinte olhar: "Algumas vezes, são os menores atos que influenciam outras pessoas, meses ou anos". O começar a praticar o bem, por meio da autogentileza, é um ato de amor com você e com o outro; sim, o amor faz parte do contexto das relações. Necessitamos de uma expansão da consciência, enquanto humanos, para melhor convivermos em sociedade.

Como seria combinar autogentileza e liderança em um ecossistema corporativo?

Para muitos, é impossível, mas, como informado no início do capítulo, autogentileza e liderança são de grande expansão se andam juntas. Na verdade, podem até se separar, porém o grande segredo revelado é que ambas são irmãs gêmeas, seguirão unidas, uma depende da outra para transformar o mundo em um lugar mais gentil, principalmente nas organizações.

Pensando rapidamente: como seria o mundo corporativo sem as pessoas? Haverá líderes? Quem esses líderes de hoje irão liderar no futuro? Mesmo que a inteligência artificial ultrapasse o homem dentro das organizações, a grande maestria ainda está condicionada às emoções humanas. A máquina não substituiu esse lugar sagrado que habita em cada humano, o explorar nossa alma, nossos sentimentos. Um viva a nossa condição humana.

O grande voo da fênix para um líder é expandir suas competências – tanto *soft skills* quanto *hard skills* – e habilidades com foco no aspecto de inspirar, colaborar, transformar quem está à sua volta, por meio de seu próprio exemplo. É de grande importância o reconhecimento por parte dos seus pares, liderados e demais pessoas da comunidade. Steve Harrison (2008) propõe o seguinte olhar: "Humildade não é pensar menos sobre você mesmo, mas pensar em você mesmo menos frequentemente". Sábia colocação com o paralelo da autogentileza. Quem cuida de si, sabe certamente cuidar do outro.

A relação é simples: eu pratico a autogentileza e a consequência desse movimento é atrelada à humildade em me perceber, entender os meus desafios, saber exatamente qual é meu propósito enquanto líder, ser autêntica comigo e com o outro, ter coragem de ser o que realmente acredito.

Consigo praticar de maneira verdadeira as pequenas gentilezas: seja para ler um livro; seja tomar um café totalmente presente, sentindo o cheiro, degustando o sabor; ou até mesmo ao escovar os dentes e me permitir olhar no espelho e acreditar ser única enquanto ser humano.

Uma das condições para um líder é entender esse movimento. Vejo-me. Percebo-me. E consequentemente consigo enxergar o outro em sua totalidade.

Tenho observado alguns líderes, ao longo da minha carreira de mais de 25 anos, ainda atrelados à cultura do "faça o que eu mando". O mundo corporativo, em muitos momentos, é engraçado. Muitos líderes viram personagens, são completamente diferentes na vida pessoal, não conseguem alinhar o pensar, o sentir e o querer. O famoso *fake*. Continuo me perguntando como conseguem continuar influenciando pessoas?

Influenciar pessoas é uma das premissas da liderança. Lembro-me de que, uma vez, eu entrevistei alguns líderes para uma pesquisa, e essa palavra apareceu praticamente na fala de todos. "Eu acredito que influencio pessoas pelas minhas ações". O autor Edward Lawler diz: "A maneira como as pessoas são tratadas, cada vez mais, determina se uma empresa irá prosperar, ou mesmo sobreviver". Acrescento que não só como as pessoas são tratadas, mas trazendo um olhar sistêmico: como o líder se trata, como ele demonstra suas emoções, sua vulnerabilidade, o cuidar de si, o estar presente em uma reunião ou em um almoço, preparar-se para um *feedback*. Enfim, a prática de pequenos atos gentis que, sem dúvida, são na maioria das vezes inesquecíveis para quem recebe.

Uma lembrança bem interessante de minha passagem pelo mundo corporativo foi, certa vez, ao conversar com um líder, o comentário que ele fez na ocasião: "Sou bom em encantar, envolver, conectar, trazer soluções para os clientes e fechar negócios, porém não gosto de pessoas".

Naquele momento, uma cratera se abriu, me vi completamente vulnerável em estar diante de alguém que falava algo e fazia de modo completamente diferente no âmbito mais pessoal.

O que me fez refletir foi o quanto, de certa forma, fui conivente, pois não discordei. Por covardia, não quis entrar em uma conversa difícil; porque certamente seria falar o óbvio, questionar algo que, no momento, não conseguiria digerir. A única coisa que passava pela minha mente era: Por que uma pessoa que não gosta de liderar pessoas continua liderando?

Rememorando aquele momento, hoje, percebo que algumas pessoas, para se manterem líderes decidem, todos os dias, manter uma aparência diante dos liderados.

Ser líder de si mesmo é caminhar rumo ao autodesenvolvimento. É para os corajosos que decidem praticar um novo e potente comportamento de *soft skills* com ele e com os liderados. Ensinar é uma arte, mas para realizarmos antes precisamos praticar.

É estar no cerne da liderança, entender seus limites, saber a hora certa do sim e do não, estar presente, ser vulnerável, cuidar de você como ninguém mais poderia cuidar e muito mais. Tudo isso junto e combinado é autogentileza.

Depois de muito refletir, concluí que a liderança pode ser instaurada com pequenos gestos gentis, a partilha de experiências com quem confia em você, ser autêntico em todas as esferas da sua vida.

Ampliando o olhar em relação a minha trajetória pessoal e profissional, me percebo, em muitos momentos, na caverna de Platão. Escondendo-me por trás da minha vulnerabilidade na falsa construção do meu eu, a busca pela aceitação – tão importante para muitos líderes. Deixando, em muitos momentos, a reatividade tomar conta de um simples respirar, mais gentil para continuar seguindo.

Atenta a isso, decidi criar seis passos positivos para auxiliar na prática diária de autogentileza.

- Comece seu dia com, pelo menos, cinco minutos de respiração consciente. Esteja totalmente presente no aqui e no agora, de preferência sem interferências externas. Apenas saboreie esse momento que é único, o agora.

- Qual atividade física você pode praticar hoje? Pode ser uma caminhada ao redor do seu local de trabalho ou sua casa. Quantas atividades cotidianas são feitas a pé? Prefere o carro a caminhar?
- Como você pode cuidar da sua mente hoje? Algumas sugestões são falar com outras pessoas, abrir-se para novas experiências, seja degustar um copo de água como nunca antes, ler um livro com a máxima atenção.
- Caso haja algum tipo de vício em sua vida, é possível passar um dia livre dele? Como será sua sensação ao olhar no espelho e celebrar as horas vencidas sem partilhar de algo que em muitas ocasiões flagela seu bem-estar.
- Permita-se ser vulnerável, ter coragem de sentir, sem medo de ser feliz. Seja gentil consigo quando pisar na bola.
- Administre seu tempo, que é único. É seu e intransferível. Faça dele o melhor em 24 horas. Se for o caso, dedique um tempo livre para o que faz sentido para você.

Brené Brown (2022), em seu livro, menciona uma pesquisa da Universidade do Texas, de Kristin Neff, na seguinte colocação para autogentileza: "Ser acolhedor e compreensivo conosco quando sofremos, fracassamos ou nos sentimos inadequados, em vez de ignorar nossa dor ou nos flagelar com autocrítica". Refletindo em minha vida, em muitos momentos, me deixei levar por supostas sensações de colocar o outro em primeiro lugar, de aceitar críticas e ficar me flagelando, na verdade, ignorando quem eu sou.

Tendemos a nos criticar em alguns momentos, mais do que os outros.

Certa vez, participei de uma palestra e cometi uns erros na fala, atropelei palavras, sim, às vezes costumo falar rápido. Usei meu chicote mágico por dias e dias. Naquele momento, não pensei em como poderia fazer diferente em uma próxima oportunidade. Depois de quase uma década, percebo que mudei meu mapa mental em relação aos meus erros. Hoje, me permito mais, me reservo o direito de errar, sim. E me sentir livre, leve e solta para continuar a jornada única que é viver de maneira plena, exercendo o meu propósito que é levar a gentileza pelo mundo.

Quando você se transformar em um líder gentil, a sua jornada pessoal estará pautada na autogentileza. E faça uma escolha de ser ousada, de lidar com a diversidade do mundo moderno pautada em transformar com base na gentileza. Tenha coragem de ser livre para ultrapassar a bolha do inconsciente coletivo. Você pode e deve ser ousada com sua consciência para um mundo melhor. Vamos juntas!

Referências

BROWN, B. *A coragem para liderar: trabalho duro, conversas difíceis, corações plenos*. 15. ed. Rio de Janeiro: BestSeller, 2022.

HANDY, C. *The Hungry Spirit: Purpose in the Moderm Word*. Nova York: Broadway Books, 1999.

HARRISON, S. *Manual de gentileza dos executivos: como pequenos gestos constroem grandes empresas*. São Paulo: Primavera Editorial, 2008.

14

COM QUANTOS IRMÃOS SE FAZ UMA GESTÃO PÚBLICA?

A indagação que pode até parecer curiosa é um convite para mergulhar na história de uma empreendedora pública que foi buscar no amor, como valor mais profundo, o fundamento para sustentar sua trajetória de gestora. Uma mulher num espaço privilegiado de poder desnuda a sua humanidade para mostrar que, apesar de desafiador, é possível trabalhar para a construção de um mundo melhor.

GRACIMERI GAVIORNO

Gracimeri Gaviorno

Contatos
www.delegadagracimeri.com.br
gracimeri.gaviorno@gmail.com
Instagram: delegadagracimeri
Facebook: gracimerigaviorno
27 99856 2235

Especialista em liderança e gestão pública, em processo civil e em segurança pública. Mestre e doutora em Ciências Jurídicas. No Espírito Santo, dirigiu a Perícia Criminal, comandou a Polícia Civil, foi subsecretária estadual de segurança pública e de direitos humanos. Atuou como secretária municipal de direitos humanos e de políticas públicas para as mulheres em Serra (ES). Implantou e coordenou projetos de enfrentamento à violência contra a mulher, participação social e inclusão social de jovens em territórios de vulnerabilidade. Finalista da primeira edição do prêmio Espírito Público, participou de uma formação em excelência nos serviços públicos, em Londres; e de uma imersão em políticas públicas na Blavatnik School of Government, na Universidade de Oxford. Avaliadora em três edições do prêmio Humaniza (SEJUS/ES) e do PEP 2019. Delegada de polícia aposentada, coordenadora da Rede Plena e do Coletivo *Maria Vai com as Outras*, colaborando com programas de mentoria para jovens e gestores.

Onde meus talentos e minhas paixões encontram as necessidades do mundo, aí está o meu lugar!
ARISTÓTELES

"Quantos irmãos você tem?", perguntou-me o vice-governador.

— Para responder a esta pergunta, governador, eu preciso contar uma história de amor. É que meu pai foi uma pessoa que amou muito. Ele amou tanto que se casou seis vezes e me deu oito irmãos. A minha mãe também amou muito. Ela se casou três vezes e me deu dois irmãos. Esses meus irmãos, frutos de muito amor, me deram mais oito irmãos. Então, ao todo, eu tenho dezoito irmãos que se amam muito.

É claro que, por trás dessa história repleta de amor houve muitas violações, ausências e abandonos. Mas como, em segundos, tornar leve uma história que, apesar de ter sido marcada por tantas dores, também é uma história de muita superação, vivida por todas essas pessoas?

Começo por esse momento que acredito ter sido o mais importante da minha carreira. Eu estava a poucos meses de completar 44 anos quando recebi o convite para liderar uma das instituições mais importantes do Estado. Naquele cargo, apenas duas mulheres estiveram no cargo antes de mim. E podem acreditar, por ocuparem aquele lugar, elas foram julgadas como nenhum outro homem foi.

Eu já tinha recebido alguns convites interessantes. Mas, por alguma razão, me sentia indigna de ocupar posições de destaque. Talvez fosse aquilo que mais tarde conheci pelo nome de síndrome da impostor. Mas dessa vez estava determinada a enfrentar o desafio. Por isso, quando o convite para chefiar a Polícia Civil chegou, eu não poderia fugir à responsabilidade nem deixar passar a oportunidade de contribuir de maneira mais qualificada na instituição que passei parte da minha vida. Era hora de trabalhar num projeto que pudesse fazer diferença na vida dos profissionais de segurança e da sociedade.

Havíamos acabado de sair das eleições conturbadas de 2014 e chegamos a 2015 com uma economia muito fragilizada. Um corte linear no orçamento público impactava o custeio já reduzido da Polícia Civil. Mesmo assim, trabalhei pontos que sempre acreditei serem fundamentais: a melhoria no atendimento ao cidadão; a aproximação da polícia com a população e o enfrentamento à violência contra a mulher.

Em 6 de março de 2015, lançamos o programa *Homem que é Homem*, um grupo reflexivo criado para que os agressores pudessem conhecer as diferenças de gênero, compreender a natureza criminosa de suas condutas e assumir suas responsabilidades na construção de uma sociedade de paz, a partir de estratégias não violentas de resolução de conflitos. A inspiração veio de uma iniciativa implantada em 2003 por uma juíza do município em que atuei como Delegada da Mulher. Sabíamos que o afastamento do agressor poderia impedir que aquela vítima fosse novamente agredida, mas não impediria que o agressor fizesse novas vítimas. Precisávamos de políticas para as mulheres, mas era preciso promover a transformação do agressor.

Logo na primeira edição, o programa apresentou bons resultados e nos motivou a torná-lo permanente e promover sua expansão. Aracruz foi o primeiro município, fora da Região Metropolitana da Grande Vitória, a participar, numa parceria com a Faculdade de Aracruz. Em 2016 o programa integrou o rol de iniciativas de enfrentamento à violência contra a mulher, que deu ao Brasil o Prêmio Governarte do Banco Interamericano de Desenvolvimento. Graças ao trabalho realizado por dedicadas delegadas, psicólogas e assistentes sociais e o apoio dos municípios, a cobertura já atinge quase todo o estado. Recebemos com alegria a sanção da Lei 13.984 em 2020, incluindo na Lei Maria da Penha a possibilidade de o juiz encaminhar o agressor a programas de reeducação.

Outra iniciativa impactante foi a parceria firmada entre a Polícia Civil, o Ministério Público e o Instituto de Pesquisa do Estado para criar um formulário de mapeamento de riscos e realizar um diagnóstico das circunstâncias que envolvem a violência contra a mulher. O município da Serra, um dos mais populosos e violentos do Estado, serviu de amostra. A Lei 14.149, sancionada em 2021, criaria o Formulário Nacional de Avaliação de Risco. Seguramente, estávamos no caminho certo. O mapeamento é uma importante ferramenta para a implantação de políticas públicas para alcançar o quinto objetivo de desenvolvimento sustentável das Organizações das Nações Unidas, que é relacionado à igualdade de gênero.

Entre 2015 e 2016, implantamos, na Polícia Civil, o projeto Aproximação. A partir das pesquisas de clima e de satisfação, fizemos um diagnóstico para compreender como estava o relacionamento da Polícia Civil com as comunidades e traçamos planos para melhorar o atendimento nas unidades policiais. Então, investimos em treinamentos orientados para aproveitamento das novas tecnologias e melhorias no atendimento.

A qualidade no atendimento e a participação da sociedade nos assuntos relacionados à segurança pública devem ser prioridade. Essa consciência me acompanha desde os tempos em que estive como presidente do grêmio estudantil e liderava passeatas pedindo por mais segurança nas escolas. Por outro lado, a experiência vivida no início de minha carreira como delegada de polícia, integrando a parte operacional de um eixo do Primeiro Programa de Segurança Pública do Estado, me permitiu compreender a importância de ouvir a sociedade para estabelecer prioridades e enfrentar os desafios relacionados à criminalidade. Foi assim que desenvolvi uma sensibilidade para ouvir os anseios das comunidades, por meio das associações, dos conselhos de segurança e dos cidadãos considerados individualmente. Por isso fui convidada em 2001 para implantar o Disque-denúncia; no final de 2016 para assumir a Subsecretaria de Integração Institucional da Secretaria de Segurança Pública; e em 2019 para a Ouvidoria Geral da Segurança Pública.

Para mobilizar a sociedade a participar mais ativamente, desenvolvemos o projeto Capacitar para Transformar. A ideia era qualificar o diálogo entre as comunidades e as forças de segurança, retomando a formação dos conselhos de segurança. Ao final da jornada, conseguimos deixar uma trilha de formação para as comunidades na Escola de Governo, um grande avanço a partir do marco legal do terceiro setor. Hoje, a Federação dos Conselhos de Segurança é uma realidade que abre caminho para uma participação social mais efetiva na busca de soluções para o enfrentamento da violência urbana.

Para minha grata e honrada surpresa, em 2018, fui convidada para coordenar um programa estruturante de governo como subsecretária na Secretaria de Direitos Humanos do Estado. Era um programa voltado para inclusão social de jovens em territórios de alta vulnerabilidade social. Indicadores relacionados a homicídios, distanciamento idade-série e evasão escolar eram monitorados e enfrentados a partir de um trabalho em conjunto com o Instituto de Pesquisa do Estado, secretarias estaduais, prefeituras e comunidade. Uma experiência inovadora que eu nunca tinha imaginado experimentar. As metas eram ousadas. Confesso que cheguei a pensar que não as alcançaríamos. Mas foi com muito esforço e alta motivação do nosso time e de toda a equipe de governo que conseguimos entregar o sonho de modificar a vida de muitos jovens que passavam invisíveis aos olhos do Poder Público. Histórias de violações, de abandonos e ausências, mas também histórias de superação. Muitas delas me levaram a recordar a minha própria história de vida.

Essas iniciativas me renderam uma premiação patrocinada pelo Instituto República. A instituição carioca levou a Londres, em 2018, doze servidores brasileiros para uma jornada de formação em excelência nos serviços públicos, promovida pelo jornal britânico *The Guardian*. Foi uma experiência fantástica e eu posso dizer que voltei verdadeiramente transformada. Todo o período de instrução foi maravilhoso, mas o que mais me encantou foi a relação entre a comunidade e o setor público. Os cidadãos são estimulados a participar do governo, informando suas prioridades e acompanhando a política por meio de *accountability*, uma prestação de contas feita pelo setor público. A administração pública estimula a participação social numa espécie de validação de seu trabalho. Isso é bem diferente no Brasil, onde o cidadão quase não tem interesse em participar das ações governamentais e o governo resiste em integrá-lo nas discussões e avaliações, assim como se sente incomodado quando é interpelado a prestar contas de suas ações.

Entre os anos de 2015 e 2018 passei por uma verdadeira transformação pessoal e profissional. Além de fazer importantes entregas públicas, aprendi muito e passei por momentos bem desafiadores. O episódio de furtos de armas nas delegacias gerou muito desgaste e me exigiu enorme resiliência. No mesmo período, meu enteado, criado como filho, saiu de casa e uma depressão tomou conta do meu marido. Minha saúde também estava abalada. Descobri que eu era portadora de uma disfunção nos movimentos peristálticos. Essa disfunção me causava longos períodos de indisposição, agravados pelo estresse causado pelo peso da responsabilidade de cuidar da segurança de todo o estado.

Lembro-me de que, certa manhã, cheguei ao gabinete e dobrei meus joelhos com o terço nas mãos. Dirigi-me ao Senhor com uma oração fervorosa e dois pedidos: que meu filho retornasse para casa e que o Senhor abrisse meus olhos, mostrando onde estavam as armas furtadas. Eram 8 horas da manhã e logo eu estava entrando na reunião do Conselho Superior de Polícia. A reunião durou umas 3 horas e, quando acabou, eu recebi duas ligações: uma para me dizer que haviam encontrado a última arma longa que faltava ser recuperada; e outra do meu filho, perguntando se eu o aceitaria de volta em nossa casa. A fé sempre esteve comigo. E foi exatamente ela que me ajudou a enfrentar um período tão difícil, mantendo íntegra a minha família, atenta à minha saúde e seguindo a carreira sem abandonar o propósito de cuidar das pessoas.

Sim, é verdade, por trás de uma profissional existe uma mãe, esposa, filha, um ser humano como qualquer outro, mas que, por sua condição de mulher, é cobrada como nenhum homem é. Não estamos aqui para estimular a guerra entre os sexos. Ao contrário, a construção de uma sociedade de paz envolve a compreensão e o empenho de todos os sexos e gêneros. Essa sempre foi a minha premissa. Mas claro, não podemos fechar os olhos para o fato de que as condições oferecidas à mulher são bem diferentes em comparação às vividas pelos homens. Entender essas diferenças nos faz caminhar para a construção de uma sociedade mais justa para todas as pessoas.

Encerrei o ano de 2018 na Secretaria de Direitos Humanos do Estado, coordenando o programa de governo denominado Ocupação Social. Interferir de maneira colaborativa em comunidades vulneráveis, promovendo cidadania, resgatando a possibilidade de as diversas juventudes interferirem nas decisões de políticas públicas, entender suas dores e anseios foi uma experiência fantástica.

Depois de tantas experiências, estava na hora de tirar umas férias. Na bagagem, eu levava a oportunidade de ter contribuído para a inclusão social dos jovens; de estimular a participação social qualificada nas decisões de segurança pública; e criar políticas de enfrentamento à violência doméstica a partir da prevenção. Além disso, um rico aprendizado em administração do orçamento público, em negociação sindical e em compreensão da ambiência política que envolve a administração pública e a atmosfera social.

Compartilhar minha história nesta obra é dividir com milhares de pessoas o desafio de ser uma gestora e uma empreendedora pública. Empreender significa executar, realizar, implementar, inovar, correr riscos. Esse termo, muito comum na iniciativa privada, pode ser usado para um negócio, uma empresa, uma ação na comunidade ou iniciativa no serviço público. Mas o empreendedorismo não se esgota numa ação. É um processo contínuo. Empreendedores e empreendedoras carregam um espírito de inquietação que os impulsionam a identificar questões que reclamam uma ação de melhoria. No empreendedorismo público, esse espírito nos leva a buscar uma vida mais digna e plena para as pessoas. Foi com essa sensibilidade que o Instituto República criou o prêmio Espírito Público, do qual fui uma das premiadas. A premiação, além de reconhecer o servidor como vetor importante nas entregas públicas, produz efeitos que ultrapassam suas edições e despertam o nosso olhar para o aperfeiçoamento contínuo, um resgate humanitário no serviço público.

— Quantos irmãos você tem?

— Para responder a esta pergunta, vice-governador, eu preciso contar uma história de amor. Porque é amando, apesar de todos os desafios, que conseguimos enxergar as pessoas mais vulneráveis e invisíveis. Foi amando as pessoas que eu dediquei toda a minha trajetória, ainda que os cenários fossem desafiadores. Foi uma jornada intensa, em que mergulhei com todo o meu ser. O que eu não esperava era que essa trajetória me prepararia para outros caminhos, mas isso é assunto para outra edição.

15

A CORAGEM DE SONHAR NOVAMENTE

Neste capítulo, você vai conhecer sobre os meus maiores traumas que surgiram ainda na minha adolescência. A perda do meu pai, relacionamentos abusivos e como eu fiz para sair de uma vida de sofrimento e abuso e ir a uma vida realizadora. Quero que veja que, ainda que a situação seja difícil e aparentemente sem solução, aquele bom e velho clichê de que existe uma luz no fim do túnel é real, e as coisas uma hora dão muito certo!

JULIANA PRAZERES

Juliana Prazeres

Contatos
Instagram: @juliianaprazeres
@moneytime.fintech

Tem 31 anos, é pernambucana criada na Baixada Fluminense, no Rio de Janeiro. Atualmente, vive um sonho realizado, sendo moradora de Copacabana, na Zona Sul do Rio. Filha mais velha do falecido João Prazeres e da Maria Luziária; irmã de Bruno, Samuel e Izabela; promovida a titia da princesa Aylla; e mãe das *pets* Jasmine e Ariel. É *master coach* e analista de perfil comportamental formada pela FEBRACIS, metodologia de Paulo Vieira, que já impactou mais de 1 milhão de vidas. Formação acadêmica em Educação Financeira, Gestão Financeira e pós-graduanda no MBA em Consultoria Financeira, Controladoria, Compliance & Restruturação de Negócios. Coautora do livro *Cresça e aconteça*. Mentora de planejamento financeiro e empresária. É fundadora, e hoje CEO, da Fintech MoneyTime. Apaixonada por viajar e conhecer novas culturas, histórias e comidas típicas. Criatividade, *mindset* de crescimento, capacidade de superar obstáculos e obter sucesso em diversos cenários são seus *hobbies* mais prazerosos.

No dia 12 de outubro de 2006, na Baixada Fluminense do Rio de Janeiro, por volta das 22h30, aos meus 14 anos, todos na casa já estavam dormindo. Ouvi os cachorros latindo e parecia ter alguém tentando entrar em casa.

Fiquei muito assustada, mas mesmo assim andei até a sala e me deparei com um rapaz apontando um revólver 38 prateado para mim e gritando: "abre a porta!". Corri para acordar os meus pais que, imediatamente, foram ver o que estava acontecendo. O rapaz continuou gritando para abrir a porta. Meu pai aparentou lembrar de algo e pediu para a gente fingir não estar em casa. Não dava, o cara já tinha me visto, nos visto e estava ali, apontando a arma e dizendo que se conseguisse entrar, mataria todo mundo!

Ao ver nosso desespero, meu pai vai em direção à porta e abre, dá as costas para o rapaz e vem voltando para onde estávamos. E em seguida começaram os disparos. O assassino, friamente, recarregou o revólver e continuou com os disparos, totalizando os 12 tiros que tiraram a vida do meu pai. Ali, na minha frente, na frente da minha mãe, dos meus irmãos e de uma prima que foi passar o dia das crianças conosco. E a minha última lembrança daquele dia é dele todo ensanguentado, estirado no chão, bem no meio da casa. Eu me aproximei e o toquei pela última vez, para fechar seus olhos, que estavam verdes como uma esmeralda...

O motivo que levou ao crime foi porque meu pai, naquele mesmo dia, desrespeitou uma jovem. O namorado, quando soube do que aconteceu, fez ameaças ao meu pai – que duvidou de que ele realmente faria algo – e foi, com a cara e a coragem, mostrar sua indignação e cumprir com o que disse que faria.

E foi assim que meu pai, aos 36 anos, perdeu a vida, deixando esposa e três filhos totalmente desamparados. Já que não trabalhava de carteira assinada, não tinha dinheiro guardado, investimentos, seguro de vida, absolutamente nada que trouxesse qualquer segurança financeira para a gente naquele momento.

Sem dinheiro para o velório, esperando por doações, tivemos que aguardar mais de uma semana para enterrá-lo, e não pudemos nem abrir o caixão no funeral porque o corpo já estava em avançado estado de decomposição.

Após o maior trauma e dor da minha vida, que foi ver meu pai sendo assassinado, começaram os desafios.

Com meu pai ainda vivo, nasceu em mim o desejo de empreender. Em uma oficina da escola, aprendi a fazer pulseiras de missangas. Mas era apenas um *hobby* de adolescente, não dava para sustentar uma casa. Então comecei a fazer outras coisas, além das pulseiras, para ganhar mais dinheiro. Vendia bebidas e lanches nas praias, shows, feiras, e conseguia ajudar em casa, mas não era o suficiente. Abandonei os estudos a fim de ter mais tempo para trabalhar.

Meus pais e eu somos de Pernambuco. Quando eu tinha um ano de idade, meu pai propôs à minha mãe que viéssemos tentar a vida na cidade maravilhosa. Durante os 18 longos anos em que viveram juntos, ela teve um sustento bem básico, fornecido por ele. Um cara machão, cabra da peste, fazendo que ela dependesse exclusivamente dele. E agora, ela, sem estudo, longe dos seus familiares, sem experiência profissional e com três filhos, não sabia o que fazer para nos manter.

Alguns meses depois, minha mãe começou a se relacionar com outra pessoa. E uma guerra entre nós duas começou. Era muito difícil para mim, uma adolescente que acabou de ver seu pai ser assassinado, aceitar que sua mãe já estava colocando outro cara dentro de casa.

Lembro-me de que éramos muito amigas antes de meu pai morrer. Ela me deixava faltar a aula para ir à praia, passava por cima das ordens do meu pai para me deixar dormir na casa das colegas de escola e até mesmo para sair à noite com amigas. Eu desconhecia a minha mãe e não aceitava que ela estivesse refazendo a vida dela tão rápido. Dez meses depois da morte do meu pai, e ela já estava grávida. Minha indignação só aumentava. Quase sempre eu entrava em discussão com o meu padrasto e ela o defendia, pois as ofensas vinham da minha parte. Certo dia, cheguei em casa e meu quarto não fazia mais parte da casa. Ela fechou a passagem do meu quarto que dava acesso aos outros cômodos da casa, me deixou só com o acesso para a saída dos fundos e me convidou a sair da casa e morar somente em meu quarto, dizendo: "Ele é quem sustenta a casa; e se você não gosta dele, então, não pode morar aqui". Frase que recebi com forte impacto emocional.

Nessa época, eu já vivia perambulando. Tinha tentado morar na casa de uma tia e até na casa de algumas amigas. Mesmo no fundo me sentindo estraçalhada, eu não liguei muito, agia como se já não fizesse diferença! A rebeldia, revolta e orgulho já tinham tomado conta de mim.

Passei a frequentar a casa de uma mulher que eu havia conhecido trabalhando na feira; ela me tratava tão bem, me agradava, fazia eu me sentir acolhida. Conheci o filho dela e comecei a me relacionar com ele, que, na época tinha 23 anos, e eu ainda tinha 15. Esse rapaz, chamarei aqui pelo nome fictício de Zé, morava sozinho e, com 12 dias que estávamos namorando, me chamou para morar com ele. Não pensei duas vezes, era tudo o que eu queria, não precisar voltar para casa e me ver livre da minha mãe e do marido dela. Agora, pelo menos aparentemente, eu tinha um lar e uma pessoa comigo para os desafios do dia a dia.

Mas não, não foi bem assim...

Em menos de um mês, começaram os primeiros sinais de que eu tinha cometido um grande erro. Veio a primeira agressão, um tapa no rosto seguido de um pedido de desculpas. Cheguei até a juntar as minhas roupas para ir embora, mas eu ia voltar para casa? Eu não queria mostrar para a minha mãe que falhei, não estava sendo feliz e que não tinha sido autossuficiente sem ela. Afinal, ele já tinha pedido desculpas, era melhor ficar com ele do que voltar para casa. Só que eu não imaginava que aquilo era só o começo e iria se repetir outras inúmeras vezes. Quanto mais o tempo passava, pior ficava; mas mesmo assim, eu não ia embora. Eu me recusava a voltar para a casa da minha mãe.

As agressões e humilhações já se repetiam com frequência, mas, ainda que me despertasse tristeza e raiva, eu preferia ficar ali e não enxergava o quão problemática a relação estava se tornando. Acreditava realmente que ele não fazia por mal. Me manipulava e dizia que não sabia por que fazia aquilo, dizia até não lembrar, que era espiritual e culpa do "diabo"! E claro, eu preferia acreditar que era isso mesmo, buscava igrejas, conversava para pedir apoio aos pastores, que me diziam: "Ore pelo seu marido, minha filha; o diabo não tem família e quer destruir a sua".

Fui criada vendo meu pai ser frio, tanto com minha mãe quanto com os filhos. Não consigo me lembrar de nenhum momento de carinho e afeto vindo da parte dele. As únicas lembranças que tenho são dele agredindo e traindo a minha mãe. E na minha visão do que era um relacionamento, não enxergava que estava vivendo uma relação disfuncional e abusiva. Lembro-me de diversas vezes, depois de ser agredida, ser procurada para ter relações sexuais e ceder, do tanto que normalizei a falta de respeito e as agressões.

Aos 17 anos, descobri que estava grávida. Ao me deparar com a notícia, me veio um medo, pânico total. Isso me fez chorar e me desesperar. Eu me vi eternamente presa a tudo aquilo. Meu pensamento era de que eu não poderia sair daquele relacionamento nunca mais. Primeiro, porque eu não conseguia me imaginar sendo mãe solteira e criando, sozinha, uma criança; segundo que, por eu ter um filho com um cara, achava que eu realmente teria que viver com ele para sempre. Inconscientemente, ou não, eu imaginava que era por isso que minha mãe nunca tinha largado meu pai; afinal, ela tinha três filhos com ele. Mas aquele instinto materno começou a tomar conta de mim; lá no fundo, eu queria ser mãe, ainda que não naquelas condições, e comecei a amar aquele ser dentro de mim e desejar muito que fosse uma menina. E, sim, com três meses, tive a confirmação de que era uma menina. Demos o nome de Gabriely. Foram meses apavorantes. E por mais que eu pudesse dizer: "Tenho um marido e não sou uma mãe solteira", não era assim que me sentia quando ia para o pré-natal sozinha e via os outros maridos ali, fazendo parte daquele momento, e o meu, não.

Eu passava muito mal com enjoos e não conseguia comer da minha própria comida. Só conseguia me alimentar bem quando comia na casa de alguém. Quando não era assim, eu não me alimentava. E o pior era que, mesmo passando mal com os cheiros das comidas que fazia, eu era obrigada a fazer tanto a comida quanto os afazeres de casa. E isso não era porque o Zé trabalhava muito e não sabia cozinhar, até porque foi ele quem me ensinou a cozinhar. Ele fazia por ruindade mesmo. Apesar de ser comum aquele ditado: "Gravidez não é doença", a minha gravidez foi muito difícil. Eu passava mal o tempo todo, era muita dor de cabeça, enjoos, muito sono, e a tristeza de me sentir sozinha. E além das obrigações de casa – que eu precisava fazer, passando bem ou passando mal – também tinha que trabalhar algumas vezes na semana na feira para conseguir comprar minhas coisas e pagar alguns exames. Era pouquíssimo dinheiro que eu conseguia fazer, mas que me ajudava muito a não precisar ficar implorando para ele.

E aos quatro meses de gestação, eu vivi o segundo maior trauma da minha vida.

Zé saía sempre e voltava de madrugada alcoolizado, com o odor de uma mistura de álcool, balada e mulheres e, exatamente desse jeito, ele me obrigava a ter relações sexuais com ele. Mas em uma noite, ele não fez como das outras vezes... E eu juro que preferia que naquela madrugada não tivesse sido diferente. Dessa vez, eu acreditei no que os pastores diziam sobre ele ser "usado pelo diabo". Ele chegou e veio em minha direção, com uma fúria tão grande, e começou a golpear a minha barriga com vários socos. Eu gritava pedindo para ele parar e ele dizia: "Eu quero ver você mijar sangue". Ele continuou a me bater até cansar e dormir. Senti muitas dores e, no raiar do dia, exatamente como ele desejou, comecei a sangrar muito. Quando acordou e me viu daquele jeito, disse não lembrar de nada e me levou para uma maternidade, superpreocupado. Quando chegamos lá, eu disse à médica que comecei a sangrar do nada. Ela me examinou, disse que a bebê estava bem, me medicou, receitou um remédio e recomendou repouso.

Chegando em casa, sem ao menos ir à farmácia comigo, ele me deu o dinheiro para que eu fosse comprar a medicação. Na farmácia, avistei o setor de produtos de cabelo e, junto com a medicação, comprei um shampoo, dos mais baratos que tinha. Quando cheguei em casa, levei outra surra dele, porque não era para ter comprado nada além do remédio. Passei o dia mal e, à noite, ele saiu novamente, me deixando sozinha, mesmo com dores e sangrando. Comecei a imaginar como seria se eu piorasse. Naquele momento, eu queria muito a minha mãe e fui para a casa dela. As dores pioraram e, na madrugada, eu já não aguentava mais, fui até o quarto da minha mãe como uma criança chorando desesperada e implorei por ajuda. Eu gritava: "Mãe, tá doendo muito". Fui levada à maternidade mais próxima, onde fui examinada, tomei medicação e passei algumas horas em observação. Por volta das 7 horas da manhã, com a troca de plantão, teve toda aquela examinação novamente. Ali já não tinha o que fazer, minha Gabi estava morta dentro de mim e, junto com ela, morreu aquele meu sonho de ser mãe. Precisei, às pressas, passar por uma cirurgia para retirá-la do meu ventre.

Ao acordar, eu estava dentro de uma enfermaria, onde as outras mães estavam ali com seus bebês. Eu, ainda sob efeito da anestesia e sem a minha bebê, comecei a gritar, dizendo que tinham roubado a minha filha. Eu não me lembrava do acontecido e pensava ter passado pelos procedimentos normais de um parto, só que minha filha não estava ali comigo. As outras mulheres, com um olhar de piedade e sem conseguir me acalmar, chamaram uma enfermeira, que me deu um remédio para dormir. Na tarde do dia seguinte, recebi a visita do Zé, que me disse para não ficar triste e que faríamos outro bebê.

Era o momento de eu pedir ajuda e mandar ele para a cadeia. Em vez disso, voltei para casa e continuei a viver todo aquele sofrimento normalizado, arrastando o relacionamento por mais alguns anos. Cheguei a desmaiar diversas vezes em agressões, parei no hospital com a boca rasgada por socos, até tive um dos meus dentes da frente quebrado por uma garrafa. Em uma das agressões, tomei coragem e o denunciei. Ele até chegou a ser preso, mas foi solto horas depois. Como sempre, ele vinha atrás de mim e eu aceitava os pedidos de desculpas. Cega e manipulada. E assim foram passando anos e aumentando minhas feridas físicas e emocionais.

Minha autoestima como mulher já estava mais que detonada. Eu me achava incompetente, burra, feia e gorda... A essa altura, eu já era uma total dependente emocional dele, incapaz de me imaginar sozinha ou em uma outra relação. Cheguei a terminar várias vezes, mas sofria tanto que nunca conseguia ficar um mês sequer fora dessa relação. Eu não tinha uma referência de relacionamento saudável, estava sozinha mesmo acompanhada e já tinha formado uma crença limitante de que era melhor estar naquela relação ruim do que ficar sozinha.

Nesse caso, foi o "antes mal acompanhada do que sozinha". E assim vivi nesse relacionamento por sete longos anos. Lembro-me de orar muito e falar para Deus que eu não queria mais viver daquela maneira, e pedia por um milagre. Eu queria que Deus o libertasse "dos demônios" que eu preferia acreditar existir a ver que ele era realmente um monstro!

Assim que fiquei maior de idade, arrumei um trabalho de carteira assinada, meti a cara e aluguei uma quitinete para morar sozinha; mas mesmo saindo da casa dele, acabava deixando ele voltar para minha vida. Ficávamos bem por uns dias, eu acreditava que dessa vez seria diferente, mas logo voltava tudo de novo. Com 22 anos, marcada por tantas sequelas emocionais e físicas, fui convidada por uma prima para trabalhar com ela. Porém eu teria que morar próximo a ela, em uma cidade um pouco distante de onde eu vivia. Aceitei o convite, fui mesmo ele não querendo, mas voltava para a casa dele aos finais de semana. Eu viajava às sextas-feiras, em torno de cinco horas em pé no ônibus, só para passar o final de semana com ele. E pasme, para ser agredida. Ele me deixava sozinha em casa, saía, quando chegava altas horas da madrugada me fazia ter relações sexuais com ele bêbado e, mesmo assim, eu voltava na semana seguinte.

Lembro-me de que, em um dos finais de semana que fui para casa dele, estava muito doente, gripada e com uma infecção pulmonar. Como o chuveiro da casa era de água fria, eu quis esquentar água no fogão para tomar banho. Ele não deixou, pelo gasto de gás; eu bati de frente com ele, dizendo que iria esquentar, sim; e, lógico, apanhei.

Convivendo com minha prima, que era casada há alguns anos e vivia um relacionamento totalmente diferente do que eu vivia, saindo com ela e casais de amigos dela, fui vendo outra realidade, com homens carinhosos, prestativos, sem discussão, gritaria e vergonha na rua. E comecei a acreditar que existiam, sim, relacionamentos diferentes do que eu vivia. Meu olhar já estava mudando. E depois dessa última surra por um banho de água quente, não me permiti mais viver naquela situação. Quando fui embora, eu disse para ele que não voltaria mais e ele respondeu com um: "Tá, fecha a porta". Era óbvio que ele não acreditava no que eu disse, no fundo eu também não acreditava. Comecei a dizer para mim mesma: "Eu não mando no meu coração, mas eu mando em mim. Eu o amo, mas preciso me amar mais, e não volto nunca mais!". E sempre que sentia vontade de voltar para aquilo, eu repetia aquelas palavras como um mantra: eu não mando no meu coração, mas eu mando em mim.

Pela primeira vez, eu tinha tomado, verdadeiramente, a decisão de não voltar mais. Eu já não morava perto dele, onde, quando ele quisesse, poderia me encontrar e contar todas aquelas histórias que ele contava e me convencia a voltar. Comecei a perceber que não precisava mais dele, e que só dependia de mim continuar vivendo naquela situação ou não. Se eu trocasse meu número de telefone e o bloqueasse nas redes sociais, ele nunca mais me encontraria... Parece que, por ter mandado aquela decisão para a minha mente com tanta convicção do que queria, pela primeira vez, eu realmente estava conseguindo passar os dias sem sentir falta dele. E pouco tempo depois de finalmente deixá-lo, conheci um rapaz e me permiti viver algo novo.

Ele me tratava como uma princesa! Eu não fazia ideia de como era ser tratada bem, ser cuidada e me apaixonei por esse novo relacionamento. Ainda que sentisse falta do Zé, a forma como vinha sendo tratada era tão boa que eu fui deixando o passado lá atrás. Mas será mesmo que com tantas mazelas e vícios emocionais eu iria atrair, tão rápido, um relacionamento saudável? Sem ter me dado um tempo para me curar, cuidar da mente, do coração e recuperar a minha autoestima, eu estava muito suscetível a atrair outro relacionamento tóxico. E foi isso que aconteceu.

Suportei mais seis anos da minha vida em um relacionamento longe do que eu e qualquer mulher espera e merece. Tive momentos bons e felizes, mas não passava do mínimo. Por ter alguns pontos positivos a mais do que na relação anterior, aceitei migalhas, fechei os olhos para os vários defeitos e me deixei viver novamente um relacionamento ruim, tóxico, com uma pessoa que também era abusiva, agressiva, adicta e com várias questões psicológicas. Por ele ser sozinho, uma semelhança que tínhamos, assumi uma responsabilidade que não era minha, a de ajudá-lo a curar seus traumas e vícios. Na minha cabeça, ele não passava de uma vítima de si mesmo e de suas vivências negativas do passado. Por diversas vezes, quando eu tentava terminar, ele ameaçava tirar a própria vida, afirmando ser sozinho e não ter ninguém além de mim e que não aguentava a própria vida, chegando algumas vezes a se cortar para me convencer a ficar e me manipulando pelo medo e culpa, só para me manter perto e tornar difícil a saída daquela relação conturbada. Se me mantivesse mais um pouco naquela relação, eu iria cair de cabeça em uma depressão, porque eu já estava perdendo o prazer de viver. Já não era mais uma menina, já era dona do meu negócio, estava com a vida financeira razoavelmente tranquila; mesmo assim, foi horrível conseguir deixá-lo. Só quando atingi meu limite, percebi que eu não era capaz de fazer algo por ele, que minha preocupação era inútil e que quem precisava de muita ajuda era eu. Enchi-me de coragem, lembrei que "eu mando em mim" e que eu só sofro o que eu escolho sofrer e pelo tempo que eu me permito sofrer. Um dia, simplesmente, tomei um chá de sumiço da vida dele. Mudei de cidade outra vez, o bloqueei em todas as redes sociais e fui realmente viver uma vida nova. No início, foi uma confusão de sentimentos e perdas. Muita angústia, preocupação, pesadelos, tristeza e vazio. Porém, quando me vi realmente livre, a sensação de paz foi enorme.

Resgatei meus sonhos e decidi viver o novo, transformar a minha história. Agarrei-me com a solitude e fui fazer o que nunca tinha feito em toda minha vida, me autodesenvolver, olhar mais para mim, me cuidar, realizar as minhas vontades, viajar, fazer novas amizades, buscar novos conhecimentos e crescimento profissional. Um caminho de novos hábitos, livros, cursos e mentorias. Tomei atitudes totalmente diferentes, comecei a ter resultados que nunca havia tido antes. Passei a ter autorresponsabilidade, compreendendo e gerenciando melhor minhas próprias emoções e aumentando meu nível de consciência, estabelecendo uma visão positiva de futuro, ressignificando os meus traumas do passado e tendo mais equilíbrio na minha vida.

Entendi e perdoei as tomadas de decisões da minha mãe. Assim como eu fui vítima de relacionamentos tóxicos e abusivos, ela também foi. Com poucas oportunidades, escolheu o mais raso. E o sentimento de gratidão por ela ter me gerado por nove meses, me dado a vida, me amamentado, amado e cuidado de mim por toda a infância foi muito maior. Afinal, se estou aqui, é graças a ela e ao meu pai, e eles merecem ser honrados.

A minha história muda histórias, eu sou grata a tudo que vivi. Hoje, eu sou uma mulher muito forte, tenho capacidade de vencer qualquer obstáculo e acredito ser por tudo o que vivi.

Ainda estou em processo de evolução, mas é lindo olhar para trás e ver quanta coisa eu fui capaz de vencer. Sinto muito orgulho da mulher que venho me tornando e me vejo cada vez mais perto da vida extraordinária que tanto desejo. Nas nossas vidas sempre vão existir duas possibilidades: ser aquela vítima sofredora ou uma heroína vencedora!

Há pouco tempo, fevereiro de 2023, dias antes de eu completar 31 anos, fiz uma viagem de um mês. Saí sem rumo, bem como uma mochileira e fui decidindo o destino pelo caminho. Viajei bastante de ônibus e, em uma noite na estrada, veio à tona toda a minha trajetória. Passou como um filme tudo o que vivi até aquele momento e bati de frente com alguns traumas do passado. Refletindo, percebi que já faz mais de três anos que me fechei... Eu realmente precisava de um tempo para mim e foi valioso demais passar esse tempo solteira. Sentia-me muito bem, livre e segura. Estava com a crença instalada de que não queria ter filhos, me relacionar novamente. Talvez, um dia! Já que os outros relacionamentos tinham sido péssimas experiências, isso não era uma prioridade. Mas ali, naquele encontro comigo mesma, comecei a ouvir uma voz repetindo um refrão: "Recebe a cura, Recebe a unção, Unção de ousadia, Unção de conquista, Unção de multiplicação...".

E ao ouvir a voz, eu chorava muito, recordando todas aquelas dores. E mesmo soluçando de chorar, eu sentia algo sobrenatural que, para mim, era o Espírito Santo de Deus me lavando, me curando, restaurando sonhos que eu já não lembrava ter e me ajudando a ressignificar que casamento não está baseado no que eu vivi nos meus dois relacionamentos, não está baseado no que minha mãe viveu com meu pai! Lembrei-me do real motivo que me fazia não querer ser mãe: inconscientemente achava que engravidar novamente estava ligado a sofrimento, dor e perda.

E não. Tudo aquilo não faz mais parte da minha vida, eu sou outra mulher e eu não preciso nem vou repetir os mesmos padrões. Mesmo depois de muito desenvolvimento, eu ainda estava alimentando e fortalecendo a crença negativa de que não poderia ter uma família, reforçando traumas psicológicos que me trouxeram tantos danos emocionais. Estava buscando crescimento em todas as outras áreas da minha vida e me bloqueando para o pilar conjugal, por tantos traumas. "O meu passado não define o meu futuro!".

Resgatei, nessa viagem, o desejo de ter a minha família, voltei a sonhar com a maternidade, voltei a sonhar com um casamento. Creio que Deus está lapidando o melhor para mim e eu estou aberta e disponível para receber, no tempo certo! Acredito que mereço ter alguém ao meu lado que me valorize, me ame, me admire e respeite a mim e a minha história. Quero acordar e ter alguém ao meu lado. Quero companheirismo, afeto, carinho, atenção, abraços apertados, viajar, sonhar, realizar e crescer juntos! Quero prosperidade, sucesso e abundância em todas as áreas da minha vida! Eu mereço viver tudo isso.

Profetizo e declaro sobre a minha vida que isso já aconteceu! Já vejo, já ouço e já sinto! É real, é real, é possível e é para mim...

Tudo o que acreditamos e comunicamos, repetidamente, reforça nossas crenças poderosas e potencializadoras. "Acredito muito na força dos meus sonhos". Quando você tem sonhos e se compromete a torná-los realidade, você desenvolve constância, persistência, prioridade e se torna uma pessoa imparável, com foco e ação. Baseado na minha experiência e nas lições que aprendi, gostaria de oferecer algumas sugestões para aquelas que também estão buscando ressignificar suas vidas e enfrentar seus traumas.

Muitas mulheres vivem ou já viveram relacionamentos abusivos. Ou viveram outros tipos de traumas e dores, que as fazem se sentir frustradas, tristes, deprimidas, e acabam deixando de sonhar. Esse é seu estado atual?

Se sim, sugiro que você reserve um tempo para se questionar, de maneira que entenda o que limita e bloqueia você. Quais são as desculpas e historinhas que você vem usando para não realizar algo?

Você está satisfeita com a vida que tem levado?

Faça a si mesma as seguintes perguntas: "O que me impede de alcançar e ter o que tanto desejo?".

Faça uma lista de obstáculos que estão impedindo você de realizar seus objetivos (Anote cada crença limitante que você tem para cada um deles). Depois de feito isso, anote quais são as capacidades ou habilidades que você já tem para atingir o resultado desejado.

Caso perceba que algumas habilidades você ainda não tem, busque ter, capacite-se ou peça ajuda de quem já tem essa habilidade para acelerar o processo.

Você precisa se confrontar, com determinação, para tomar novas decisões. Deixe toda e qualquer desculpa de lado e comece a fazer isso agora mesmo!

A sua vida financeira, profissional e todas as outras áreas são resultados das suas crenças.

Sempre que um pensamento negativo vier à mente, espante-o e crie pensamentos de concretizações.

Acima de tudo, tenha paciência. A autossabotagem é um adversário muito difícil de vencer, e enfrentar a si mesma é uma batalha bem árdua. Com paciência, aprendemos mais a respeito dos nossos pensamentos e atitudes para tomadas de decisões.

Comece a COMUNICAR e SENTIR com ápice e visão, de maneira vitoriosa! Comunicando que é feliz, realizadora, vencedora, você consequentemente se sentirá feliz e realizada.

Lembre-se: todo sentimento produz uma crença e toda crença é autorrealizável. Tomar ações é a melhor maneira de mostrar para sua autossabotagem que você pode, sim, fazer tudo aquilo que colocar em sua mente como objetivo.

Toda vitória começa apenas com um sonho. E não importa o tamanho do seu sonho, é possível, sim, almejar, vencer e conquistar objetivos maiores. Você pode, é capaz!

Profetize e declare sobre sua vida todos os dias.

Profetizar é predizer o futuro em tom de fé e otimismo de que coisas boas vão acontecer em todos os pilares da sua vida. Comunicar de maneira sistêmica coisas positivas sobre a sua vida aumenta o foco nos seus projetos, gera autoconfiança e autoestima.

Faço isso diariamente: "Hoje, meu dia será maravilhoso, sensacional, muito produtivo, próspero e abundante. Um dia de excelentes ideias, fecharei grandes negócios. Eu consigo sempre tudo o que quero, tudo dá certo para mim. Eu atraio as melhores pessoas e as melhores oportunidades".

Para não pararmos no meio do caminho, devemos criar uma mentalidade blindada de sucesso incondicional. A determinação e a coragem devem alimentar nossa motivação. Uma forma de fazer isso é por meio da "Carta de Orientação Pessoal", ela tem o objetivo de nos guiar para ter uma visão de futuro extraordinária. Além disso, essa ferramenta poderosa é capaz de alimentar e reforçar crenças fortalecedoras de capacidade e merecimento. Convido você a escrever a sua carta imediatamente!

Escreva um discurso reforçando seus objetivos, o que a motiva e o que você alcançará. É importante escrever a carta na primeira pessoa, iniciando pelo pronome "EU":

— Eu estou feliz e agradecida por… Realizei... Conquistei...

É simples, mas de muito poder!

Após isso, leia em voz alta, de maneira motivadora, mostrando a si e ao mundo sua garra, força, invencibilidade e determinação. Imagine, sinta já a realização. Faça isso todos os dias; conforme for realizando cada objetivo dessa carta, agradeça com mais poder ainda!

Toda crença é autorrealizável!

É real, é possível e é para você... Aconteeeceu!

16

A ESCALADA DA ABUNDÂNCIA

MÉTODO FUJI

A "Escalada da abundância – Método Fuji" é viver mais intensamente, usar a sabedoria para lidar com as situações de dificuldades da vida, enxergar mais oportunidades de negócios e despertar para uma vida mais abundante! É um desafio transformador! É uma *REVOLUTION*!

KESIA TAMARA

Kesia Tamara

Contatos
www.kesiatamara.com
Instagram: @kesiatamara.oficial
Telegram: Escalada da Abundância
YouTube: @kesiatamara
19 98262 0700

Atuei dez anos na área de TI desenvolvendo liderança e alcancei o cargo de líder global de segurança na IBM. Recebi quatro promoções extraordinárias. Alavanquei meu salário em 1.476,92% ao longo de dez anos. Atuei para o governo dos Estados Unidos como assistente social, desenvolvendo leitura corporal. Atuei na área de vendas na Dillard's, uma das maiores lojas de departamentos dos Estados Unidos, desenvolvendo excelência no atendimento ao cliente. Em 2015, me certifiquei em Finanças Pessoais e Investimentos pela XP. Em 2017 e 2018, me certifiquei em *Coaching* Financeiro, Executivo, Comportamental, de Vendas e Liderança, desenvolvendo conhecimento de neurociência e programação neurolinguística. Em 2021, me certifiquei em Terapia Quântica Avançada. Sou coautora da obra *As donas da p**** toda vol. 2* (Literare Books International). Atuo como treinadora de desenvolvimento pessoal e saúde integral.

Para tudo! Dona da p**** toda? Longe de mim ter um ego gigantesco desses. Já pensei ser tudo isso antes, quando eu tinha menos conhecimento do que tenho hoje. Na juventude, tendemos a pensar que somos demais mesmo. Hoje, percebo o quanto eu só estava sendo esnobe e condescendente. Agora eu venho aqui falar com você de um lugar conscientemente mais elevado do que quando eu me achava uma "dona da p**** toda"; hoje, porém com todo respeito e humildade, sempre me lembro da máxima do nosso querido filósofo Sócrates: "Só sei que nada sei".

Eu não sei qual é o seu momento, o que você está passando, quais são ou quais foram as suas dificuldades. O que eu sei é que todos nós passamos por problemas, por desafios, muitas vezes, imensos. Gigantescos! Na obra *As donas da p**** toda vol. 2*, eu detalhei vários desafios que me marcaram desde a gestação da minha mãe, um trauma que descobri em uma sessão de Bioenergia Medicinal, que utiliza métodos quânticos de investigação. Detalhei sobre traições, abusos psicológicos, moléstia sexual, decepções, *bullying*, desilusões amorosas, convivência com abusador de drogas e álcool, gravidez conturbada, divórcio, demissão, perda de tudo o que eu construí ao longo de uma vida inteira de trabalho, perda do meu apartamento, perda do meu Audi®, perda da minha reserva de emergência financeira; enfim, inúmeros desastres que trouxeram graves feridas para a minha alma e que se refletiram na minha vida.

Todos esses estímulos que recebemos ao longo da nossa vida criam memórias que podem ser enraizadas no nosso inconsciente e podem exercer grande influência nas ações do nosso dia a dia. Sair desses vales pode ser uma tarefa complicada, e, muitas vezes, precisamos de ajuda para nos reerguer.

O processo de *life coaching* pode ajudar trazendo à tona as necessidades atuais e ações que devem ser tomadas para que haja melhoria efetiva em nossa vida. O processo de *coaching* utiliza métodos científicos de neurociência e programação neurolinguística, além de ferramentas que facilitam a investigação das situações problemáticas. No volume 2 da obra *As donas da p***** *toda*, eu compartilhei o exercício da Roda da Vida, que ajuda a identificar quais são as três áreas em que você se sente mais forte e as três em que você se sente mais frágil. É uma maneira de facilitar sua percepção, o que viabiliza pensar nas ações urgentes a serem tomadas para que você consiga alavancar essas três áreas mais fragilizadas. Caso você queira uma sessão gratuita para trabalhar essa ferramenta, entre em contato.

Quero convidar você para participar da Escalada da Abundância – Método Fuji, um programa que estimula e desenvolve autonomia, autoridade e poder, ajudando você a desbloquear questões relacionadas à saúde, aos relacionamentos, ao sucesso e ao amor. É um despertar para uma nova realidade de abundância, em todas as áreas da sua vida. No método da Escalada da Abundância – Método Fuji, eu compartilho 21 códigos universais e 15 chaves que desbloqueiam a abundância na sua vida. Todos os meses temos uma sessão de mentoria on-line individual para avaliar todas as áreas da vida, verificar as metas atingidas e trabalhar nas novas metas e objetivos a serem alcançados. Temos aplicação da terapia vibracional quântica e sempre temos alguns bônus especiais para os membros da Escalada da Abundância. Periodicamente eu abro turmas gratuitas para trabalharmos os três primeiros e mais importantes códigos que abrem as portas da abundância na sua vida! Para participar da turma gratuita, entre no grupo do Telegram Escalada da abundância e aguarde a próxima turma. No treinamento eu proponho diversas dinâmicas que ajudam você a mudar o seu estado vibracional.

Na "Escalada da abundância – Método Fuji" eu explico detalhadamente como funciona nosso estado vibracional e como modificamos essa assinatura para dar um salto na escala das emoções e transformar a nossa vida, passando a viver mais harmoniosamente, mesmo que a vida possa se apresentar como um verdadeiro caos. Eu explico sobre a hierarquia das necessidades humanas, falo sobre o modelo de hierarquia da consciência humana, explico a escala vibracional das emoções humanas, falo também sobre o SPIN das emoções humanas, explico sobre o funcionamento da neuroplasticidade, expansão da consciência e como tudo isso está relacionado à nossa existência e à maneira como percebemos a vida, tanto na nossa evolução quanto como indivíduos.

Nós estudamos várias outras matérias que desvendam os 21 códigos universais e as 15 chaves que desbloqueiam a abundância nas nossas vidas. Também trabalhamos inúmeras dinâmicas que são fundamentais para os desbloqueios e uma vida mais plena e abundante. Por isso, caso você tenha interesse em participar dos treinamentos gratuitos, entre no grupo VIP do Telegram Escalada da Abundância e aguarde a próxima turma.

Permita-me apresentar a escala vibracional das emoções humanas para que você já conheça um pouco da teoria que estudamos.

Dentro da comunidade científica, David Hawkins foi uma das pessoas que mais se debruçou a estudar, desvendar, organizar e identificar as emoções humanas; e como elas se apresentavam numa escala evolutiva correlacionadá à consciência.

Como PhD, psiquiatra e estudioso, observava que inúmeras escolas de psicoterapia apoiavam condutas na tentativa de obter respostas por meio da simbologia e referências mitológicas. Hawkins buscou outro caminho: a simplicidade inerente à verdade. Essa foi sua inspiração para a elaboração de um mapa das emoções humanas.

A Escala Hawkins avalia e ordena emoções que vão das mais negativas às mais positivas, e caracteriza cada estado de consciência detalhando os comportamentos que fazem parte dessas consciências. É incrível como essa escala é capaz de mapear nosso comportamento e despertar em nós o desejo do autoconhecimento, de superar cada um desses níveis, nos propondo quase que um desafio de autossuperação.

Compreender os detalhes dessa escala pode nos trazer saltos de consciência, porque nos coloca em contato com a verdadeira essência, tornando transparentes as emoções que nos move e como elas têm impactado nossa evolução.

Como Hawkins mapeou as emoções em uma escala vibracional?

Ele se valia da cinesiologia (teste muscular) para estabelecer a conexão da mente com o corpo e avaliar os desequilíbrios físicos e emocionais de seus pacientes. Esse teste muscular consistia em deixar um braço do examinado estendido e na horizontal ao lado do corpo.

Conforme o testador ia fazendo perguntas para o examinado, esse, sem resistência, deixava o braço reagir de modo espontâneo. Se o braço permanecesse forte e rígido, ao ser tocado pelo examinador, a mente subconsciente estava sinalizando uma resposta afirmativa à pergunta. Se o braço ficasse fraco e solto, indicava resposta negativa.

O objetivo dessa prática era diagnosticar o paciente por meio da informação contida em sua mente subconsciente.

Depois de 1980, Hawkins se aposentou da prática clínica e passou sete anos voltados ao estudo da espiritualidade e da consciência. Em seus livros *Poder vs. Força – os determinantes ocultos do comportamento humano* e *The*

Map of Consciousness Explained, ele traçou suas investigações sobre a relação das emoções com os níveis de consciência.

Dessas duas obras surgiu a escala vibracional das emoções humanas, conhecida como Escala Hawkins. Na tabela já apresentada, constam os níveis da consciência humana e os níveis das emoções correlacionadas a cada nível da consciência humana. Para cada um desses níveis também consta uma medição em Hertz, que varia de 20 a 1.000.

O que é Hertz?

Hertz (Hz) é a unidade de medida de frequência derivada do sistema internacional, a qual expressa, em termos de ciclos por segundo, qualquer evento periódico, oscilações ou rotações por segundo. Um dos seus principais usos é descrever ondas senoidais, como as de rádio ou sonoras.

Quanto maior a frequência Hz, mais intensa é a onda vibracional.

Fato é que a nossa mente, o nosso coração, e cada uma das nossas células são feitas de átomos. E os átomos, desde 1926, são conhecidos como modelo atômico quântico. Como você já deve ter estudado na escola, tudo o que existe, toda matéria é composta por átomos. Nós somos feitos de um emaranhamento de átomos. Cada coisa, cada forma, é composta por diferentes tipos de emaranhamento de átomos. Porém absolutamente tudo é composto por átomos. Os átomos são vibráteis. Eles vibram o tempo todo! Nunca param! Então absolutamente tudo está em constante vibração.

O átomo quântico, proposto em 1926, é formado por um núcleo e uma carga eletrônica a sua volta. O núcleo é formado por prótons (carga positiva) e nêutrons (carga nula). Os elétrons (carga negativa) formam uma nuvem eletrônica ao redor do núcleo.

Características do átomo segundo o modelo atômico quântico:

- O núcleo é formado por prótons e nêutrons. Como apenas os prótons possuem carga, o núcleo é carregado positivamente.
- Os elétrons formam uma nuvem eletrônica ao redor do núcleo.
- Os elétrons se movimentam em orbitais, num espaço tridimensional.
- A posição exata de um elétron não pode ser definida. O que é feito são cálculos que determinam a probabilidade da região em que um elétron estará em dado tempo.

Os números quânticos têm a função de localizar os elétrons. São eles:

- O número quântico principal (n) representa os níveis de energia, ou seja, quais são as camadas eletrônicas de um átomo.

- O número quântico secundário (l) indica os subníveis de energia, ou seja, o subnível de energia a que o elétron pertence.
- O número quântico magnético (m) é aquele que indica a órbita onde os elétrons se encontram.

A teoria quântica afirma que a matéria tem propriedades associadas com ondas, razão pela qual o modelo de átomo foi baseado nessa teoria.

Simplificando, nós vibramos ondas eletromagnéticas, e essas ondas mudam conforme nossas emoções mudam. Assim como mudamos de uma rádio para outra trocando a frequência, também podemos mudar as frequências das nossas emoções com base na Escala de Hawkins. Se eu tenho consciência da frequência emitida por uma determinada emoção, posso sintonizar qualquer frequência que eu queira. Posso alinhar meus pensamentos e meus sentimentos para que eu sinta a emoção que quiser. E dessa maneira eu consiga dar saltos quânticos emocionais, transformando completamente o meu estado de espírito. Mudando completamente a minha emoção. Mudando completamente o sentimento que vibro. Mudando completamente o pulso eletromagnético que emito e envio ao Universo. Mudando completamente aquilo que eu magnetizo, atraio e manifesto para a minha vida. Mudando completamente a minha realidade.

Pode parecer complicado, mas é simples. Talvez não seja fácil para algumas pessoas, mas posso garantir que é um processo simples. Da mesma maneira que trocamos de canal na televisão.

De acordo com os estudos de Hawkins e as aplicações que vejo nas vidas das pessoas que já participaram da Escalada da Abundância, eu posso afirmar que, uma vez que você vive e experimenta essa expansão de consciência, você transforma a sua vida e nunca mais volta a ser aquela pessoa que foi um dia.

A Escalada da Abundância – Método Fuji é sobre subir de nível na hierarquia das necessidades humanas de Maslow. É sobre subir de nível na hierarquia da consciência humana de Richard Barrett! É sobre subir de nível na escala das emoções de David Hawkins. É sobre viver a espiral das emoções de Ester Hicks no SPIN UP! É sobre sentir-se em paz e livre! É sobre viver mais intensamente, é sobre usar a sabedoria para lidar com as situações de dificuldades da vida, é sobre enxergar mais oportunidades de negócios e despertar para uma vida mais abundante. É sobre escalar o Monte Fuji metaforicamente. A escalada é desafiadora, porém é completamente possível e transformadora. É uma *REVOLUTION*!

Depoimentos

eu_cassia_marques mentioned you in a post: Participo do Grupo Escalada da Abundância desde janeiro e venho aqui, publicamente, compartilhar com vocês o quão significativo e despertador está sendo participar desse grupo.
Desde o primeiro momento já obtive a chave que abriu portas, antes por mim fechadas, e hoje cheias de luz, prosperidade e abundância.
Tenho crescido de todas as formas: cognitivas, espirituais, emocionais e até mesmo no meu eu que estava adormecido em seu íntimo mais profundo.
Não fique de fora, se está sendo extraordinário para mim, será para você também.
Procure a bio da página @kesiatamara.abundancia e comece ontem, não irá se arrepender.

miriamalvesjafra mentioned you in a post: Você já pensou que é necessário se reinventar todos os dias para que novos resultados aconteçam?
.
Desde o início do ano tenho buscado através da escalada da abundância a aprender coisas novas. Nessa escalada eu percebi que é preciso desaprender para aprender e subir para o próximo nível.
.
Venho me transformando como as borboletas que são símbolo de transformação. De pouquinho em pouquinho, olhando para dentro e vivendo os 21 códigos da escalada da abundância eu vou evoluindo.

Venha escalar comigo! Entre no grupo VIP da Escalada da Abundância.
Entre em contato e agende sua sessão gratuita da Roda da Vida.
Atma Namaste!

Kesia Tamara

Referências

BATISTA, C. Evolução dos modelos atômicos. *Toda matéria*. Disponível em: <https://www.todamateria.com.br/evolucao-dos-modelos-atomicos>. Acesso em: 19 jul. de 2023.

HERTZ. *In:* Wikipedia, a enciclopédia livre. Flórida: Wikipedia Fundation, *2023*. Disponível em: <https://pt.wikipedia.org/wiki/Hertz>. Acesso em: 19 jul. de 2023.

17

COMUNICAÇÃO LIBERTA

Descubra o poder da comunicação liberta, uma abordagem revolucionária que une o sentido do verbo "libertar" à comunicação eficaz. Aprenda a superar medos e limitações enquanto aprimora suas habilidades de autoconsciência, clareza na expressão e assertividade. Neste capítulo, você encontrará *insights* valiosos e estratégias práticas para transformar sua vida pessoal e profissional. Liberte-se das barreiras que o impedem de expressar seu verdadeiro potencial e embarque nesta jornada de empoderamento por meio da comunicação que liberta.

LIVIA BELLO

Livia Bello

Contatos
www.thespeaker.com.br
atendimento@thespeaker.com.br
Instagram: @liviabello
LinkedIn: www.linkedin.com/in/liviabello/
11 91117 6576

CEO e fundadora da The Speaker, empresa referência em comunicação corporativa e oratória no Brasil. Fonoaudióloga. Há 18 anos, tenho como missão transformar pessoas e negócios por meio da comunicação, ajudando-as a se tornarem protagonistas de suas próprias histórias. Atuo como mentora de grandes líderes do nosso país e sou especialista em *Business Communication* pela New York University (NYU). Lancei o primeiro curso on-line sobre oratória e possuo a única empresa brasileira com foco em treinamentos bilíngues. No G4 Educação, ministro o curso Oratória para Empresários e sou responsável pelo aprimoramento das habilidades comunicativas de líderes e mentores. Idealizadora do método Arquitetura do Discurso®, patenteado e registrado no Brasil e nos Estados Unidos, o qual se baseia na organização e estruturação de ideias para construção de uma apresentação eficaz e cativante.

Comunicação não é um dom, é uma habilidade que desenvolvemos por meio de técnica e experiência.
Livia Bello

A comunicação é uma das principais maneiras que os seres humanos têm de se relacionar uns com os outros. Por meio da fala, da escrita, da linguagem corporal e de outras formas de expressão, as pessoas se comunicam com o mundo ao seu redor. No entanto, nem sempre essa comunicação é livre e verdadeira. Muitas vezes, ela é limitada por regras sociais, crenças limitantes e medo de julgamentos.

Muitas pessoas têm medo de falar em público. A ansiedade, o nervosismo e a falta de confiança podem fazer que a voz falhe, as palavras se percam e a autoestima despenque ladeira abaixo. Mas e se esse medo pudesse ser transformado em paixão pela comunicação? Pois foi exatamente isso que aconteceu comigo.

Minha viagem no tempo não foi muito linear no tocante aos *hiperlinks* para as diferentes fases da minha vida, quebrando assim a ordem cronológica dos fatos. Durante minha infância sempre gostei de me comunicar e me expressar, falava pelos cotovelos. Aos 4 anos minha brincadeira favorita era corrigir a fala da minha "filha", a boneca "Fala Bebê®". Quando fui escolher uma profissão, decidi ser fonoaudióloga, para estudar as patologias da fala; e como amava crianças, iniciei minha jornada com elas. Vivi intensamente a clínica de fonoaudiologia por 11 anos, realizando atendimentos de linguagem oral com foco em psicanálise, e amava utilizar a ludicidade como facilitador desse processo.

Estudei quatro anos na Pontifícia Universidade Católica de São Paulo, no período integral; e para minha surpresa e de todos os presentes, na hora de apresentar meu trabalho de conclusão de curso (TCC), fui tomada por um misto de emoções. Pasmem, tive uma crise de pânico, fiquei muito frustrada e aquilo marcou minha vida.

Diante do exposto, angustiada com a situação, me questionei: como eu ajudaria pessoas a se comunicarem melhor se não conseguia levantar e apresentar um trabalho de faculdade? O que poderia fazer para vencer esse obstáculo e lidar com o meu maior medo?

O medo de se apresentar é algo que pode afetar pessoas de todas as idades e níveis de experiência, é uma realidade comum que muitas pessoas enfrentam. Quando nos deparamos com a necessidade de falar em público, seja em uma apresentação, discurso ou entrevista, podemos experimentar uma série de reações físicas e emocionais, incluindo suor excessivo, distúrbios cardíacos e ansiedade.

Durante séculos, o poder da oratória foi, predominantemente, uma habilidade masculina. Homens como Abraham Lincoln, Winston Churchill e Martin Luther King Jr. são lembrados por suas poderosas habilidades de comunicação pública. Infelizmente, muitas mulheres foram impedidas de desenvolver e usar essas habilidades, e o resultado foi uma desigualdade de gênero na liderança e na tomada de decisão. No entanto, nas últimas décadas, as mulheres conseguiram quebrar essas barreiras e se tornaram líderes em todos os campos. À medida que as mulheres aumentam sua presença em posições de poder e influência, é importante que elas possam apresentar suas ideias e visões com clareza e persuasão. De acordo com um estudo da Universidade da Flórida de 2021, muitas mulheres têm enfrentado o medo de falar em público e superado barreiras, conquistando seu espaço em diversas áreas. É importante destacar que, apesar dos desafios ainda existentes, as mulheres têm cada vez mais voz e espaço para mostrar seu valor e contribuição para a sociedade.

Como fonoaudióloga, numa análise particular, percebi que cerca de 95% dos meus clientes, desde a época do consultório, eram do sexo masculino. Ao longo da minha trajetória profissional, do atendimento clínico ao corporativo, pude entender que a maneira como homens e mulheres são criados poderia influenciar diretamente em como se comunicam e expressam seus sentimentos. Por exemplo, quando uma criança é repreendida e esta é menina, a mãe geralmente a coloca no colo e lhe dá um espaço para expressar e contar o que ela sente. Por outro lado, na nossa sociedade, se um menino chora em casa, ele por muitas vezes é repreendido, e consequentemente isso culmina em bloqueios para expressar emoções, fazendo que os homens possam se tornar mais fechados e não falem muito de seus sentimentos.

Acredito que a comunicação é uma habilidade fundamental que deve ser desenvolvida por todos, independentemente do gênero. Ao aprendermos a nos comunicar de maneira clara e assertiva, podemos alcançar nossos objetivos e nos relacionar melhor com os outros. Portanto, é considerável que as mulheres continuem a buscar formas de desenvolver suas habilidades de comunicação, seja por meio de cursos, treinamentos ou prática diária. E mais importante ainda, é necessário que sejamos capazes de criar um ambiente seguro e acolhedor para que todos possam se expressar livremente e com confiança.

No meu caso, o medo de falar em público era maior que o desejo de apresentar a minha pesquisa, mesmo depois de meses de estudos e dedicação. É exatamente isso que o medo nos faz: rouba de nós as oportunidades de falar sobre aquilo que sabemos, de inspirar pessoas, de crescer profissionalmente. E só me dei conta da dimensão desse meu medo quando já estava ali, com o microfone em mãos, para uma apresentação importante. Infelizmente, é assim que a maioria das pessoas descobre o quanto temem situações de exposição de fala, entrando em um ciclo de experiências frustrantes que traumatizam.

Não perdi tempo e fiz todos os cursos de oratória disponíveis, mas a cada curso finalizado eu saía me sentindo pior. Foi, então, que resolvi ir para os Estados Unidos; lá continuei buscando o meu desenvolvimento e contratei uma *coach* de *communication skills*, a *Robyn Hatcher*. Sabe aquela pessoa que você conhece e depois disso sua vida toma um rumo completamente diferente? Além disso, tive a oportunidade de conhecer David Purdy, ator da Broadway e professor referência em *Business Comunication* (é como eles chamam o curso de oratória nos Estados Unidos). Nessa experiência tive a honra de ser convidada para ser assistente de sala dele e aprendi não só a perder o medo de falar em público, como também a ensinar oratória para as pessoas.

Dediquei-me intensamente aos estudos e aprendi tudo o que podia sobre voz, fala, articulação e outros aspectos relacionados à comunicação humana. Foi então que decidi fundar a The Speaker, atuando em diferentes formatos: palestras, imersão presencial, curso on-line e *workshop in company*. Idealizei e desenvolvi uma metodologia inovadora e inédita no mercado, unindo tudo o que aprendi na NYU aos meus conhecimentos científicos de fonoaudiologia, o método Arquitetura do Discurso®, que ajuda pessoas a estruturarem suas apresentações de maneira clara, objetiva e impactante. O método se baseia na tríade central da oratória: conteúdo, expressividade vocal e linguagem não verbal, resultando numa comunicação eficaz.

Ao longo dos anos, tenho transformado a vida de muitos clientes, ajudando-os a superar seus medos e se tornarem excelentes comunicadores.

Hoje, sou uma fonoaudióloga apaixonada pela comunicação e referência em comunicação corporativa e oratória no Brasil.

Atuo como responsável pela comunicação de grandes líderes e executivos do nosso país, como: Gustavo Montezano (ex-presidente do BNDES); Lourival Luz (CEO da BRF); Cesário Nakamura (CEO da Alelo); Patrick Hollard (presidente do Conselho Administrativo da Michael Page), entre outros grandes nomes. Além de atuar com projetos de desenvolvimento da habilidade comunicativa de equipes das empresas, como BNP, Paribas, Stone, SEBRAE, Tivit, Daycoval, Nubank, Pfizer, Danone, Cielo, Honda, dentre outras – inovando e oferecendo soluções acessíveis para ajudar pessoas e negócios a melhorar sua comunicação.

Mas o que é a comunicação liberta?

A "comunicação liberta" é um conceito poderoso que nos permite experimentar a liberdade na expressão e nos ajuda a enfrentar o mundo com mais confiança e autenticidade. A palavra "libertar" tem origem no latim *liberare*, que significa soltar, tornar livre; isto é, livrar-se de algo que nos oprime, restringe ou limita. A comunicação liberta ocorre quando somos capazes de expressar nossos pensamentos e sentimentos de maneira clara, assertiva e respeitosa, sem medo de julgamento, rejeição ou mal-entendidos.

Mas como podemos atingir esse objetivo?

Com o método desenvolvido por mim, na The Speaker, você é capaz de planejar, estruturar seu discurso e argumentos para construção de uma narrativa assertiva, clara e impactante; abordando conceitos de *storytelling* e outras técnicas que potencializarão sua linguagem verbal e não verbal, aliados ao uso de qualquer tipo de tecnologia.

Mulheres, comunicação, poder e autoestima

Fico muito feliz em ver, nas minhas imersões, um movimento crescente de mulheres que buscam despertar uma comunicação inesquecível. Isso mostra que as mulheres estão dispostas a quebrar estereótipos de gênero e a se expressarem com confiança e assertividade. Além disso, esse movimento também pode influenciar positivamente os homens a se expressarem mais abertamente e a lidarem com suas emoções de modo saudável. O despertar para uma comunicação inesquecível entre as mulheres é um sinal de mudança e transformação em nossa sociedade.

Em suma, a comunicação pode libertar você de barreiras físicas, emocionais e comportamentais, ajudando a expressar todo o seu potencial de maneira livre, fluida e, com certeza, mais feliz.

Convido você a influenciar novas pessoas para uma comunicação memorável. Afinal, comunicação é poder. E tudo, tudo, tudo, comunica.

Referências

ANDERSON, C. *TED talks: o guia oficial do TED para falar em público.* Rio de Janeiro: Intrínseca, 2016.

BBC BRASIL. *O medo de falar em público está te impedindo de subir na carreira?* Disponível em: <https://www.bbc.com/portuguese/vert-cap-40099905>. Acesso em: 21 abr. de 2023.

BELLO, L. *Método: arquitetura do discurso*. The Speaker, 2023.

CARNEGIE, D. *Como falar em público e encantar pessoas*. Rio de Janeiro: Sextante, 2007.

CISSNA, K. N.; ANDERSON, R. *O manual de ética na comunicação.* Abingdon: Routledge, 2019.

COUTO, H. *O poder da comunicação*. São Paulo: Paz e Terra, 2012.

EXAME. *As regras definitivas para vencer o medo de falar em público*. Disponível em: <https://exame.com/carreira/as-regras-definitivas-para-vencer-o-medo--de-falar-em-publico/>. Acesso em: 10 abr. de 2023.

18

O QUE NÃO NOS ENSINAM SOBRE O SUCESSO

Este capítulo é sobre como as mulheres ousam realizar e ter sucesso em um mundo em que a maioria de nós nasce com poucas chances estatísticas de chegar lá. É sobre o preço de assumir nossa identidade, a coragem para enfrentar as adversidades, fazer escolhas que nos levem ao protagonismo da nossa história. Da minha jornada empreendendo e atuando com carreiras, trago para vocês algumas das lições práticas mais valiosas que aprendi sobre a conquista do sucesso e o processo de desenvolvimento pessoal.

LORAYNE MENDES

Lorayne Mendes

Contatos
lorayne.dm@gmail.com
Instagram: @loraynemendes
11 98140 7837

Empreendedora, investidora e atriz. Atualmente, sócia e diretora de inovação e produtos na The Foursales Company, *holding* de empresas especialistas em serviços de recrutamento e seleção na América Latina. Formou-se em Direito pela PUC-PR, é especialista em Gestão de Pessoas, com MBA em Comportamento Humano pela Universidade Federal do Paraná. Possui formações complementares em Inovação, Gestão, Desenvolvimento Pessoal, Teatro e Cinema. Sua trajetória se deu em cargos multidisciplinares nas áreas de negócios, marketing, tecnologia e gestão de projetos. Recentemente, retomou sua atuação também na área artística, na qual é apaixonada desde a infância, conciliando com as demais frentes de sua carreira.

A estaca zero: a realidade do sucesso para quem nasce mulher

Durante minha trajetória empreendendo na área de desenvolvimento profissional, trabalhando com carreiras, conheci mulheres que atingiram o sucesso e as que não conseguiram, que passaram a vida lutando apenas por sobrevivência.

Ela teve sorte! É isso que boa parte delas ouviu. Eu mesma já ouvi e até pensei algumas vezes sobre mim quando essa pergunta vinha à tona: como eu consegui sair de uma família humilde, em uma cidade pequena, para alcançar os primeiros degraus do meu ideal de sucesso perto dos meus 30 anos? Será que a "sorte" é realmente uma realidade para nós?

O que concluí é que ser mulher é definitivamente não poder contar com a sorte. Que a estaca zero é a baixa probabilidade estatística de ter sucesso. Mas a gente é praticamente um milagre estatístico!

Então, convido vocês a um mergulho de reflexões e experiências, pessoais e profissionais, que me trouxeram até aqui. Dividirei cinco aprendizados que vivenciei e compartilhei com outras mulheres, de como tornar esse processo possível de chegar a uma vida e carreira bem-sucedida.

1. Abrace seu sofrimento, mas não sozinha e sem se transformar nele

Toda mulher já nasce com uma bagagem. Seja da pobreza, do preconceito, da doença; somos vítimas desde cedo da estatística. Sim, temos direito de sofrer. Sim, a sociedade machista precisa evoluir. Sim, somos vítimas da injustiça e da desigualdade. Mas se nos apegarmos a esse papel de vítima para sempre e permitirmos que isso nos defina, estamos desperdiçando nossa energia, nosso tempo e tudo o que temos com a dor.

Eu vim de uma família de mulheres com cicatrizes profundas, mas conseguimos quebrar o ciclo das probabilidades. Meus bisavós eram gente simples do interior, sem instrução, sem posses. Minha avó conviveu com a esquizofrenia desde a adolescência, engravidou ainda nessa época. Dentro dessa realidade medíocre, minha mãe nasceu. Foi mãe solteira de três filhas, não cursou faculdade, tinha tudo para ser mais uma vítima.

Mas a Jô, como é carinhosamente conhecida, minha heroína favorita da vida real, se fez uma mulher esperta, forte e enérgica. Deu um jeito de aprender na escola da vida, resolveu que não seria limitada por suas condições. Ela trabalhou duro, teve múltiplos empregos, estudou por conta, juntou cada centavo e com muito suor comprou uma funerária (você leu certo, uma fu-ne-rá-ria) em uma cidade pequena, que sequer tinha luz quando se mudou. E desse negócio cheio de dificuldades, trabalho braçal e desgaste emocional fez o sustento de toda a família por mais de 20 anos. Ela não fez fortuna, não desfrutou a vida o quanto gostaria, não realizou todos os seus sonhos ainda, mas venceu algumas batalhas depois de várias gerações. Ela fez sucesso à sua maneira.

Eu nasci e cresci nesse ambiente, onde se tentava vencer a cada dia, com a ameaça constante de sobrevivência, mas também com fé. Vivemos sim com o sofrimento que permeava nossas raízes, mas construímos outras coisas além dele: uma família de comerciantes, uma nova geração com estudo e instrução, uma história de mulheres que acreditavam que podiam ser bem-sucedidas. Deixamo-no em segundo plano para dar lugar a sonhos maiores que nossa realidade. Assim, eu me tornei uma criança que acreditava que era possível ser mais que nossas condições presentes e nosso passado, que tentava encontrar sua força e um lugar ao sol nesse mundo.

Ainda no ensino fundamental conquistei minha primeira bolsa de estudos com minhas medalhas no xadrez, mais tarde no ensino médio e na faculdade. Eu queria mesmo era conquistar o mundo e não poupava energia. Fazia dança, teatro, ginástica, valorizava tudo o que eu pudesse aprender. Um episódio engraçado me recorda bem como isso era forte em mim. Em um dos meus aniversários, de oito ou nove anos, minha mãe chegou em casa, me deu uma nota de cem reais e me disse que eu podia fazer o que quisesse com ela. Um dos meus desejos era ir ao Parque da Mônica, que era um luxo para as crianças na época, mas também queria outras coisas e, então, perguntei: “Mãe, e se a gente tirar xerox da nota? Assim vamos multiplicar e ter muitas notas para fazer o que a gente quiser”. Essa era minha pequenina versão empreendedora nascendo.

Nem sempre foi assim. Passei por momentos de revolta na adolescência, quando a vida escancarou as feridas ocultas. Na época, minha família passava por muitos desafios: separação, problemas de saúde, dificuldades financeiras – tudo junto. Eu fraquejei, precisei viver dores que ficaram escondidas naquela menina que tentava ser forte. Aprendi com a síndrome do pânico e a ansiedade que a dor não vai embora sozinha. Antes de aprender, sabotei meus relacionamentos, desgastei minha saúde, levei no tranco a faculdade, detonei minha autoestima, apanhei bastante.

Até que, no início da vida adulta, entendi que a maneira mais rápida de conseguir sair do nosso casulo da dor é pedir ajuda e abraçar nosso sofrimento, em vez de brigar com ele. Fui para a psicoterapia, encarei uns tarjas preta, experimentei o *coaching*, estudei sobre programação neurolinguística, pisei um pouco em cada religião; testei um pouco de tudo até conseguir aceitar o processo. Conheci muitas mulheres ali também, que alívio foi descobrir que você não precisava ser forte o tempo todo!

Mulher! O que eu quero dizer aqui é que você pode e deve viver suas dores, e não precisa ser sozinha. Esse é um aprendizado importante que nos ajuda a tornar as feridas apenas cicatrizes, uma pequena parte de nós. Toda mulher que atingiu sua meta de sucesso precisou se aproximar, curar e ressignificar seu sofrimento para se libertar. Quando isso acontece, o papel de vítima já não é mais suficiente, a energia do sofrimento é transformada em força, e nós passamos a querer ser muito mais.

2. Abandone os idealismos e defina o que é sucesso para você

Quem de nós nunca foi uma criança que quis ser princesa, viver a vida da Barbie, entrar nos contos da Disney, que não foi uma jovem que chorava nas comédias românticas. É nesse lugar que nascem os idealismos. E os alimentamos com as redes sociais, com a vida "instagramável", com definições de sucesso inalcançáveis. A mulher que se veste como *lady*, que trabalha pela paz mundial, que vai ser salva e se casar com o príncipe encantado. Ou ainda, ficar famosa, rica, viajar o mundo sozinha, ter uma carreira plena e viver feliz para sempre.

Só que isso tudo é uma grande mentira na maior parte das vezes. É um saco se vestir com roupas apertadas, cores nudes e salto todo dia (para algumas de nós, em dia nenhum inclusive). Na maior parte do tempo você não vai se preocupar com a paz mundial, porque estará ocupada com seus boletos e sonhos egoístas (e necessários) que serão deliciosos de realizar. Dá para contar nos dedos quem vai atingir a fama. Apenas 16% das pessoas estarão plenamente felizes em suas carreiras. Se esperar alguém para salvar você, vai morrer esperando ou se tornar uma prisioneira de heróis machistas. A maioria das mulheres não encontra o amor verdadeiro nas primeiras tentativas. 60% dos casamentos acabam em divórcio. Você pode não querer ter filhos, não priorizar o dinheiro, nem querer viajar o mundo. E, por fim, não vai chegar ao "felizes para sempre", porque a vida é um caos (falaremos disso depois, prometo, então segura o drama).

Eu também já acreditei nesses contos e vivia com a culpa de não me encaixar, e aí comecei a questionar. E percebi que as mulheres bem-sucedidas da vida real ousaram viver diferente, mudar o roteiro. Elas tinham o sucesso que não estava nas telas de TV, na fama ou apenas na conta bancária. No meu caso, eu idealizava muito! Entre eles, uma carreira no direito em nome da justiça (brega, eu sei), um relacionamento romântico e cheio de emoções (à la novela mexicana dos anos 1990). Aos poucos desapeguei. Fiquei seis anos solteira depois de um primeiro namoro com final traumático, aos meus 23 anos larguei minha carreira jurídica, minha OAB e me assumi no empreendedorismo.

Só que isso já estava na minha veia desde criança quando ajudava minha mãe a vender planos funerários, organizava brechós a fim de juntar grana para viajar e adorava pensar em ideias de negócio. Geralmente nossa visão de sucesso está lá, em algum lugar da nossa essência, esperando para se libertar da "cela do ideal". Mas esse processo só acontece com alguns elementos-chave que vão permitir você sair dessa prisão: independência financeira, autoconhecimento, experimentação e autoestima.

Em primeiro lugar, é essencial saber gerir seu dinheiro e construir uma reserva financeira. A mulher sem fonte de renda é prisioneira do sistema. Não tenha vergonha de trabalhar em nada que seja digno ou fazer o necessário para sair do buraco financeiro. Quando estava na faculdade, já entreguei panfleto para ganhar um extra, fui trabalhar a pé para economizar o dinheiro do ônibus, levava lanche de casa – nada disso me matou.

Depois, investir no autoconhecimento para usar bem seu maior poder: suas emoções. Isso eu não aprendi tão cedo quanto gostaria, fui cabeça dura até entender que todo ser humano precisa de terapia e a evolução é uma constante. A psicanálise me ajudou muito! Existem outras maneiras de terapia para todos os gostos: hipnoterapia, constelação familiar etc. Por mais bem-intencionados que seus amigos sejam (e gente boa, por aguentarem suas lamúrias, sejamos justos), é difícil ouvir sem julgamento e orientar bem sem experiência técnica.

E enquanto isso, experimente novos lugares, pessoas, profissões. As mulheres de sucesso que conheci geralmente não tiveram uma carreira nem vida linear. Elas acumularam experiências e se moldaram nos terrenos irregulares. Eu atuei no direito, trabalhei com pesquisa, vendas, marketing, RH, tecnologia e arte. Particularmente, não acredito em paradigmas. É claro que vai chegar os momentos em que você precisará ter consistência naquilo que deseja aprofundar e será importante um direcionamento, mas sempre deixe 10% a 15% do seu tempo para renovar seus gostos e treinar a coragem de se permitir.

Sobre a autoestima, aprendi que, como todo investimento, requer tempo e dedicação. Se você não gosta de sua aparência, mude. Eu já fui mechada, já tive um cabelo no estilo mico-leão-dourado, tive franja, surfei nas fases *rock and roll* e patricinha até chegar no *freestyle*. Minhas fotos são uma miscelânea da moda ou mais da "não moda", eu diria. Mude também de lugar, de contextos. Explore seus sentidos neste mundão.

Autoestima também é sobre se permitir amar e ser amada. O amor verdadeiro, que faz bem para o corpo e para a alma, só é possível com alguém que aceita você como é, e que ajuda a ser quem você quer se tornar. O tempo será cada vez mais precioso depois de uma certa altura. As pessoas que valem a pena vão ficar, o resto deixe ir mesmo. Aproveite para conhecer gente nova! Muitas vezes não é no passado que estão nossas referências. O mundo tem um monte de gente legal quando a gente se abre.

E por aí vai, combinando direitinho, todo mundo fica feliz e se liberta do ideal. E quando quebramos essas barreiras, que delícia é a liberdade! A vida mundana, a real, sem rótulos. Isso não significa deixar de gostar das comédias românticas de vez em quando, nem de querer alguns idealismos. Mas aí é o querer com consciência, com autenticidade, com sua margem de erro que se chama identidade. E só assim você será capaz de definir o que é sucesso para você, e de tornar essa meta alcançável.

3. Não espere a vida ser boa com você, crie as oportunidades

Mais uma verdade cruel: a maioria das oportunidades não surgem de maneira espontânea, tanto na vida pessoal quanto na profissional. Se você ficar esperando alguém descobrir seu talento, alguém reconhecer seu trabalho, o amor da sua vida bater na sua porta sem você sair de casa, provavelmente vai viver uma vida frustrada. E aí está outra coisa que todas as mulheres de sucesso que já entrevistei e conheci têm em comum: elas são "caçadoras sem vergonha".

Trago aqui mais um exemplo pessoal para ilustrar o que isso significa. Quando eu tinha recém-terminado a faculdade e ainda achava que seguiria uma carreira pública, queria trabalhar no gabinete de um desembargador. Os atrativos: oferecia uma remuneração legal com carga horária reduzida, o que me permitiria mais tempo para estudar. Aquilo virou meu foco. Só que é um estágio concorrido, geralmente consegue apenas quem tem indicação – o que obviamente eu não tinha.

Só me restava minha cara de pau e boa vontade. E foi exatamente o que eu usei. Também o amigo Google, para mapear todos os gabinetes, com o nome do desembargador e telefone. Fiquei por mais de um mês monitorando as vagas diariamente. Liguei para mais de 50 gabinetes procurando pelas posições em aberto, porque pensei que, possivelmente, nem todas eram divulgadas se existia aquele "esquema". E assim foi, eu encontrei as vagas que não estavam divulgadas. Eles pediram para mandar o currículo por e-mail, mas eu não fiz isso; eu fui lá e levei em cada um presencialmente. Para me destacar dos demais (tinha visto isso no Google, e foi uma bela sacada), fiz um material bonito, com capa, minha apresentação e currículo. Um por um, levei em todos os gabinetes, e em um deles o desembargador estava lá. Ele me recebeu, foi com a minha cara e me contratou. Em menos de um mês eu consegui a vaga e fiquei até resolver mudar de carreira.

Foi assim em vários momentos da minha vida: para conseguir meu primeiro estágio; entrar em uma multinacional, mesmo sem nenhuma experiência formal; para empreender em uma área que eu não conhecia absolutamente nada; para fazer meus primeiros projetos internacionais, mesmo precisando aprender outro idioma em três meses; para liderar as primeiras equipes; para mudar e estruturar diversas áreas da empresa nos últimos anos. Trabalhando com carreiras, eu vi naquelas outras mulheres as mesmas características: elas tinham foco nos seus objetivos, elas eram fuçadoras, elas enfrentavam a vergonha de se expor, elas tinham coragem de ouvir não. O foco é uma coisa extremamente poderosa, o universo conspira para as coisas acontecerem. Mas não é sonhar, tem que ter ação, intenção, energia.

Então, aqui vão algumas técnicas que ajudam nessa construção. A primeira é investir tempo em "imersão" sobre o assunto, pesquisando, entendendo e criando referências sobre aquilo, essa é a parte de fuçar. Aprender a pesquisar é uma das coisas mais valiosas para a vida, porque rompemos limites com a liberdade intelectual. Eu sempre me questiono sobre temas, notícias, interesses, pergunto quase tudo para o Google e agora para o querido ChatGPT (se não conhece ou não usou ainda, está na hora), meu novo melhor amigo. Pesquiso as coisas mais aleatórias e isso me ajuda a ter repertório. Então, minha dica é: pesquise de tudo! Sempre com senso crítico para questionar as respostas e buscar novas perguntas.

Quanto a se expor e enfrentar as negativas, algumas formas de trabalhar isso é neutralizando a sensação negativa da rejeição, um processo contínuo de autoconhecimento e experiência. E puxando a sardinha para o meu lado, aulas de teatro trabalham tudo isso, assim como a terapia, e uma boa dose de interação social. Como? Sair sozinha às vezes, participar de atividades em grupo, puxar papo nem que seja no Tinder, cantar no karaokê, dar uma festa ou fazer tudo isso (acho essa a melhor opção).

E sobre aprender, o conhecimento é um dos principais investimentos nessa vida. Aprender a aprender e desaprender o tempo todo. Essa é a habilidade mais valorizada justamente porque vivemos em um mundo dinâmico, onde a maior parte do conhecimento se deteriora a cada cinco anos – segundo alguns estudos. Temos acesso a muitas coisas gratuitas, cursos rápidos, artigos, livros. Invista pelo menos de 10 a 20% do seu tempo e seu dinheiro nisso. Se você quiser acelerar sua carreira, em qualquer área, indico desenvolver essas habilidades para uma base sólida: gestão de projetos, ferramentas de gestão de tempo e produtividade, pensamento criativo, análise de dados e inteligência emocional. Isso me ajudou muito a transitar em todos os meus desafios, e sempre identifico a maior parte delas em pessoas que aproveitaram bem seu potencial.

Assim, você pode superar os limites das fronteiras do seu ambiente, dos seus contatos, e acessar as ferramentas necessárias para criar oportunidades em qualquer contexto.

4. Por onde você passar, construa e deixe um legado

Deixar nossa marca e sermos lembrados por ela é uma maneira de termos confiança em nossas conquistas e abraçar nosso sucesso. O legado é justamente sobre isso, sobre concretude e perenidade. É sobre resultados. É sobre a marca da nossa existência momentânea na vida das pessoas, nos projetos e lugares por onde passamos. É sobre como você quer ser lembrada.

As pessoas de sucesso costumam deixar rastros, são lembradas por terem feito algo especial. Não se trata de ser o melhor, mas fazer o seu melhor em tudo o que você fizer. E acredite, isso tem uma magia que transborda, uma força que rompe muitas barreiras: cria reputação, portas abertas e *cases* de sucesso para contar por onde você for.

Portanto, uma técnica muito útil é sempre ter em mente a construção de resultados concretos para balizar o seu sucesso. Quando começar algo, se faça essas perguntas: como eu posso deixar um resultado de impacto? Como eu posso construir uma história aqui que deixe a minha marca? Como eu posso dar o meu melhor nessa situação? Qual é o legado que eu vou deixar?

Algumas pesquisas apontam que um dos maiores sabotadores do sucesso nas mulheres é a síndrome do impostor, que reflete justamente a falta de confiança no nosso mérito. Mesmo fazendo muito, não nos damos conta, não achamos que merecemos, achamos que levamos sorte. Então, não só realizar é importante, mas nos apoderarmos de nossas conquistas. De tempos em tempos reflita e atualize seus legados, pessoais e profissionais. Pense sobre os resultados que gerou nas suas passagens profissionais, nos seus projetos, na vida das pessoas, nos lugares e contextos em que você esteve, direta ou indiretamente.

Com isso fica bastante palpável construir e se apoderar do seu legado, e consequentemente do sucesso. Mas lembre-se: você não é Deus para terminar o seu legado em sete dias; então, vamos com calma e curtindo o processo.

5. Aprenda a coexistir e ser feliz no caos

No meio de tanta coisa para ter sucesso, você deve estar se perguntando como essas mulheres equilibram tudo, e se realmente vale a pena criar e buscar uma definição de sucesso. Então... elas não equilibram! Simplesmente porque ninguém equilibra se não for um monge budista iluminado (tenho dúvidas, inclusive). Elas tentam, e falham miseravelmente.

A verdade é que, em boa parte do tempo – principalmente na arrancada inicial em que você está construindo a base das coisas –, ora você estará num extremo, ora no outro. Ora trabalhando quinze horas num projeto que precisa muito daquele gás, acabada, cabelo oleoso e cheia de olheiras, furando com amigos e compromissos familiares, com o ponteiro da culpa estourando, ora você estará desfrutando das conquistas num lugar incrível, brindando com a família toda naqueles momentos raros, posando no seu *look* favorito e se sentindo foda.

Quantos momentos desses eu já passei nessa caminhada, em ambos os lados! Amor, ódio, cansaço, raiva, alegria, uma mistura de tudo isso. Lembro-me de alguns dias virando a madrugada no computador, exausta. Lembro-me de ter esquecido o aniversário de alguns amigos no meio de pilhas de coisas para fazer, de me sentir a pior pessoa do universo. De perder datas especiais, de não ter estado presente tanto quanto eu gostaria na vida das pessoas que eu amo, de ter trabalhado muitos finais de semana nos primeiros anos da empresa, de esquecer o meu próprio aniversário. Eu chorei em muitas dessas ocasiões.

Mas aí eu me lembro de outros momentos que eu também chorei, mas de alegria. Quando eu vi a primeira distribuição de lucro de seis dígitos na minha conta; quando pude pagar o tratamento da minha avó durante o câncer e dar conforto em seus últimos dias de vida; quando pude estender a mão a outras pessoas da família em momentos difíceis; quando ajudei minhas irmãs na sua formação; quando eu presenteei minha mãe com um carro; quando fiz a primeira festa de aniversário só minha; quando viajei as primeiras vezes para conhecer os lugares que eu só via na TV; quando eu me senti sensacional e poderosa concluindo projetos que pareciam impossíveis.

E aqui não falo apenas de mim novamente. Todas as mulheres que conheci nessa caminhada, que entrevistei, avaliei, com quem convivi, precisaram abrir mão de algumas coisas por um tempo. Todas viveram o caos que é buscar o seu sucesso, e tantas emoções que só Roberto Carlos poderia ilustrar em uma véspera de Natal. Mas calma, tenho mais boas notícias novamente!

A primeira: isso não é para sempre, nem pode ser, porque não é sustentável. Isso acontece até você conhecer seus limites e amadurecer suas metas de sucesso. Você vai encontrar seu jeito de ser produtiva e definir o que eu chamo de itens inegociáveis. Depois que você chega em um patamar que já conquistou algumas coisas e experimentou o sabor das vitórias, você passa a avaliar com cautela se vale ou não aquela experiência. O que você está disposta a abrir mão e o que não. Para mim, por exemplo, liberdade de tempo para meus projetos pessoais, momentos de qualidade com as pessoas que eu amo e cuidar da saúde integral (física, mental e espiritual) é inegociável hoje.

A segunda boa notícia é que, se você não gosta de fortes emoções, e está pensando que talvez não seja para você buscar esse tal sucesso, o "não-sucesso" também é cheio de emoções: medo, frustração, negação e mais um monte deles. A passividade e a estabilidade são apenas uma maneira de enganar nossa mente que o tempo não está passando e que as coisas não vão mudar. Só que a vida é movimento, a vida é um caos de coisas se organizando e desorganizando como um lego.

Isso não nos impede de dar sentido e encontrar felicidade, porque a palavra que eu descobri que tem esse poder é: coexistir. Coexistimos com tudo isso que é viver. O amor, a raiva, o sofrimento, os sorrisos, as lágrimas, as conquistas, os fracassos, a calma, a correria, isso é o caos da vida. E as coisas acontecem junto, em todo lugar e ao mesmo tempo, como diriam os ganhadores do Oscar que ilustraram lindamente isso. Então, se não pudermos encontrar beleza no meio disso, não vivemos nada.

Como, então, coexistir? Com a coragem de viver, de nos realizar e ter sucesso a nossa maneira. Buscar o equilíbrio e a felicidade do jeito que der, no caos que estiver, do nosso jeito. E longe de mim dizer que isso é um manual. Estou só no começo da minha jornada e tenho muito para aprender e conquistar sobre o meu sucesso. Afinal, somos grãos de areia em constante metamorfose, neste pedaço de multiverso caoticamente maravilhoso.

19

AUTOCONHECIMENTO

A CHAVE PARA O DESENVOLVIMENTO DAS SUAS *SOFT SKILLS*

Neste capítulo, vou apoiar você na linda jornada pelo autoconhecimento, para que possa expandir a sua consciência e identificar as *soft skills* que necessitam ser desenvolvidas para que tenha melhores resultados na sua vida pessoal e profissional.

Só mudamos nossos comportamentos quando experimentamos fazer diferente.
LUCEDILE ANTUNES

LUCEDILE ANTUNES

Lucedile Antunes

Contatos
www.lantunesconsultoria.com.br
lucedile@lantunesconsultoria.com.br
LinkedIn: lucedile-antunes
Instagram: @lucedileantunes
11 98424 9669

Sua essência é visionária e seu maior propósito é ter influência na construção de um futuro, provocando, nas pessoas, a busca pelo autoconhecimento e a expansão de consciência, para obterem melhores resultados. As pessoas a consideram um ser humano com uma energia contagiante. Curiosa e apaixonada pelo aprendizado contínuo, todos dizem que ela nunca para! Mãe da Julia e do Raphael, filhos maravilhosos que ensinam a cada dia o que é a amorosidade e a flexibilidade para lidar com os desafios da vida. Uma das referências no Brasil no desenvolvimento de *soft skills*. Palestrante, fundadora da L. Antunes Consultoria & Coaching, mentora e *coach* reconhecida internacionalmente pela International Coach Federation (ICF), autora de mais de dez livros e diversos artigos sobre o tema "pessoas e organizações". Idealizadora da série *Soft skills*, reconhecida em 2020 e 2021 como best-seller pela revista *Veja*.

Você já parou para pensar que: "a vida não é sobre metas, conquistas e linha de chegada, mas, sim, sobre quem você se torna durante a caminhada. Portanto, o gostoso não é a chegada, mas, sim, a jornada?
LUCEDILE ANTUNES

Minha intenção neste capítulo é apoiar você nesta jornada pelo autoconhecimento, visando traçar novas estratégias na sua maneira de agir e pensar, para se relacionar melhor e desenvolver as suas *soft skills.*

Porém, antes de começarmos, você precisa saber o que são *soft skills*: são nossas habilidades humanas e comportamentais. Por exemplo: é a sua capacidade de se reinventar, de ter um olhar visionário, de se comunicar bem, de ter empatia, de ser resiliente, entre outras. Você poderá conhecer essas e outras diversas *soft skills*, nos meus dois livros best-sellers pela revista *Veja* sobre o assunto: *Soft skills: competências essenciais para os novos tempos* (volume 1) e *Soft skills: habilidades do futuro para o profissional do agora* (volume 2), publicados pela Literare Books International em 2020 e 2021.

Bem-vindos a sua trilha do autoconhecimento!

Você já fez uma trilha? Imagine que estamos agora preparando a nossa mochila para essa viagem. O que normalmente levamos? Água, repelente, lanches, mapa, protetor solar, roupas.

Mas aqui faremos um outro tipo de trilha. Uma trilha de autoconhecimento. Então, o que você acha importante levar?

Mente aberta para aprender coisas novas? O desejo de evoluir, de sair da zona de conforto?

Soft vs. hard skills

Para que possa ter sucesso, seja pessoal ou profissional, você precisa desenvolver suas *soft* e *hard skills*. As *hard skills* são as nossas habilidades técnicas, nossa experiência profissional, nossas formações, cursos complementares, pós-graduações etc. É na sua vivência profissional que você irá adquirir novas *hard skills*, mas é no convívio pessoal que você irá desenvolver as suas *soft skills*.

A importância do desenvolvimento das *soft skills*

A tecnologia e a inteligência artificial avançam rapidamente, porém sabemos que as *soft skills* dificilmente serão copiadas pelos robôs.

Estudos da PageGroup apontam que 91% dos profissionais são contratados pelo currículo e experiências, mas demitidos por problemas comportamentais.

Pesquisa publicada pela Delloite sobre as tendências globais do capital humano apontam que 80% das pessoas não têm as habilidades necessárias para 60% dos empregos para os próximos cinco anos.

Já um estudo feito pelo IBM – Institute for Bussiness Value apontou que, nos próximos três anos, 120 milhões de trabalhadores, nas dez maiores economias do mundo, precisarão de recapacitação profissional, para a qual as habilidades comportamentais conhecidas como *soft skills* aparecem como as mais essenciais.

Bem, esses são apenas alguns fatos que trago sobre as grandes tendências. Vamos agora entender como o desenvolvimento das *soft skills* acontece no nosso cérebro?

De acordo com a neurociência, o nosso cérebro tem a capacidade de se modificar a partir de novos estímulos. Então, vamos exemplificar: se você tem uma comunicação prolixa, ou seja, pouco clara e objetiva, você pode desenvolver a sua capacidade de se comunicar de maneira assertiva.

Como a mudança de comportamento acontece?

Vou compartilhar com você os quatro passos para esse desenvolvimento dentro da minha metodologia de *coaching*:

- **Passo 1:** buscar o seu autoconhecimento e identificar os seus comportamentos, ou seja, suas *soft skills*, que precisam ser modificadas para que você tenha melhores resultados nas suas relações, na vida pessoal e profissional.
- **Passo 2:** reconhecer as *soft skills* que precisam ser desenvolvidas.
- **Passo 3:** identificar os passos para a mudança.
- **Passo 4:** começar a ação, praticando novos hábitos com disciplina até virar um novo comportamento.

Estudos referenciados no livro *O poder do hábito* apontam que se adquire um novo comportamento quando praticamos novos hábitos por 66 dias em média.

Gosto muito de fazer uma analogia com os músculos do nosso corpo. Cada um de nós tem músculos bem desenvolvidos e outros que precisam se desenvolver, certo?

Então devemos reconhecer nossos músculos mais fracos, ou seja, as *soft skills* que requerem mais desenvolvimento, conhecer o seu treino muscular e praticar com constância.

A expansão de consciência é o passo inicial
para a sua transformação.
LUCEDILE ANTUNES

Partindo para a ação

Agora que você sabe que SIM, você pode desenvolver novas *soft skills,* e que isso é importante para você, vamos partir para a ação.

Vou aplicar agora com você algumas etapas para que consiga mergulhar no seu autoconhecimento, reconhecer o que precisa se desenvolver, reconhecer os resultados que tem hoje e traçar o seu plano de desenvolvimento das suas *soft skills*.

Gosto desta figura para ilustrar que o nosso primeiro desafio é enfrentar a nossa zona de conforto.

Ilustração: divulgação internet

Só mudamos nossos comportamentos quando experimentamos fazer diferente.
LUCEDILE ANTUNES

Passo 1: tomar consciência

Nesta etapa vou aplicar algumas metodologias para que você possa reconhecer os comportamentos que precisam ser modificados a fim de que você tenha melhores resultados nas suas relações, na vida pessoal e profissional.

Insanidade é querer um resultado diferente fazendo sempre igual.
ALBERT EINSTEIN

A primeira reflexão que quero convidar você a fazer é pensar em pessoas que você admira muito. Liste de três a quatro nomes. Agora, escreva ao lado o que você admira nelas.

Lucedile Antunes DESENVOLVIMENTO HUMANO	**Pessoas que admiro e o que admiro nelas**
Quem admiro?	**O que eu admiro nessa pessoa?**

Agora, pegue duas canetinhas de cores diferentes e grife de uma cor as características que essas pessoas possuem e que você reconhece que também tem. Exemplo: uma das pessoas que eu listei como uma pessoa que admiro é a minha mãe. Eu admiro nela a sua capacidade de ser determinada nos seus objetivos. Com a outra canetinha, você vai grifar aquelas características que você ainda não possui e que admira nessas pessoas.

Nós aprendemos sempre por padrões, e reconhecer isso a partir das pessoas que admiramos é maravilhoso.

A segunda reflexão que iremos fazer é o SWOT Pessoal. SWOT é uma ferramenta para mapearmos seus pontos fortes, seus pontos a melhorar, suas oportunidades e ameaças.

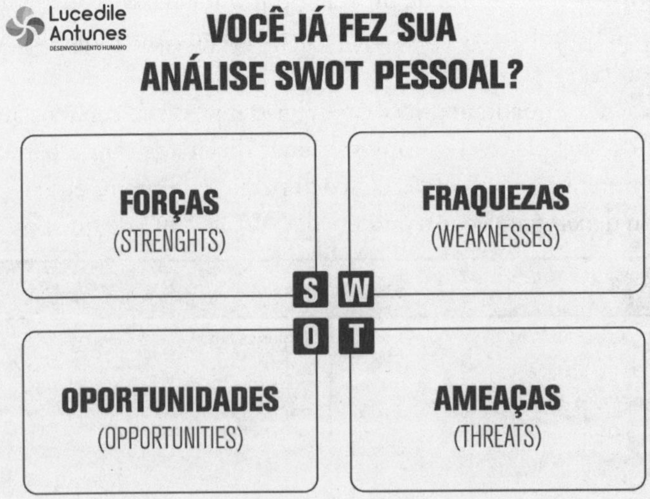

Vou explicar o que significa cada ponto:

Forças: liste quais são seus pontos fortes. Uma dica valiosa aqui é você fazer uma pesquisa com amigos, pais, familiares, líderes, pares, liderados, enfim, pessoas que convivem ou conviveram com você. Mapeie suas maiores características positivas, o que torna você diferente, no que as pessoas acham que você é bom.

Exemplos de pontos fortes comportamentais: focado, disciplinado, organizado, determinada, líder, comunicativo, pensamento analítico etc.

Exemplos de outros pontos fortes: muito competente tecnicamente, conhece a fundo o produto, tem uma visão abrangente do negócio.

Fraquezas: eu gosto de chamar de pontos a melhorar. Da mesma forma que orientei no quadrante Forças, além da sua autoanálise – que é extremamente importante – converse com pessoas ao seu redor que poderão complementar com outros pontos sob a ótica delas.

É de fundamental importância entrar de coração aberto para ouvir com atenção e anotar. Essa atividade é nobre demais, requer humildade e abertura para ouvir e identificar o que você necessita melhorar.

Quanto mais rico esse mapeamento melhor, para que possamos ter dados a fim de construir o seu plano de desenvolvimento pessoal, ou seja, seu plano muscular, ok?

Oportunidades: nesse quadrante, você vai refletir e registrar seus maiores desejos para o futuro, que carreira gostaria de trilhar daqui para a frente, que transformações gostaria de provocar por onde passar (ou até mesmo na sociedade), seus objetivos de vida a curto e longo prazo, que legado gostaria de deixar etc.

Ameaças: nesse quadrante, você deve registrar possíveis cenários que possam atrapalhar os seus planos (exemplos: mudar de cidade ou de país, trabalhar em uma empresa que não oferece espaço para crescimento etc.)

Aqui vou deixar para você o modelo do SWOT a fim de que possa utilizar:

Lucedile Antunes DESENVOLVIMENTO HUMANO	**SWOT pessoal**
Forças (manter)	Fraquezas (agir)
Oportunidades (agir)	Ameaças (monitorar/agir)

Com a SWOT finalizada, olhe agora para os pontos a melhorar e as oportunidades e reflita o salto de evolução que você tem a possibilidade de dar, e vamos juntos para o próximo passo.

Passo 2: reconhecer as soft skills que precisam ser desenvolvidas

Com base nas duas reflexões anteriores, propostas no Passo 1, você já tem consciência das *soft skills* que precisa evoluir. Escolha duas ou três para começar a desenvolver e que, neste seu momento atual de vida, irão somar muito e trazer resultados ainda melhores nas suas relações pessoais, e também na sua autoestima.

Passo 3: construindo seu plano de desenvolvimento pessoal

Muito bem, como está esta jornada até aqui? Espero que esteja gostando. Bem, agora que você já escolheu, no passo anterior, o que você precisa desenvolver, liste abaixo:

Meu plano de desenvolvimento pessoal	
O que?	Por que?
Quais *soft skills* escolho desenvolver? (escolha de 2 a 3)	**Por que elas são importantes para o meu momento de vida?**

Agora chegamos a uma etapa muito importante. Esta consiste em você traçar suas ações, ou seja, o que você vai passar a fazer diferente para desenvolver as *soft skills* escolhidas.

Para esta etapa, eu selecionei uma ferramenta também muito simples e eficaz. Ela se chama *feedforward.*

Liste abaixo as *soft skills* que escolheu desenvolver e pense em pessoas que você conhece (podem ser amigos, familiares, pais, professores etc.) que possuem essas *soft skills*.

Exemplo: vamos imaginar que eu coloquei que uma das *soft skills* que eu quero desenvolver é ter uma comunicação mais assertiva. No meu convívio, quem eu admiro que se comunica muito bem? O meu líder, José, minha mãe, um grande amigo de infância chamado Pedro, o CEO de uma organização onde trabalhei.

Muito bem, então, agora procure essas pessoas, conte a elas que você reconheceu que precisa desenvolver essas habilidades, conte que você as admira muito na capacidade de se comunicar bem (nesse exemplo que eu trouxe de comunicação assertiva) e peça para elas darem ideias do que você pode fazer de diferente para se comunicar melhor.

Anote todas as ideias abaixo:

<table>
<tr><td colspan="2">Lucedile Antunes
DESENVOLVIMENTO HUMANO</td><td colspan="2">Como me desenvolver?
Feedforward</td></tr>
<tr><td colspan="4">Pontos a desenvolver</td></tr>
<tr><td rowspan="2">Anote suas ideias</td><td rowspan="2">Soft skills 1</td><td>Ideia 1</td><td>Ideia 2</td></tr>
<tr><td>Ideia 3</td><td>Ideia 4</td></tr>
<tr><td rowspan="2">Anote suas ideias</td><td rowspan="2">Soft skills 2</td><td>Ideia 1</td><td>Ideia 2</td></tr>
<tr><td>Ideia 3</td><td>Ideia 4</td></tr>
</table>

Então vamos exemplificar: quando fui conversar com o José, que é uma das pessoas que eu admiro, listadas acima, ele me deu a dica de eu passar a estruturar com mais clareza o que quero falar (começo, meio e fim) antes de me expressar.

Para mim isso fez total sentido.

Então, escolho começar a praticar isso. E assim sucessivamente com as outras dicas que coletou com as pessoas que admira.

No *feedforward* estão as estratégias, que nada mais são do que o seu treino muscular daqui para a frente.

Passo 4: colocar-se em ação, praticando novos hábitos com disciplina até virar um novo comportamento

Agora é praticar. Experimente-se! Todos os dias são uma nova oportunidade, nas diversas cenas do seu cotidiano, para experimentar fazer diferente.

Lembre-se: "Se quer um resultado diferente, faça diferente" (Lucedile Antunes).

Conforme vai praticando essas ideias que você coletou de quem admira, você vai começando a ter novos resultados, e isso vai deixando você ainda mais motivado a melhorar.

É muito importante que peça para algumas pessoas que convivem bastante com você, de confiança, que observem seus comportamentos e posturas, para que possam ajudar nesse processo, dando *feedback,* ou seja, um retorno do que elas já estão notando de diferente em você. Mas, além disso, você deve se observar sempre. Por exemplo, se a sua comunicação antes não era assertiva. Se você notava que isso magoava algumas pessoas, você muitas vezes não era compreendido, não conseguia vender suas ideias ou se colocar assertivamente em uma reunião, observe se esses pontos agora melhoraram. Se você está conseguindo prender a atenção das pessoas com a sua fala, se passou a não magoar mais as pessoas com o seu jeito de se expressar, se está sendo compreendido, se está se sentindo mais seguro ao se expressar nas reuniões com o time etc. Observe todos esses indicadores.

E reconheça cada passo da sua evolução. E comemore.

Fico por aqui. Espero ter contribuído um pouquinho para a jornada de desenvolvimento das suas *soft skills*.

Com carinho!

Lucedile Antunes

Referências

ANTUNES, L. *Soft skills: competências essenciais para os novos tempos*. São Paulo: Literare Books International, 2020.

ANTUNES, L. *Soft skills: habilidades do futuro para o profissional do agora*. São Paulo: Literare Books International, 2021.

DUHIGG C. *O poder do hábito*. São Paulo: Objetiva, 2012.

20

RESSIGNIFICAR PARA SE AUTOCONHECER E CONQUISTAR O MELHOR DE SI

Neste capítulo, você encontrará questões de como o vazio interior impacta a vida de uma pessoa que tem ideias e sonhos para conquistar e como esse vazio pode ser suprido. Uma história de superação, descoberta e coragem para ser quem é, reinventando-se a cada dia da vida, na busca pelo autoconhecimento.

MARCELLY TATIANI

Marcelly Tatiani

Contatos
marcellytatiani@gmail.com
Instagram: marcelly_tatiani

Entusiasta pela vida e pela mente humana, acredita que todos podem encontrar o seu potencial de felicidade. Formada em Letras (PUC-SP), pós-graduada em Jornalismo Institucional (PUC-SP), graduanda em Psicologia (Unicid) e pós-graduanda em Psicologia Positiva, Ciência do Bem-estar e Autorrealização E Psicologia Existencial, Humanista e Fenomenológica (Faveni). Tem experiência na área administrativa acadêmica e em instituição financeira em *backoffice* operacional. Define-se como um ser inacabado que se reinventa todos os dias. Segue o seu percurso com o intuito de se formar psicóloga e se dedica a preparar e apresentar palestras sobre o tema superação e assuntos relacionados à saúde mental, bem como a desenvolver conteúdos sobre a escrita libertadora.

Algumas histórias começam pelo começo, porém a história que vou contar começa pelo meio. Avancemos trinta e poucos anos dessa história, hoje, me considero uma mulher forte que conhece suas vulnerabilidades e as aceita, pois se reconhece como humana em cada uma delas e tenta ser livre para ser o que é, assim como é definido na teoria de Carl Rogers[1], mas nem sempre foi assim. Hoje, sei que ser forte é mais que o significado da palavra, e ouso dizer que ser forte é se autoconhecer e se respeitar da maneira que se é, ressignificando o viver. Simples assim.

Vamos voltar ao início, trinta e poucos anos atrás, no final da década de 1980. Na ocasião, eu tinha três anos de idade, era o mês de abril e eu estava me recuperando de uma gripe infantil. Tinha acabado de voltar do hospital e, de repente, naquela linda tarde de sábado, deitada no sofá da sala com minha mãe e irmã em casa, aconteceu o inesperado, quando tentaram me colocar de pé, as minhas pernas não sustentavam o meu corpo e os movimentos de uma das minhas mãos haviam sumido. Nesse dia, começou de fato a minha luta pela vida e a grande admiração pela minha mãe e irmã, que são minha inspiração de vida.

Fui para o hospital e me transferiram para outro hospital. 22 dias de UTI, exames de sangue, suspeita de meningite – que não se confirmou –, mais exames, tomografias, ressonâncias, injeções, cada suspeita um dolorido aperto no coração da minha mãe. Assim sobrevivemos os 22 dias na UTI do hospital, sem os movimentos do lado direito do corpo e sem falar absolutamente nada. Os médicos disseram para minha mãe que, se eu sobrevivesse, eu iria ser dependente dela para o resto da vida. Minha mãe não aceitou essa fala precoce de um dos médicos e não absorveu nada daquilo que ouviu, pois só tinha uma coisa na cabeça, não me deixar morrer naquela UTI.

1 Carl Rogers foi um psicólogo norte-americano que desenvolveu a Psicologia Humanista e a Abordagem Centrada na Pessoa.

Dizem que uma mãe de joelhos move céus, eu acredito nisso. Minha mãe, com sua força interior, não me deixou morrer, e tive alta do hospital, pois não corria mais risco de morte. O diagnóstico preciso daquilo que tive nenhum exame conseguiu descobrir; mas como lesionou o meu cérebro, comprometendo a minha coordenação motora dos membros do lado direito, o diagnóstico que tive foi de um AVC isquêmico, causado por uma má-formação na artéria cerebral – mesmo com o meu desenvolvimento, do útero até o momento, estar alinhado com aquilo que se espera do desenvolvimento humano.

O fato é que minha família não foi mais a mesma, cada membro buscava uma solução ao seu modo. Minha irmã, em plenos 10 anos de idade, uma criança, aprendeu a ser forte para me dar força; avós, tios e tias estiveram sempre na certeza da minha recuperação. Eu fui um tsunami na vida da minha família que teve que se adaptar a uma realidade, bruscamente, difícil. Como citei anteriormente, uma mãe de joelhos move os céus e uma família com fé move montanhas. Alguns meses depois, voltei a falar e a andar, porém com algumas sequelas físicas (motoras) que seguem comigo até os dias atuais.

Estudei em escolas regulares, sempre dividindo os horários com fisioterapias, terapias ocupacionais, natação e com minha família do meu lado. Nesse momento minha mãe havia retomado seu trabalho e dividia sua vida entre trabalhar, me acompanhar nas minhas atividades, cuidar da minha irmã, cuidar da casa e de todo restante. Aos poucos nos adaptamos àquela cansativa rotina, mas o tempo era bem corrido, e nessa correria da vida meus pais se separaram e meu pai decidiu seguir a vida sem a minha irmã e sem mim. Uma escolha que respeitamos, pois a partir dela também escolhemos seguir nossas vidas juntas e somos muito felizes por sermos quem somos no presente.

Sempre gostei de escrever, e, aos meus oito anos de idade, eu já escrevia versinhos. Na medida em que me desenvolvia cognitivamente, eu utilizava a escrita como meu refúgio. Na adolescência, por exemplo, com o primeiro amor platônico, foi a fase que mais escrevi. Hoje, olhando para trás, todos os meus amigos e amigas de adolescência foram essenciais para me fortalecer como pessoa, pois me sentia acolhida por eles.

Eu escrevia, porém era muito insegura. Não tinha o conhecimento das minhas vulnerabilidades e acessá-las era muito dolorido, por isso escrevia e compartilhava somente com algumas pessoas. Nessa época eu me cobrava muito e tinha uma visão imatura da felicidade. No auge da minha adolescência, pensava que ser feliz era um estado contínuo "felizes para sempre", eu buscava isso para a minha vida e, nessa constante busca, me sentia muito vazia. Na fase adulta, esse vazio ainda me assolava e, conforme o sentia, me cobrava a perfeição nas tarefas. Eu tinha que ser uma pessoa legal, interessante e extrovertida. Sorte a minha ter em casa pessoas incríveis que sempre me mostravam quem eu era, cada uma a sua maneira. Modéstia à parte, eu não poderia vir ao mundo em outro útero; e a pessoa que sou hoje, eu devo muito para minha base familiar.

Entre o ensino médio e a faculdade, fiz cursinho pré-vestibular e o considero, até hoje, um divisor de águas na minha vida, pois foi o momento em que eu de fato enfrentei minha vida. Acordava cedo, pegava ônibus e metrô cheio para ir da zona leste de São Paulo à zona oeste. E como um presente da vida, conheci amigas incríveis que tenho contato até hoje; e me incentivam muito.

Fiz faculdade de letras em uma conceituada faculdade de São Paulo, a PUC-SP; e quando eu fui fazer a matrícula com a minha mãe ao meu lado ela me disse para eu nunca esquecer quem eu era e de onde eu vinha. Minha mãe sempre me acompanhou em tudo e eu gostava muito de estar com ela. Na verdade, gostava muito de estar ao lado da minha mãe e da minha irmã; e gostava também de estar na companhia da minha querida vó. Minhas raízes sempre foram muito importantes para mim e me orgulho muito delas.

Nessa fase de faculdade, tive uma crise interior. Estava em um lugar que amo até hoje, que é o ambiente daquela magnífica faculdade, tinha uma família que me amava muito, mas não estava feliz. Pensei que o curso de letras iria me trazer a felicidade plena em estar conectada com a escrita, mas não foi assim. Quanto mais eu estudava literatura, mais via que não sabia escrever. Letras não era o que eu de fato queria como profissão, mas era o que eu gostava de estudar. Eu gostava de interpretar escritas poéticas e literárias, gostava de acessar o inconsciente dos autores, pois uma escrita pode ser uma ferramenta de acesso ao seu inconsciente. Sem falar que eu gosto de interagir com pessoas, gosto de ouvir histórias e pensei que ser professora iria me proporcionar essa interação. Nesse momento, queria ser jornalista cultural, escrever sobre cultura, mas estava no curso errado e, como eu era bolsista, não podia mudar de curso.

Finalizei o curso de letras, o qual me agregou muito, e parti para a pós-graduação em jornalismo institucional, na certeza de que iria trabalhar com a comunicação. Nessa época, eu frequentava muitos barzinhos com minhas amigas, conhecia pessoas, mas me blindava e me autossabotava por pensar que existia algo de errado em mim, mas isso não tinha a ver com o meu físico. Aquele vazio que sentia voltou a fazer morada em meu peito, e eu arrumava um jeito de não prosseguir com os meus relacionamentos. Não procurava mais o "felizes para sempre", mas acreditava que alguém poderia me proporcionar momentos felizes, que iria suprir o vazio que eu sentia. Ao mesmo tempo, eu colocava minha armadura de ferro para ninguém poder acessar o meu interior, e isso me fazia tão mal...

> "No meio da multidão,
> Eu não encontro razão,
> não há nenhuma paixão,
> para me tirar da solidão,
> triste ilusão..."

Os anos passavam tão rápido e eu com a cobrança do porquê sentir um vazio existencial dentro de mim que eu desconhecia e como iria arrancá-lo de meu interior. Os dias eram curtos e quanto mais eu saía para me distrair mais sentia o vazio avassalador, porém esse vazio também era motivador, pois queria encontrar o que me traria satisfação, a ponto de não ter esses sentimentos doloridos.

É importante termos contato com os sentimentos, sentir a dor também é uma forma de nos autoconhecermos; mas eu pensava que aquilo que sentia já havia passado dos limites. Foi, então, em uma noite de sábado, quando estava em um barzinho na Vila Prudente, um bairro da cidade de São Paulo, com minha amiga, que observei um rapaz, nos olhamos toda a noite, porém não passou de trocas de olhares. Meses depois, em Poá, outra cidade do Estado de São Paulo, reencontrei esse rapaz e nos reconhecemos, conversamos e não mais nos largamos.

Relacionamentos são bem complexos, pois envolvem duas pessoas, criadas de maneiras distintas, que querem ficar juntas e, a partir disso, surgem questões que temos de refletir para dar um novo sentido para ambos. E, assim, ressignificando conceitos, tive o meu filho, o que mudou de vez a minha existência. Seguimos refletindo até hoje e construindo a nossa versão juntos, como amores e como pais.

Quando o meu filho nasceu, nasceu mais que uma mãe, nasceu uma mulher capaz de sentir um amor imensurável e inabalável. Nasceu uma mulher que ama ainda mais a sua família e reconhece todas as privações que minha mãe passou por mim. Nasceu uma irmã que admira ainda mais a irmã mais velha que, aos 10 anos de idade, teve que ser forte, pois sua irmã mais nova estava internada em um hospital e que hoje é uma mulher inteligente, respeitada e ainda é mãe de um sobrinho lindo que também é um pouco meu. Nasceu uma neta que se colocou no lugar da sua falecida avó – que perdeu um filho afogado no mar com apenas 15 anos de idade e, ao lembrar dessa memória, chorou muito ao sentir o desespero e a tristeza profunda que sua amada avó deve ter sentido. Nasceu uma mulher capaz de sentir, de fato, os sentimentos de mães de noticiários que perdem seus filhos para doenças, para estatísticas. Isso porque, antes de ser mãe, enxergava o mundo com os olhos diferentes. Nada se compara à emoção de ver meu filho vir ao mundo, porque é um fato que me modificou por inteiro, desde os meus hormônios até os meus pensamentos. Um filho faz você ter uma mudança biopsicossocial. No meu caso, gosto muito de ser a versão que sou após o nascimento do meu filho, que é o amor da minha vida. Hoje, sei que mesmo quando ele não existia, de alguma forma, ele estava lá.

Meu filho ressignificou o meu existir, entendo melhor algumas visões de vida agora. Uma delas é o conceito de felicidade e a responsabilidade que temos com esse significativo conceito. A busca pela felicidade é objeto de estudo de diversos teóricos renomados; então, resolvi me aprofundar no assunto. De repente, uma vontade antiga, nutrida pela minha mãe, armazenada no meu inconsciente, tornou-se consciente e a permanência dessa vontade me fez perceber que agora tudo é diferente, pois sou mãe e a responsabilidade que carrego com essa pequena vida não é pouca. Foi aí que resolvi encarar essa antiga vontade, que nunca foi um sonho, e hoje tornou-se uma das maiores realizações da minha vida: cursar psicologia. Nada melhor que educar pelas ações e, também, por palavras, mas palavras e ações devem estar em sincronia em um processo materno educativo. Quero que o meu filho seja feliz, então, coube a mim buscar satisfação e felicidade para preencher o meu interior e dar sentido às palavras em qualquer conversa entre mãe e filho.

Sou graduanda do curso de psicologia e é muito satisfatório estar conectada comigo mesma. Nesse propósito de vida, foi preciso conhecer e aceitar minhas vulnerabilidades, em um processo de autoconhecimento em paralelo ao curso. Respeitar os meus limites, sabendo quando é o momento de ir embora e o que não faz sentido no momento que estou vivendo também fizeram parte das minhas reflexões. Mediante essas autodescobertas, resolvi ressignificar também alguns rascunhos que escrevi durante a minha jornada da vida e, principalmente, na fase da adolescência. Surgiu a oportunidade de publicar um livro, e não hesitei. Devia isso para a menina que fui um dia e muito da mulher que sou hoje; sou porque vivi aqueles momentos e, por isso, tenho gratidão pela minha estrada que não foi fácil, mas caminhei até aqui, levando muitos tombos pelo caminho, mas ela me fez ser o que sou hoje. Com o livro *Rascunhos* publicado, me empenho a desenvolver materiais com uma linguagem de fácil entendimento sobre a "escrita libertadora", os quais, por meio da escrita, trabalham sentimentos reprimidos, com aplicabilidade para adolescentes e adultos.

Hoje, não só amo a graduação de psicologia, que me faz inclinar o olhar ao estudo da psicologia humanista/positiva, mas amo incondicionalmente minha família, que me apoia em tudo o que quero fazer. Ter uma base bem estruturada, com raízes fortes e com mulheres admiráveis, também fez ser quem sou. Nessa base familiar, também incluo minhas amigas, as quais nunca soltaram minha mão e me levantaram de todos os tombos que a vida me apresentou. Hoje, também entendo que aqueles sentimentos de vazio que no passado sentia, não se tratava de pessoas, não se tratava de alimentos, não se tratava de fatores tangíveis, mas, sim, de descobrir o propósito da minha vida e, com ele, atribuir sentido ao meu viver. Tive que ressignificar minha história para viver momentos felizes; olhar para o passado com gratidão e me autoconhecer para aceitar as minhas vulnerabilidades me fizeram ser o que sou. Estou pronta para enfrentar os desafios que estão por vir, pois agora vivo o meu propósito de vida na minha melhor versão. Essa sou eu, fui "rascunhos"com muito orgulho, e hoje sou uma das donas da p**** toda.

Referências

ROGERS, C. R. *Tornar-se pessoa.* 6. ed. São Paulo: Martins Fontes, 2009.

TATIANI, M. *Rascunhos.* São Paulo: Literando Editora, 2023.

21

UMA RECEITA PELO TEMPO

Assim como um bolo que não cresce direito, às vezes, cometemos erros na vida. Podem ser erros pequenos, como esquecer um ingrediente, ou grandes, como tomar uma decisão equivocada. Podemos seguir também uma receita perfeitamente, mas o resultado é um bolo achatado e seco, que mais parece uma panqueca. Mas não se preocupe, você não é a única. Todo mundo já cometeu um erro, até mesmo o cozinheiro do *MasterChef*. Venha descobrir como transformei meus azedos limões em doces conexões.

MICHELI TOTH ROSSI

Micheli Toth Rossi

Contatos
michelifilosofia@gmail.com
Instagram:@tothmicheli
@universoparalelochocolates

Pós-graduada em Filosofia pela UNESP (2011) com graduação em Filosofia pela Universidade Metropolitana de Santos (2007) e em Pedagogia pela UCCB. Premiada pela Academia Assaí de Empreendedorismo e bons negócios no ano 2020 e pelo Programa de Fomento ao Empreendedorismo em parceria com as Casas Bahia no ano de 2019.

Já passa de meia-noite no relógio do micro-ondas. Sinto-me tão cansada que os olhos chegam a ficar embaçados. Dias e noites sem dormir, idas e vindas ao pronto-socorro com bebezinho doente é algo que deixa qualquer pessoa fora do prumo.

Resolvi terminar de organizar as roupas que estavam acumuladas e deixar de molho para lavar no dia seguinte. O tempo é algo precioso quando se tem crianças pequenas. Fui ao quarto e meus filhos dormem tranquilos. Suspirei aliviada ao colocar a mão na testa de meu pequeno e perceber que ele está sem febre; imaginei, então, que o pior passou.

Recostei no sofá por alguns segundos. Foram dias e dias praticamente sem dormir e uma pequena cochilada de quinze minutos, só para retomar a força e continuar. O telefone toca... "a mãe morreu", foi a notícia que escuto de meu pai, com a voz embargada em lágrimas, contando que os médicos tentaram de tudo, mas ela havia ido embora.

Desligo o telefone incrédula, pois a esperança foi sempre minha amiga, e, naquele momento, ela havia partido. Em meio à incredulidade, resolvi descer até a casa de minha mãe. Na periferia, é quase uma regra construir em cima da casa de seus pais os famosos "puxadinhos", iguais coração de mãe, "sempre cabe mais um". Abro a porta de minha casa e a garoa fina da madrugada cai em meu rosto enquanto desço a escada barulhenta de metal. Entro na casa, no seu quarto, procurando alguma maneira de entender aquela notícia; ao redor, tudo em silencio, é como se o mundo tivesse realmente parado. Olhando para janela de seu quarto, vejo apenas telhados em meio à escuridão da noite.

Minha mãe era uma potência de mulher, articulada, falante, amante da música; quanta sabedoria e inteligência para quem cursou apenas o ensino primário. Mil pensamentos em minha cabeça em fração de minutos. O desespero toma conta de mim ao perceber que eram somente aqueles telhados amontoadinhos que ela havia observado durante a maior parte de seus 58 anos. Quantos sonhos ela abandonou? Quanto de sua vida ela abdicou por nós? A ficha caiu e não haveria mais café da manhã juntas, nem aprender artesanato no programa da Ana Maria Braga, as receitas para o Natal e passar a madrugada de Páscoa fazendo chocolate para a família toda. Quem falaria de política comigo ou das guerras injustas do mundo? Quem me apoiaria e me escutaria? Quem seria o meu porto seguro? Só ela me compreendia, entendia os meus motivos, era o meu grilo falante. Eram tantos sentimentos e, repentinamente, estava tudo vazio; todo silêncio de fora se tornou o silêncio aqui dentro. Ajoelhei e chorei, sorvendo lágrimas pelo que foi e o que não conseguiu ser. Eram lágrimas inconformadas com a nova realidade que acabara de chegar em minha vida.

O desafio era permanecer com alguma sanidade mental e criar meus três filhos pequenos. De alguma maneira estava conformada com minha vida e toda a sua limitação, nem lembrava a última vez que havia cuidado da minha aparência, minhas unhas não viam esmaltes há alguns anos, roupas herdadas ou mal ajustadas. Não me importava mais diante daquilo que vivia. O medo era maior que tudo isso, pois, dentro das quatro paredes da pequena casa em que eu morava, existiam outros temores; e sabia que era uma tarefa quase impossível sobreviver diante daquilo que me cercava.

No fundo era eu uma menina mulher, que sonhava ainda com o príncipe encantado; não sabia que dentro de tantos sonhos cor-de-rosa eu havia construído castelos, feitos na minha adolescência, junto aos filmes da sessão da tarde com finais felizes ou contos onde a princesa é salva. Somente em meu imaginário existia a família de comercial de margarina, a mãe cozinhando feliz e arrumada, unhas feitas e um delicioso café da manhã com uma mesa posta, farta. Amor, sorrisos e harmonia. Meu cotidiano passava longe de um comercial feliz; o fardo era continuar, dia após dia, em meio à insegurança, uma repetição infinita como que um castigo ou autoflagelo sem começo ou fim.

Os momentos com os meus filhos eram o refúgio que possuía, o melhor que carrego daquela vida. Durante o dia, somente eu e eles, meus três mosqueteiros. Fazer as papinhas com caldinho de feijão temperadinho e batido, tradição aprendida com minha mãe; o som das gargalhadas maravilhosas quando brincávamos de imitar animais, no meu caso era um exímio leão correndo e rugindo atrás deles; ajudar nas tarefas da escola, escutar suas experiências nas aulas; os desenhos onde fazíamos planetas e universos. Ali, mal algum existia, nosso mundo era perfeito e colorido em meio a inúmeras histórias que contava antes de eles dormirem, tentando, de alguma maneira, trazer esperança de um mundo melhor.

Porém o tempo tão cruel fazia os ponteiros do relógio acelerarem já para as 18 horas, ali jazia alguma sorte. Meu coração, mais que angustiado, iria da alegria ao pranto, sendo o medo nossa morada. Assim, quando anoitecia, eu sabia que ele chegaria.

A porta bateu e já sei que será outro dia ruim, agora não tenho mais minha mãe; e meus filhos vão presenciar outra noite de ofensas. Quando ela estava aqui, eu dava um jeito de eles ficarem em sua casa: "A vovó está chamando vocês para comer o lanche maluco", eu dizia. E assim, dia após dia; eu ia criando maneiras para eles não verem tudo o que se passava.

Sempre detestei mentiras, mas aprendi a mentir para poupar meus pais, irmãs e familiares. Foram tantas desculpas para as inúmeras lágrimas que derrubei; não queria e não podia demostrar o quanto eu estava quebrada e dilacerada. Minha mãe costumava indagar por que eu não sorria mais; eu sabia qual era a resposta, só não podia dizer. O único meio, então, era seguir; e seguindo por esse caminho vamos nos perdendo de nossa essência.

Dessa vez, o motivo foi a falta de uma camisa passada. Apenas escuto, escuto e escuto. São palavras que destilam como sou uma mulher incapaz, mal-arrumada, inútil e inúmeros outros defeitos. Prefiro ficar calada, pois sei que se eu falar algo ou tentar me defender será pior; igual as outras vezes em que ele quebrou tudo, destruindo pratos, copos e, por fim, meus CDs preferidos do U2.

Como alguém pode tratar uma pessoa assim? Ele não cansa de gritar e falar. Rezo baixinho pedindo a Deus para que ele pare e tudo passe logo ou ele resolva sair. A única coisa que queria nesse momento era não estar lá com meus filhos, não era isso que imaginei. Não existia amor e não era a vida que eu merecia, "ninguém merece passar por isso", eu pensava. Abraçada ao meu caçulinha de quase 3 anos, tento niná-lo em meio àquela loucura toda, ao passo que observo os meus outros pequenos no cantinho de seu beliche, com seus olhos arregalados sem entender minha passividade, pois eu deveria protegê-los.

Acreditava que, nessa estagnação, os estava protegendo; afinal, não havia aprendido essa receita, ninguém ensina como agir nos casamentos e relacionamentos. Eu não trabalhava, era impedida, e não podia me sustentar. Não havia dinheiro e eu imaginava que talvez fosse assim mesmo, eu deveria apenas suportar. Tantas mulheres suportam; o casamento é para sempre, "na alegria e na tristeza", não é isso?!

Da porta do quarto entreaberta, escuto uma risada sarcástica. Vejo-o sorrindo e segurando um porta-retrato retirado da estante marrom-escuro e desbotada, aquelas que são presas na parede da sala. Em sua mão está a foto de minha mãe; "morreu sofrendo e você vai ter o mesmo fim", falou debochando.

Enxerguei-me no reflexo da porta de vidro; senti o sangue correndo bem rápido por minhas veias. Parece que meu coração voltava a bater agora por mim e pelos pares de olhinhos inocentes dos meus filhos me fitando assustados. Repentinamente, aquele leão, que outrora brincava, rugiu por dentro. Uma força descomunal surgia como se eu recebesse uma herança bendita, recebida por mim chegando de todas as mulheres anteriores; das mulheres que foram proibidas de falar, de pensar, das julgadas, condenadas e queimadas em fogueiras. Experimentava uma força desconhecida nunca sentida. Finalmente, me levanto e digo com tom sereno:

— Pegue suas coisas e saia daqui agora. Saia da minha casa, da minha vida. Eu nunca mais quero você aqui.

— Louca, louca, ficou louca!

Ficou chocado com a minha ousadia, pegou as chaves e saiu incrédulo.

Dentro de mim, ecoava o gosto de liberdade e tinha um sabor incrível. Sentia-me como um prisioneiro liberto do cárcere, provando a paz e a luz pela primeira vez. Abracei meus filhos com alívio e certeza de que ainda enfrentaríamos muitas outras batalhas, porém agora seríamos eu e eles.

Minha trajetória está misturada à violência doméstica, é um problema grave que afeta a vida de mulheres em todo o mundo, independentemente de sua idade, gênero ou orientação sexual. A violência no Brasil está presente no cotidiano de muitas mulheres que sofrem, desde assédio moral e sexual ao feminicídio. Segundo dados coletados pelo Fórum Brasileiro de Segurança Pública – por meio da sua quarta edição a pesquisa *Visível e invisível: a vitimização de mulheres no Brasil* –, cerca de 18,6 milhões de mulheres brasileiras foram vitimizadas em 2022. O levantamento mostra uma dimensão gritante. Pense em um estádio de futebol com 50 mil pessoas por dia, durante o ano todo. Sim, é isso mesmo! A pesquisa apresentou também dados inéditos: uma em cada três brasileiras com mais de 16 anos sofreu violência física e sexual provocada por parceiro íntimo ao longo da vida. São mais de 21,5 milhões de mulheres vítimas de violência física ou sexual por parte de parceiros íntimos ou ex-companheiros, representando 33,4% da população feminina do país. E sabemos que o autor da violência é conhecido da vítima na maior parte dos casos (73,7%). O que mostra que o lugar menos seguro para as mulheres é a sua própria casa. Se considerados apenas os casos de violência psicológica, 43% das mulheres brasileiras já foram vítimas do parceiro íntimo. Mulheres negras, de baixa escolaridade, com filhos e divorciadas são as principais vítimas, revelou a pesquisa. Mesmo com o grande debate público, proporcionado pela Lei Maria da Penha, é preciso compreender que os índices de violência doméstica não vão diminuir apenas com políticas de combate e controle criminal, é preciso maior posicionamento para o enfrentamento e prevenção nas ações de combate à violência, sendo necessária uma rede protetiva com incentivo à saúde mental, educação financeira e demais direitos que são inalienáveis.

Dentre alguns aspectos, as vítimas de violência doméstica sofrem de baixa autoestima, depressão e ansiedade – além de gradativamente serem isoladas de amigos e familiares. Por anos essa foi minha realidade e, sem dúvida, a rede de apoio que existia por trás de minha trajetória foi fundamental para que eu conseguisse reunir forças e escapar da violência.

Assim como todas as histórias, a minha começa na família. A minha casa foi a primeira escola, lugar de aprendizagem e acolhimento, sendo estrutura e base que formou parte de minha jornada. Para muitos teóricos, a família é concebida como o primeiro grupo social ao qual pertencemos, sendo formada por pessoas que possuem laços sanguíneos ou afetivos; e compartilham um mesmo espaço físico e emocional, responsável por fornecer os suportes financeiro, educacional e principalmente estrutura emocional, podendo ser o ponto de partida que leva ao enfrentamento do mundo ou o oposto disso.

Dentro da família, cada membro possui um papel e uma função específica. Os pais e responsáveis guiam e educam os filhos, enquanto estes devem respeitar e seguir as orientações dos mais velhos. No caso dos irmãos, por sua vez, proporcionam companhia e amizade na infância e na vida adulta. A família também pode ser composta por avós, tios e primos, que participam e influenciam a vida dos membros. Segundo Durkheim (1977), a família é um corpo social ligado pela solidariedade, seus componentes se dividem por idades e tarefas, podendo estar ou não ligados ao gênero do indivíduo.

Nos grupos familiares, existem diversas tradições que são passadas de uns para os outros, com regras próprias específicas. Nas diferentes conexões entre os indivíduos; no meu caso, a cozinha foi o ponto de encontro e de descobertas. Afinal, a maioria de nós tem uma receita guardada a sete chaves e que segue aquela tradição quase mística passada por nossas ancestrais por meio de avós, mães e até mesmo aquela tia que cozinhava nos almoços de domingo. Cozinhar sempre pareceu uma ótima maneira de compartilhar sentimentos, estabelecendo emoção entre receitas. Os doces em especial foram e são a conexão com meu passado e o presente que estruturou financeiramente o futuro de minha família.

Do cheiro da fermentação do pãozinho doce, receita tradicional de minha bisavó imigrante, até as primeiras noções na cozinha. Na memória lembro que, bem pequena, chegava de mansinho ao lado de minha mãe e a observava na pontinha do pé ao lado da mesa. Ficava encantada com sua maestria em desenvolver suas delícias, apesar dos poucos ingredientes que tínhamos à disposição. Eu já sabia que a vida era muito dura e isso já era uma lição, nem sempre possuíamos os itens adequados para as receitas e, mesmo assim, como era grande sua habilidade e amor em preparar nossos alimentos. Ela carregava também um tempero do passado, aquele que chega como presente herdado de sua avó e mãe, e esse estava na essência de tudo o que ela fazia. Mesmo sem saber estava ali.

Aprendia sobre tempo de cozimento e quais eram os elementos que faziam um bolo encruar. Outra tampinha derrubada com mãozinhas desequilibradas, pois nem sempre se tem a forma exata, mas as gotinhas de baunilha tornavam o ambiente especial, ou um bom brigadeiro que era feito quase magicamente, uma festa inteira seu sabor. Noites e infinitas madrugadas na Páscoa fazendo tradição, nossos ovos de chocolate eram somente lição de amor ao próximo e de superação, quase uma canção.

E em meio às receitas tradicionais, aprendi a ser uma boa filha, boa irmã e boa neta. A receita estava completa, e com orgulho aceitei esse brasão.

> O rótulo da pequena,
> a menina que estava sempre disposta a ajudar.
> Cresci sem dar trabalho, feito bolo com fermento adequado;
> Criança e adolescente obediente,
> logo estava na faculdade prestes a me formar.
> Pedagogia e eu queria lecionar;
> repleta de desejos e no maior ensejo
> utilidade ao mundo eu vou buscar.

Em todas as rimas, o que me anima é compreender que as habilidades aprendidas com minha mãe na cozinha são meu ponto de partida. Foram dez anos após a formatura e fui ceifada de trabalhar. Essa lacuna de espaço-tempo parecia a história da Bela Adormecida, só que ao contrário. Foi o príncipe que me congelou no tempo.

A preocupação era o sustento. O medo que sentia estava conjugado e, no momento, era passado. Só pensava nos meus pequenos infinitamente amados. Não queria recorrer à ajuda de minhas irmãs que tanto me estenderam a mão, agora era o meu momento. Estava, de alguma maneira, assustada, porém com uma felicidade sem tamanho.

"Bolos e chocolates", pensei. Afinal, eu fui *sous chef* de minha mãe, era seu braço direito e, após sua partida, havia assumido a cozinha da casa.

Com a cara e a coragem organizei em minha memória tudo o que havia observado. Quantas bagagens e aprendizados cada um pode carregar? Minha irmã e comadre deu aquela forcinha financeira e agora era oficial, assim nasceu minha empresa.

O primeiro cliente já estava indicado com um bolo decorado.

E desse bolo fofinho foram surgindo outros bolinhos; a vida foi ficando um pouco mais doce, minha casa cheirando a caramelo e chocolate.

Porém, as contas foram chegando. Algumas pagas no dia, outras não. Apesar da economia, vivia matando um leão por dia. A criatividade de quem sustenta parece infinita, e na casa de muitas mulheres a realidade de todo dia é multiplicação. Nos meus sonhos distantes, comida de primeira, geladeira e carteira cheia. "Pare de sonhar, menina, e bora trabalhar!". Bolo, brigadeiro para enrolar, cada docinho feito e vendido era uma esperança prestes a chegar. Minha opção era entender que tudo é lição e, nas lembranças de infância, percebi que seguia quase uma tradição feita por repetição. São vontades não vividas, mas com muito aprendizado, cursos e mais cursos realizados. Mulher, mãe e empreendedora. Nem sempre nessa ordem, pois era tudo junto e misturado. Para os meus filhos, a lição de todo dia era: somente com a educação mudamos nossa situação.

Os doces produzidos não apenas geraram renda extra para minha família, foram e são uma maneira de manter a tradição de receitas e conhecimentos, além de culinários, constituindo principalmente uma ligação entre passado e futuro.

Sem dúvida, a minha rede de apoio foi fundamental para que eu pudesse atingir a liberdade, unindo as ferramentas internas que eu já possuía e conseguindo resgatar a construção de minha nova vida. Hoje, posso desfrutar de um amor consciente, com gosto de quero mais. Sim, é possível, como nas receitas, seja ela qual for, melhorar o resultado. Entender que a vida é fluida feito calda de açúcar derretido, e pode açucarar. No entanto, podemos refazer a receita tantas vezes quantas forem necessárias; e do limão não só fazer uma limonada, e sim um mousse. Assim surgiu o brownie, um bolinho que parecia todo errado e hoje é um doce renomado. Talvez esse entendimento seja o jeito de encontrar a sua verdadeira essência, que certamente tem cheiro bom, feito baunilha com chocolate.

Dedico estas linhas de reflexão às mulheres que se perderam no caminho, às que podem se encontrar e, sobretudo, àquelas que me ajudaram a encontrar o meu. Ao meu amor, que apoia meus sonhos; às mulheres de meu passado, avós, tias e mãe; às minhas irmãs e sobrinhas, que são mulheres do meu presente, e aos meus filhos e filhas, que são meu presente e futuro.

Referências

DURKHEIM, É. *As regras do método sociológico*. São Paulo: Nacional, 1977.

SOUZA, L. L. S. *Mais de 18 milhões de mulheres sofreram violência em 2022. Agência Brasil, 2 de março de 2023*. Disponível em: <https://agenciabrasil.ebc.com.br/direitos-humanos/noticia/2023-03/mais-de-18-milhoes-de-mulheres-sofreram-violencia-em-2022>. Acesso em: 25 maio de 2023.

22

"TÁ BAGUNÇADO, MAS TEM GERÊNCIA!"

Liderar, para mim, tem a ver com analisar diferentes perspectivas, avaliar riscos e perdas, focando em solução. Neste capítulo sobre sucessão e autenticidade, convido você a percorrer minha trajetória de construção de identidade num cenário de comparações, fofocas e críticas. Também vamos refletir sobre sua própria história, por meio de estratégias de aprendizado. Seja você sucessor, sucedido ou alguém que busca de verdade ser quem é.

MONIC BARRETO

Monic Barreto

Contato
LinkedIn: linkedin.com/monicbarreto

Nasci e cresci no mundo dos negócios. O fato de nascer numa casa de pais empreendedores implicou ter sempre uma cadeira a mais nas refeições: a empresa. Aprendi a vender ao mesmo tempo que aprendi a falar. Tenho duas características na minha identidade empresarial: a criatividade (como sustentação do trabalho que faço como sucessora) e a persistência (que, às vezes, acho que é teimosia e, às vezes, excesso de fé). Ao longo da minha trajetória, aprendi a aplicar teoria aliada à experiência em diferentes mercados: indústria e comércio de construção civil, *edtech*, desenho de games, programa de TV, *coworking*, antropologia, neuroarquitetura e vinhos. Minhas experiências, sejam elas marcadas por êxitos ou fracassos, definem como atuo. Sigo estudando, adaptando, errando e aprendendo muito nos negócios e na vida, e como diz o meu bordão: “Está bagunçado, mas tem gerência!”.

Suceder, para mim, significa dar continuidade.
O que não sabia, aos 11 anos, é que não precisava
viver a vida do meu pai.

"Quero ter vida de herdeira"

Nos últimos anos, tenho escutado frequentemente dizerem isso de maneira sarcástica, querendo demonstrar que trabalham muito. Suponho que essas pessoas acreditam que herdar é algum tipo de solução milagrosa para todos os problemas. Uma imagem que é, muitas vezes, construída por filmes e novelas sobre fortunas que aparecem "do nada".

Mas a vida real é oposta a essa fantasia.

Em primeiro lugar, herdar significa perder alguém para ter benefício de algo. Em segundo lugar, a "herança" não é apenas financeira. Com ela, vêm junto histórias, sentimentos e emoções.

Dar continuidade a uma história que não é sua é tão difícil e até mais desafiador do que construir. Afinal, há um padrão mínimo que você precisa sustentar, assim que inicia o trabalho. Diferentemente de quem começa do zero e não tem referencial para ser comparado.

Se a pessoa que antecede você construiu algo incrível, você tem que ser (no mínimo) muito bom para que seja respeitado por quem você é, pelo trabalho que você faz, e não por ser filho de alguém.

Não sou herdeira!

Trabalho junto com o meu pai diariamente. Sou sucessora dele, assim como meu irmão.

Está pensando que foi ou é fácil? Acredite, essa é uma trajetória de construção de identidade, individualidade e autenticidade num cenário de comparações, cobranças, fofocas e altos referenciais.

"A filha de Valdir"

Assim que costumavam me reconhecer nos ambientes de negócios predominantemente masculinos. Hoje, continuo com essa descrição, porém agora sou cumprimentada pelo meu nome.

Se você não compreende do que estou falando, vou explicar: dar continuidade à história de um homem com uma trajetória de superação, resiliência e comprometimento (como é meu caso) me faz "filha de". Com trabalho duro, imprimindo minha identidade de maneira autêntica e com uma armadura gigantesca, aos poucos, vai ficando evidente no dia a dia quem realmente sou.

Sou sucessora de um Valdir: inteligente, cheio de fé e bom humor. Um homem cuja trajetória me traz uma responsabilidade na continuidade do que foi construído. E acredite, não estou falando apenas de patrimônios e empresas. É sobre história, relacionamentos e, principalmente, credibilidade.

Sentei-me na mesa e me reconheciam pelo meu trabalho.

Perguntavam-me pelo meu pai, mas naquele momento eu dava as cartas do jogo.

Não foi simples chegar esse dia. Mas se há 20 anos tivesse conhecido alguém que já passou por trajetória semelhante, eu teria brigado menos, perdido menos tempo com situações que me desgastaram, silenciado mais – e esperado o tempo de cada processo.

Falei para minha mãe nessa semana que queria ser sábia como ela, ou ter a mentalidade que tenho hoje na época em que comecei. Teria evitado muito desgaste! Então, ela me respondeu: "Foi importante para você chegar até aqui, ser quem você é, e ajudar na trajetória de outras pessoas por meio dos seus aprendizados. Podendo acreditar que não vai ser fácil, mas vai ser possível".

Durante o tempo em que tentei ser igual ao meu pai, quanto mais me comparava com ele, menos conseguia o reconhecimento que buscava (porque ele só estava na minha cabeça).

E foi então que descobri que essa busca incessante por ser vista e conquistar meu espaço vinha do medo de errar e não ser boa o suficiente.

Todas as frustrações e metas inalcançáveis que criei me tornaram uma pessoa que (por muito tempo) precisou se autovalidar por meio de estudos inesgotáveis e negócios paralelos. Percebi que as comparações foram geradas por meus medos, minhas próprias cobranças e busca pela perfeição.

Ao longo dessa jornada, eu fui meu maior desafio. Criei monstros e sustentei uma armadura bem pesada (que foi bastante útil por um tempo, mas o "uso em excesso" me impediu de viver minha essência).

Tenho muito orgulho de ser a filha do Valdir, dando continuidade à credibilidade e à trajetória dele. Porém assumindo meu papel na história, exercendo minha identidade com meus pontos de diferença, qualidades e defeitos. Sem ser perfeita!

Estratégias para não ser perfeita

Quero levar você a percorrer o caminho que percorri e tentar encontrar estratégias de aprendizado para sua própria história, por meio dos meus principais erros, acertos e aprendizados. Seja você sucessor, sucedido ou alguém que busca ser de verdade, ser quem você é.

Ter coragem

Quando eu tinha 13 anos meu pai me disse que uma das empresas estava falindo. Os negócios cresceram rápido demais, não havia internet ou fluxo das informações, e ele não conseguia estar em tantos lugares (naquela época eu já tinha algumas responsabilidades numa loja de bairro que ele tinha). Pedi uma oportunidade para tentar resgatar a empresa que passava por problemas, e comecei a trabalhar na fábrica com 18 homens. Com pouco mais de um mês, consegui recuperar o negócio.

Meu primeiro erro: briguei silenciosamente (por meio de ações) com o sócio do meu pai naquela época. Fiquei com muita raiva dele e todas as minhas atitudes giravam em torno desse sentimento. Busquei sempre um culpado para os fatos, me tornei uma pessoa rancorosa e bastante dura com os outros e comigo mesma – e passei a desacreditar nos outros.

O que aprendi: hoje, repetiria o fato de agir rápido e focar na solução do negócio. Para evitar entrar em guerras desnecessárias, é importante entender que as pessoas vão errar e não vão agir como esperamos. O contrário só nos leva a interpretações de injustiça e ingratidão, por direcionarmos sentimentos como a raiva.

Ser corajoso significa enfrentar desafios focando nas soluções e entender que os erros vão acontecer. E que o mais corajoso é aquele que reconhece, aprende e não perde tempo com o que é sobre os outros.

Entender que uma andorinha voando sozinha não faz verão

Depois de anos, na fase final da faculdade (que ficava a 384 quilômetros de casa), precisei voltar para o comércio da família por conta de mais uma fase complexa do negócio.

Naquele momento, comecei verdadeiramente meu processo de sucessão. Porém a maioria dos funcionários antigos me viram crescer junto com a empresa, e conheciam uma versão criança/adolescente que já não existia mais.

Fazer mudanças organizacionais, físicas e definir regras acabou "removendo" hábitos antigos. E apesar da sagacidade e da dedicação que eu colocava no que fazia, minhas decisões eram interpretadas como: meu pai sendo o bonzinho e eu, a carrasca.

Cumpri bem o papel de durona, aprendi a dizer não facilmente, e com isso ele não precisava se indispor com ninguém. No momento que me coloquei como "a parte má" da história, os planos que executava ficavam emperrados pelas pessoas.

Ganhei grandes aliados. Mas inimigos silenciosos que tiravam minha saúde física e mental faziam de tudo para invalidar os meus projetos. Então, me tornei intensa, e realizava as coisas por meio da velocidade, da objetividade e da praticidade: sempre por meio da "surpresa", não dando tempo para pensarem em boicotar meus planos.

Isso cansa muito!

No fim de cada jornada (rápida), eu estava tão cansada de brigar e ter que argumentar o porquê de cada coisa que estava fazendo que sempre adoecia e me sentia fraca. Chegou uma fase em que eu não tinha mais prazer em finalizar nada.

O custo de dizer não no lugar do outro construiu um personagem forte que sempre seria responsável por tudo de negativo, errado, que não queria ser dito pelo outro. Ao longo dos anos, isso se tornou uma arma contra mim mesma, porque o poder de dizer "não" é libertador, mas em altas doses me tornou prisioneira.

O que aprendi: sempre haverá poucos que acreditam em você. Uma grande parte vai seguir o lado mais forte e alguns serão "do contra". Então:

- Fortaleça quem acredita em você, potencializando as habilidades deles e complementando as suas.
- Seja claro quanto aos objetivos e aos riscos do que irá ser feito.
- Não se desgaste ou perca tempo tentando mudar aqueles que não estão do seu lado; você não precisa provar nada para eles, e nem mesmo para você.
- Principalmente: você consegue, há processos que são lentos, mas não perca sua essência.

Analisar diferentes perspectivas

Como disse no início, para imprimir a identidade dentro de algo que já está consolidado é preciso ser corajoso e criativo. Aprender a olhar de "fora para dentro" me ajudou a me concentrar na melhoria contínua e na autossuperação. Não acredito em mudanças bruscas e rápidas, acredito que tudo é processo e cada processo tem um tempo.

Sempre gosto de usar um exemplo: sente-se numa mesa com quatro pessoas. Coloque um objeto no meio e peça para cada uma descrever o que vê. Naquele momento, você vai entender que estão todos diante do mesmo objeto, mas cada um vê ou percebe de modo diferente.

Isso serve para tudo na vida! Aprendi isso rápido, e me ajudou muito! Nos momentos de intensidade é importante saber criar perspectivas, gerir as expectativas, ter sempre plano B, C, D e focar em solução e resultados.

Substituir intensidade por constância

E voltando na parte da intensidade…

Quando disse que não acreditava em mudanças bruscas e rápidas, disse por conta da velocidade, da força e intensidade que me levaram a me exceder nos erros. Isso me esgotou, e precisei passar dos meus limites físicos tantas vezes que só um milagre podia me salvar. E foi exatamente isso o que aconteceu.

Mas como o que aconteceu comigo é uma exceção, e não a regra, vou deixar um passo a passo do que faço quando identifico que vou chegar perto do limite. Tente:

- Reduzir a velocidade.
- Analisar diferentes perspectivas da trajetória e dos fatos.
- Identificar onde precisa melhorar.
- Identificar em que ou com que você está gastando tempo desnecessário.
- Trazer para perto quem tem os mesmos objetivos que você (e quem está contra evitar falar ou tentar mudar essas pessoas; apenas deixe o tempo agir).

Quem trabalha diariamente comigo sabe que tudo tem que ser de dentro para fora, seja um projeto, uma publicidade ou mesmo um *post* do Instagram. Isso, para mim, representa verdade.

A melhor resposta é aquela que não se dá

Quando iniciei o processo de sucessão, existia muita ansiedade por resultados, pressa para "mostrar trabalho", e com isso atropelei o tempo e os processos muitas vezes. As pessoas que me viram crescer conheciam uma versão minha que já não existia mais.

As expectativas esbarravam em conflitos de construção da identidade profissional, existiam dúvidas e questionamentos, além de críticas, fofocas e comparações.

O maior desafio é ouvir a intuição e a essência, deixando de lado os nossos egos, nossos medos, e confiar que não é necessário provar nada para os outros nem para nós mesmos.

Simplificando: entender que nem tudo é sobre você.

Cada vez que a vida me permitiu passar por processos de amadurecimento, me tornei uma versão diferente, e quem convive conosco nem sempre irá conseguir enxergar isso.

Meu conselho é: não bata de frente, não se vingue, não busque provar nada. Eu diria citar no mínimo 50 vezes em que o mundo deu voltas e trouxe a verdade e a justiça à tona.

Aprender a hora de ouvir, de falar e de ficar em silêncio

Agora quero contar alguns conflitos que "vira e mexe" voltam a acontecer, mesmo com a experiência que tenho agora, e todos eles têm a ver com comunicação.

Pelo fato de estar rodeada de pessoas, é comum ser alvo de críticas, fofocas e comparações. Dentro de um negócio ou qualquer relação, isso pode se tornar uma bomba silenciosa.

Muitos "amigos" e falsos aliados plantam sementes de discórdia que, no silêncio das dúvidas, se tornam sentimentos e inseguranças, gerando afastamento e desgaste.

Na empresa familiar, por exemplo, é muito comum não falarmos o que pensamos para não magoar o outro. Só que isso enche igual uma bola de assoprar, e quando estoura (porque sempre estoura), pessoal e profissional entram em conflito.

O desafio é focar nos acontecimentos e não nas pessoas. Subentender que o outro já sabe o que você sente e pensa é o maior erro que cometemos, então: fale para esclarecer, e escute para compreender. Escutar é sempre o mais desafiador, pois nos obriga a silenciar em nós mesmos o que não nos faz avançar e ouvir (de quem importa) novos pontos de vista e novas possibilidades.

E sobre as fofocas dos bastidores, aprendi a dizer: "Pera aí que vou ligar para entender o que ele disse". E, com comunicação clara, as respostas aos comentários como: "Seu pai não disse nada" ou o "Seu irmão talvez não tenha falado assim" encerram as sementinhas da discórdia.

Teoria + prática

Quando entendi que meu objetivo é dar continuidade a uma história de credibilidade e que tudo estava baseado em relações, percebi que não precisava ser aquela fera indomável.

O que precisava era utilizar os potenciais teóricos que tinha, compartilhando as experiências e perspectivas entre mim e meu pai e aproveitando toda a bagagem prática que ele possuía.

Foi a virada de chave! Sustentar os valores e agregar técnica.

Estamos ajustando dia após dia as nossas percepções e buscando respeitar as individualidades de cada um. Ainda é desafiador, mas se tornou tudo mais orgânico e natural.

Ser quem você é

Acho que a verdadeira mudança aconteceu quando tive coragem de ser eu mesma, assumir minhas limitações e compreender meus pontos fortes.

Foi quando me permiti ser vulnerável e estar aqui falando dos meus próprios erros e do que aprendi com eles.

Sustentar o tempo inteiro a "guerreira", a "arretada", "a mulher mais forte que conheço" muitas vezes me fechou para novos aprendizados. E fiz isso por muito tempo. Hoje sou o que me cabe ser, equilibrando a força com sabedoria, os medos com aprendizados e sempre sendo de verdade e por inteiro; e pedindo ajuda, porque, como sempre digo: "Uma andorinha voando sozinha não faz verão".

Tornei-me a dona da porra toda quando me tornei dona das minhas próprias escolhas, sejam elas usar botas coloridas, blusas com frases sugestivas para reuniões de estratégia trimestral ou me sentar numa mesa repleta de homens e perceber que estou ali porque quero, porque meus talentos e capacidades me fizeram conquistar meu espaço, porque exibir minha personalidade é minha maior força.

Mas principalmente eu sou a dona da porra toda porque eu sou a continuidade de uma história de credibilidade, superação e dedicação.

23

OS DESAFIOS DA MULHER CONTEMPORÂNEA

Neste capítulo, a leitora conhecerá padrões de comportamento associados a arquétipos que habitam o seu inconsciente e criam conflitos na gestão das diversas personagens que vivem em seu mundo interior. Para um gerenciamento saudável da própria vida, se faz necessário encontrar um equilíbrio entre a necessidade de estar no mundo e a necessidade de estar em contato consigo mesma.

PATRICIA CUOCOLO

Patricia Cuocolo

Contatos
mulheresdespertas@gmail.com
Instagram: @mulheresdespertas
YouTube: Patricia Cuocolo
11 99449 7910

É psicóloga (PUC-SP) com mais de 25 anos de experiência na área de saúde mental e desenvolvimento humano. Especializou-se em psicologia feminina a partir da abordagem da Psicologia Junguiana. Sua pesquisa e foco está direcionada aos arquétipos e sua influência no comportamento da mulher contemporânea. É idealizadora do Mulheres Despertas, um movimento de transformação da consciência feminina que atua por meio de três pilares: autocuidado, autogestão e conexões. Realiza *talks*, palestras, *workshops* e retiros. Formada em Liderança Feminina por Sally Helgesen; facilitação de grupos pelo Núcleo Syntese; Aconselhamento de Carreira pela ABOP; Psicossíntese pelo Centro de Psicossíntese (Brasil e Itália); Antroposofia pela SBMA; Administração e Gestão de Negócios pelo Programa 10 mil Mulheres (FGV-SP). Mentora de carreira pelo Instituto Vasselo Goldoni (IVG) e Grupo Mulheres do Brasil.

Somos múltiplas, espiraladas e não lineares. E a nossa potência habita essa dimensão. Mas existe uma dinâmica psíquica em nós que nos coloca em uma limitação muito grande – e é inconsciente. A gente se enreda e não percebe.

Por mais de duas décadas, tenho ouvido mulheres em suas dores, buscas, desejos e conquistas. Muitas vezes, em nossas jornadas femininas, colocamo-nos em marcha para nos adaptarmos ao mundo, para corresponder a ele, mas nos prejudicamos psiquicamente para tentar manter essa persona impecável e seu ideal de perfeição.

A maioria de nós está, na maior parte do tempo, lutando sem parar em um mundo cheio de demandas incessantes, tentando provar que damos conta de tudo perfeitamente, sem deixar nenhum "prato cair" (guerreira), ao mesmo tempo que queremos ser aceitas pelo mundo (menina), exatamente pelo mesmo motivo.

Na minha visão, o maior desafio da mulher na atualidade é curar o seu eixo menina/guerreira. Muitas de nós, em algum momento das nossas vidas, iremos sobrecompensar as feridas que a cultura patriarcal nos causou, nos dedicando 100% à mulher guerreira vivente dentro de nós. Esse padrão de comportamento precisou ser ativado por uma questão de sobrevivência, de saúde mental, pois dentro do modelo patriarcal a mulher é sempre inferiorizada, controlada, manipulada, objetificada. Nesse modelo, a mulher é impedida de ter uma identidade própria, de manifestar os seus desejos e sonhos. É coagida a viver na invisibilidade, a acreditar que é fraca, frágil, submissa.

Já pensou como uma mulher se torna poderosa quando sabe quem ela é, quais são seus ideais, desejos e sonhos? Isso era considerado extremamente perigoso aos olhos do patriarcado, pois eles desejavam a soberania masculina acima de tudo. Assim, então, nossa expressão durante milênios foi tolhida e, com ela, o nosso poder. Não pudemos enxergar e reconhecer a nós mesmas, fomos impelidas a nos perceber através daquele espelho corrompido, que impedia o espelhamento da nossa verdadeira identidade.

Ficamos divididas e desapropriadas de nós mesmas e carregamos esse registro de dor. Essa é a história de todas nós e de nossas antepassadas.

Quem é a guerreira em nós?

A guerreira é aquela que é capaz de desbravar; que luta para conquistar sua independência financeira e emocional; que encontrou sua força, sua coragem; que sabe usar o arco, a flecha e a espada quando necessário.

Ativar a nossa face guerreira tem relação com esse anseio por libertação. A espada e a armadura nos permitem lutar por nossos direitos, sejam eles quais forem. E essa é a luta feminista por equidade social, econômica e política. A nossa faceta guerreira nos apoia nessa dimensão.

"Mas Pat, eu não me considero feminista!". Está tudo bem também, mas a pergunta que fica é: se o feminismo é a luta por direitos, o que faz você se submeter a um sistema em que, de acordo com dados do Instituto Brasileiro de Geografia e Estatística (IBGE), as mulheres recebem 20,2% a menos que os homens? Esse número aumenta muito quando a mulher é negra. Acredito que só por esse indicador já vale a reflexão, não é?

Bem, seguimos!

Mas como a guerreira se torna ferida?

Desde muito cedo iniciamos a nossa vida assim, procurando provar o nosso valor de todas as maneiras, sacrificando-nos de todas as formas possíveis para provar que somos capazes, tentando e (conseguindo) equilibrar todos os pratinhos com um custo altíssimo que é o da nossa saúde mental. Como você já deve ter percebido, essa conta não fecha.

Se, ao longo da vida, nos identificamos somente com esse aspecto da guerreira, que usa a espada para provar seu valor e a armadura para se defender, podemos nos tornar duras, rígidas e controladoras demais, transferindo esse comportamento para nossos relacionamentos e, consequentemente, nos distanciando de nossos afetos. Acabamos por reproduzir um comportamento masculino negativo, passando a atuar a partir dele por meio do poder autoritário sobre o outro, rompendo muitas vezes com o lado feminino sadio que é representado por qualidades como intuição, empatia, conexão, capacidade de síntese, movimentos cíclicos, entre outras.

Basta olharmos para a natureza. Ela é só verão? Ela é só inverno, outono ou primavera? Não! A natureza precisa se recolher (outono/inverno) para se refazer, para se fortalecer, para guardar energia para a primavera/verão.

Precisa fazer reserva de energia. Não pode estar o tempo inteiro frutificando. Precisamos passar pelos períodos de morte e transformação. Precisamos deixar cair nossos frutos amadurecidos na terra para que novas sementes possam ser geradas. Precisamos fertilizá-la com a nossa própria seiva. E uma sociedade sem seiva é uma sociedade seca, vazia; que suga a energia do outro porque é incapaz de parar, de olhar para si, de se centrar, de escutar o que é verdadeiro, de gerar a partir de seus próprios recursos. Essas são capacidades femininas, dentro do homem, da mulher e de todos os gêneros.

É bom esclarecer aqui que, dentro de uma perspectiva da psicologia junguiana, tanto o feminino quanto o masculino são forças dentro de nós, forças que habitam o nosso mundo interior e podem se manifestar no exterior, nas relações, por meio da polaridade positiva ou negativa. Elas não têm ligação com gênero.

Quem é a menina em nós?

Na outra polaridade, as mulheres que não ativaram o arquétipo da guerreira correm o risco de se manterem meninas eternamente (*puella*), projetando o seu poder em outra pessoa, permanecendo "carentes" e exigindo muita atenção do parceiro e das relações, atuando a partir do feminino negativo.

A faceta da menina na mulher adulta se manifesta principalmente na obsessão em agradar ao outro na expectativa de ser reconhecida.

As duas, a menina e a guerreira, estão feridas em nós. Então, se a mulher não escolher despertar, ela corre o risco de oscilar a vida toda entre a menina – carente e frágil, que quer atenção de todos o tempo todo – e a guerreira – de armadura, eficiente, mas distante e fria, sem capacidade de fazer e manter conexões.

Algumas reflexões têm me acompanhado ao longo desses anos:

1. Como saímos da invisibilidade imposta por uma cultura patriarcal para o lugar de protagonismo?
2. Como podemos enxergar e reconhecer os recursos e habilidades que já temos desenvolvidos dentro de nós mesmas?
3. Como podemos nos mover nas várias dimensões do feminino que nos habita, garantindo a sua autoexpressão?
4. Como podemos acolher as nossas vulnerabilidades sem cairmos na armadilha da narrativa da fragilidade?

Responder a essas perguntas faz parte do fundamento da transformação genuína que nos permite assumir novamente o nosso lugar de protagonistas!

Sim, ao longo da história, muito antes do patriarcado tomar o poder, nós caminhávamos por essa terra apropriadas de nós mesmas, livres e autônomas, até a entrada da cultura patriarcal que nos quis silenciosas e fora da arena das decisões.

A revolução feminina se traduz em quatro palavras que ilustram as necessidades reveladas nas reflexões acima: visibilidade, reconhecimento, expressão e acolhimento.

Mas existe um tema que acredito ter abordado mais enfaticamente ao longo de toda a minha carreira – como psicóloga, palestrante e facilitadora de cursos, *workshops* e círculos femininos – que está no centro de todo esse enredo: o gerenciamento da necessidade de estar no mundo fazendo tudo o que precisamos fazer para que a nossa vida se estruture; e a necessidade de estar conosco mesmas, nutrindo nosso mundo interior.

Nossa sanidade mental é diretamente proporcional à capacidade de realizar uma gestão equilibrada das várias áreas da nossa vida, seja nos campos profissional, afetivo, familiar ou social.

Sabemos que conexões estabelecidas por mulheres abrem portas para muitas recuperarem a autoestima e o seu poder no mundo.

Precisamos urgentemente de uma nova mitologia para a mulher contemporânea, construída a partir de uma nova narrativa.

E como começa?

Na minha visão e experiência de 26 anos trabalhando com mulheres, começa com a nossa conexão nos círculos femininos!

E qual é o vetor que faz essa conexão?

A história de cada uma de nós.

Assim começa a história do Mulheres Despertas.

As mulheres que despertam nos círculos femininos

> [...] quando as mulheres se reúnem e fazem um compromisso umas com as outras para estar em um círculo, com um propósito espiritual, no sentido de união de suas almas, elas estão criando um vaso de cura e transformação de si mesmas, e sendo veículo para a mudança em seu mundo. Esses são os círculos de compaixão que podem tornar-se incubadoras de mudanças políticas, sociais e pessoais [...]
>
> JEAN SHINODA BOLEN

O Mulheres Despertas (MD) nasceu no ano de 2014, quando eu estava em um processo de separação de uma relação que durou 13 anos. Eu havia estado à frente de um espaço de desenvolvimento humano por 12 anos e desejava me separar desse ofício também. Criadas as raízes necessárias, planejei a minha mudança começando com uma viagem à Itália. Eu sabia que essa viagem representava a minha nova vida, a minha busca pela nova Patricia que eu já avistava. Fui fazer um curso na Comunità di Etica Vivente, em Perúgia, por duas semanas, depois fui ver a minha família italiana que mora em Roma e, por fim, fui até Assis – a cidade de São Francisco de Assis e Santa Clara – e foi lá que tive a visão que me levou ao meu maior projeto de vida.

O MD surgiu de um movimento inspirado no *O milionésimo círculo*, obra de Jean Shinoda Bolen (1999), que como ela mesma nos conta, quando estamos em um círculo de mulheres "criamos um *temenos*, que significa santuário em grego. Quando um círculo é um *temenos*, ele é um lugar seguro para falar a verdade sobre nossos sentimentos, percepções e experiências".

Um círculo é um local onde a mulher pode dar voz a sua essência, onde o espírito feminino sente-se livre para manifestar-se, proporcionando *insigths*, conexões com arquétipos interiores, despertando a intuição e visão ampliadas.

Eu já facilitava círculos femininos desde 2005, mas foi em 2014 que soube, a partir de uma clara visão, que desejava promover um movimento maior. Pois a cada experiência eu percebia que os vínculos afetivos entre mulheres se fortaleciam e os mecanismos de defesa para autoproteção se dissolviam. Fui observando que os círculos têm a capacidade de despertar a visão autêntica de si mesma, potencializar as verdades que carregamos, como também impulsionar-nos para criar modelos de vida mais condizentes com nossos desejos e necessidades.

Em seu centro invisível, habita uma fonte de energia compassiva e sábia, revelando as mais valiosas experiências dentro de um espaço confiável e protegido. Sentimo-nos aquecidas pelo fogo aceso por todas nós juntas, fogo esse que tem o poder de recuperar a nossa vitalidade perdida, diante de tantos afazeres e papéis atuados.

Em um círculo, eu sou vista. O olhar da outra pode retecer uma parte minha que estava desmembrada. Como a própria palavra sugere, estar em círculo facilita a livre circulação de emoções, sensações e percepções (circular = circula o ar = arejar = cuidar do lar interior).

Dentro de você, vivem muitas. Você sabia que, desde nossa tenra infância, nascemos com o arquétipo da guardiã que é a mulher sábia e desperta que vive dentro de nós? Teça a trama da sua vida com ela. Ela saberá guiar você, mas, para que isso aconteça, você precisa abrir espaço interior. Aprender a ouvir a sua intuição. É no intervalo que ela pode sussurrar no seu ouvido. Você não poderá ouvir esse chamado se estiver com a mente barulhenta, a mente do "tenho que". Você precisará fazer uma escolha. A escolha de encontrar a si mesma no intervalo da sua vida de afazeres. Deixe que ela possa revelar o que, hoje, você pode achar improvável: encontrar um amor, um trabalho que realize você, uma casa bacana para morar, ter um filho tão sonhado, viajar, fazer um trabalho voluntário, se dedicar à sua vida espiritual.

Lembre-se: você é muito importante para a teia da vida. E a vida só pode se expressar em você se houver espaço. Ninguém será responsável por criar essa condição. Essa responsabilidade é intransferível.

Comece por dentro. Você é a tecelã da sua vida. Teça. Desperte.

Referência

BOLEN, J. S. *O milionésimo círculo: como transformar a nós mesmas e ao mundo – um guia para círculos de mulheres*. São Paulo: TRIOM, 1999.

24

EMPREENDEDORISMO DIGITAL FEMININO

QUATRO PASSOS PARA VIRAR SUA CHAVE E ALCANÇAR O SUCESSO

Se você é uma empreendedora digital ou deseja se aventurar neste campo, este capítulo é para você. Embora os resultados não sejam instantâneos, se você está enfrentando dificuldades, isso pode ser um sinal de que está se sabotando e precisa mudar sua mentalidade. Afinal, o empreendedorismo digital é o melhor caminho para as mulheres alcançarem autonomia financeira e emocional.

PATRÍCIA MELLO

Patrícia Mello

Contatos
www.patriciamello.com.br
contato@patriciamello.com.br
Instagram: @eu.patriciamello
YouTube: @empreendersemtreta

Sou apaixonada pela liberdade e pelo autoconhecimento. Valorizo a autenticidade, o desafio, a contribuição, o crescimento e a diversão. Luto contra tudo o que me limita, principalmente internamente. Meu propósito é ser um canal para empoderar mulheres a alcançarem liberdade emocional e financeira por meio do empreendedorismo digital. Sou mentora de empreendedoras digitais, membro da equipe do Tony Robbins, *master coach* especialista em autossabotagem, palestrante e escritora. Assim consigo unir e transformar meus saberes e experiências em um negócio multipotencial. Por falar nisso, minhas certificações principais são: especialista em Inteligência Positiva (PQ Coach Program - Positive Intelligence), *master coach* criacional (*coaching* de vida e carreira - IGT International Coaching), *Life, Business* e *Leadership Mastery* (Tony Robbins Research International), administradora (Estácio de Sá), mestre, bacharel e licenciada em História (PPGHIS - UFRJ).

O empreendedorismo digital tem se mostrado uma grande oportunidade para as mulheres que desejam alcançar a independência financeira e a realização profissional. Isso vem totalmente alinhado com a quarta onda do feminismo, surgida no final da década de 2000, que trouxe à tona uma discussão importante sobre a igualdade de gênero no mundo do empreendedorismo. Nesse movimento, as mulheres lutam por espaços mais inclusivos, em que possam empreender com liberdade e sem preconceitos. E ainda lançam mão das redes sociais para expor questões que as afetam e promover debates que beneficiem a todas. No entanto, embora as perspectivas sejam promissoras, muitas mulheres ainda enfrentam medos e inseguranças por serem empreendedoras solo. O medo de não ser boa o suficiente, de fracassar, de ser criticada ou de se perder no caminho. Principalmente, o medo de não dar conta e de chegar à exaustão na demandante rotina empreendedora que se soma à rotina já existente do cuidar. Cuidar da casa, do marido, dos filhos, dos pais que perdem sua autonomia física, dos *pets*, das amigas e, se sobrar tempo ou o corpo gritar, cuidar de si mesmas, da saúde física, mental, emocional, intelectual e espiritual.

Como se já não fosse desafiador o suficiente ter que encarar os próprios medos enquanto se empreende, no mundo digital, ainda se deparam com algumas ilusões que podem tirar a força das mulheres e retroalimentar seus medos. Como a ilusão de que ter resultado no empreendedorismo digital é fácil e rápido.

O que fazer com o medo?

Empreender é autoconhecimento em movimento, e as redes sociais são um espelho para qualquer empreendedora. Posicionar-se no digital, expor-se e relacionar-se com outras pessoas para vender e escalar seu negócio inevitavelmente convoca você a olhar para suas sombras. Não caia na armadilha do perfeccionismo, que faz você criar uma imagem de empreendedora de sucesso como sendo aquela que acerta sempre, que colhe excelentes resultados em todas as suas ações e que não teme absolutamente nada. Essa empreendedora não existe.

Você não é a única a lidar com o medo. A cada novo degrau que subimos dentro do crescimento do nosso negócio, vamos experimentar o medo. E está tudo bem. Faz parte da nossa humanidade sentir medo. Ele tem a função primordial de nos proteger e de nos preparar para algo. Em vez de querer eliminar o medo ou de fingir que ele não existe, é muito mais eficiente encarar esse medo. Questione-se se esse medo é real ou irracional. Sei que, no seu corpo, as sensações são as mesmas, pois seu sistema nervoso simpático vai disparar o mecanismo de luta ou fuga. Seja diante de um medo autêntico, quando você está numa área violenta e sua vida está sob grave ameaça; seja no medo irracional de ser criticada, falar besteira, dar tudo errado ou não aparecer ninguém na sequência de *lives* no Instagram ou no YouTube para um lançamento digital.

Olhar para seus medos e ouvir o que eles querem contar a você é fundamental. É somente quando você traz seus medos para a luz da consciência – e se torna capaz de nomear cada um deles – que você consegue transcender e dançar com a Criação. Quando toma consciência dos seus medos você se torna livre, pois entende que a maior parte deles são irracionais ou foram aprendidos, projetados e reforçados dentro da sua mente desde a sua infância. Por já acompanharem você há muito tempo é que parecem tão fortes e reais, mesmo não o sendo.

Como Tony Robbins, meu mentor, diz: "A vida é uma dança entre o que você mais deseja e o que você mais teme". Portanto, se foi impulsionada a empreender no digital para alcançar liberdade financeira, ter tempo de qualidade para você e sua família, proporcionar-se experiências que antes pareciam sonhos distantes de serem realizados, você precisa assumir o compromisso consigo mesma de conhecer e acolher cada um dos seus medos. Caso contrário, eles serão a âncora que vai travar e impedi-la de alcançar seus objetivos, pois seus medos também irão acionar seus padrões de autossabotagem. Por mais doloroso que possa parecer ter que olhar para seus medos, suas sombras e seus padrões de autossabotagem, esse é o único caminho para que você possa se tornar o tipo de empreendedora que é capaz de realizar esses sonhos e desejos que tem dentro do seu coração. Não há outro caminho.

Rasgue o véu da ilusão

Sou uma apaixonada pelo empreendedorismo e pelo marketing digital. Olho para isso com positividade e excitação, pois é um campo extremamente próspero e acredito ser um dos melhores caminhos para mulheres alcançarem a autonomia financeira e emocional, uma vez que tenham transcendido seus medos e padrões de autossabotagem, claro. No entanto, também sou consciente quanto às ilusões que o marketing digital pode criar na cabeça de quem está entrando nesse jogo.

É comum as pessoas acreditarem que basta transformar o perfil do Instagram de pessoal para profissional, postar conteúdo todos os dias, seguir *trends*, criar um site e colocar os produtos e serviços lá, e pronto! Os clientes irão aparecer e o negócio prosperará. Isso tudo fez muito sentido nos anos iniciais do empreendedorismo digital, mas hoje, no mundo pós-pandêmico, não mais.

Obviamente, se comparado a negócios físicos tradicionais, um negócio digital pode sim trazer resultado financeiro de modo mais rápido e mais fácil. Isso porque o marketing digital traz uma democratização dos anúncios, por exemplo, e tem um potencial de escala muito maior com custo de infraestrutura mais reduzido, já que você pode operar tudo de casa e não precisa de estoque nem vender a sua hora de trabalho. Mas isso não quer dizer que não exige trabalho, esforço, dedicação, constante atualização e desenvolvimento de habilidades como comunicação e vendas. Portanto, para ter sucesso no empreendedorismo digital, além de ser necessário encarar seus medos, também é preciso encarar suas ilusões. Em quais aspectos você foi seduzida pelo canto da sereia? O que você está enxergando de uma forma mais infantil e romantizada e precisa encarar de maneira mais madura e com os pés no chão para ser bem-sucedida?

A verdade é que dar certo no digital não é algo que acontece da noite para o dia. Porque, para além do domínio de ferramentas e tecnologias, você vai precisar estar constantemente trabalhando a clareza sobre sua persona ou seu cliente ideal, refinar sua habilidade de comunicação, criar uma narrativa que conduza para a venda e desenvolver uma mentalidade de empreendedora e empresária. Quanto antes você abrir mão do perfeccionismo e se tornar capaz de prototipar (criar um mínimo produto viável, fazer uma oferta, vender, receber *feedback* e só então aprimorar o produto), melhor será. Ainda assim, isso não é garantia de um sucesso rápido.

Se entrou no digital com a ilusão de que isso pouparia você do desconforto de vender e se sentir rejeitada ao receber um não, está enganada. Até chegar no ponto de o seu marketing trazer o resultado financeiro que deseja, você vai precisar abordar muitas pessoas no 1 a 1, pedir indicação, fazer *networking* presencial, desenvolver diferentes produtos para diferentes momentos de compra, pesquisar o mercado, inovar em produtos ou entrega, avaliar no que é mais importante investir seu dinheiro, ouvir muitos nãos, errar bastante e até mesmo duvidar e se questionar se isso é realmente para você. E não se engane, isso também vai acontecer depois que seu marketing já estiver rodando direitinho.

O poder que é só seu

Apesar dos desafios, dos medos e das ilusões, o empreendedorismo digital é uma oportunidade única para as mulheres alcançarem a independência financeira e a realização do seu propósito. É uma das poucas alternativas para que trabalhem de qualquer lugar do mundo, tenham mais flexibilidade em relação ao tempo e tenham a possibilidade de criar um negócio próspero que esteja alinhado com seus valores e interesses.

Só que, para isso acontecer, é preciso fazer umas escolhas.

A escolha é construir um negócio digital com bases sólidas em vez de fingir que empreende sustentando um *hobby* extremamente caro e que rouba a sua liberdade, seu tempo, sua energia e sua autoestima. A escolha é usar as redes sociais como um meio e não como um fim. A escolha é ser uma produtora de conteúdo profissional e não uma eterna consumidora de conteúdo.

A escolha é se tornar uma *expert* em reconhecer e interromper seus padrões de autossabotagem, e criar novos padrões para substituir esses padrões enraizados e que já não servem mais a você. A escolha é se comprometer com o seu propósito e com as vidas que serão transformadas pelo seu negócio em vez de se limitar pelos seus medos. A escolha é liderar, influenciar e vender em vez de se encolher no medo.

A escolha é se comprometer com a sua visão de futuro atraente e renunciar a tudo aquilo que já não serve mais, inclusive partes suas. A escolha é sempre buscar autoconhecimento para transcender seus limites. Afinal, você é o limite do seu próprio negócio.

E não me refiro às escolhas meramente intelectuais ou escolhas que você faz no momento de empolgação por parecer a coisa certa. Estou falando de decisão. Aquela que atravessa todo o corpo e a alma. Aquela decisão que segue a etimologia da palavra de origem latina que vem de cisão, ou seja, de cortar.

Deixar no passado o que é do passado e criar uma identidade (conjunto de crenças e valores) de empreendedora e empresária antifrágil.

Como desenvolver a antifragilidade

Antifragilidade é um conceito criado pelo escritor e filósofo Nassim Nicholas Taleb em seu livro *Antifrágil: coisas que se beneficiam com o caos.* Em termos práticos, a antifragilidade pode ser aplicada a organizações, sistemas financeiros e até mesmo indivíduos. Ao adotar uma abordagem antifrágil, uma empreendedora pode se beneficiar de incertezas e perturbações, em vez de temê-las ou evitá-las.

E se tem algo incerto neste mundo é o empreendedorismo. Empreendedoras planejam e agem buscando previsibilidade para atingir seus objetivos, mas sabem que o resultado final não pode ser controlado. Principalmente no empreendedorismo digital com as constantes atualizações de algoritmo, mudança no comportamento dos usuários, das redes sociais e desenvolvimento de inteligência artificial que podem colocar em risco ou tornar obsoletas algumas especialidades.

Uma empreendedora digital que desenvolve sua antifragilidade, portanto, pode se beneficiar com os avanços da inteligência artificial ao invés de temê-la. Pode, inclusive, olhar para isso com curiosidade e inovar, sendo uma das primeiras em seu nicho a utilizar a inteligência artificial, ganhando velocidade, escala, diferenciação, tornando-se mais produtiva e eficiente ao empregar sua energia nas áreas estratégicas de seu negócio que não podem ser delegadas ou automatizadas.

As empreendedoras antifrágeis são as que possuem o maior potencial de sucesso, pois, como Peter Druker, o pai da administração moderna, dizia, "negócios possuem duas funções básicas: marketing e inovação". A empreendedora que possui esse *mindset*, sem dúvida, terá um resultado bastante diferente da empreendedora que tem medo das mudanças e da inteligência artificial por exemplo. É preciso dedicar uma parte do seu tempo para entender o que está acontecendo no mercado digital e o quanto esse avanço, por mais que traga um caos temporário, pode ser a solução de muitos de seus problemas, como a falta de tempo para dar conta de fazer tudo sozinha, a falta de dinheiro para montar uma equipe, a falta de ideia para produzir conteúdo e produtos, a demora em responder clientes atuais ou potenciais.

É por isso que costumo dizer que, cada vez que uma empreendedora renuncia ao medo, um pequeno milagre acontece na sua vida e no seu negócio.

E sim, somos livres para decidir o que vamos implantar no nosso negócio, com base em nossos valores, para determinar a velocidade de crescimento da nossa empresa, para escolher o momento em que vamos, finalmente, encarar nossos medos e nos desfazer das nossas ilusões. Somos livres para fazer nossas escolhas, mas não podemos esperar colher no futuro aquilo que não estamos plantando no presente, no exato momento em que o futuro está sendo cocriado.

Referências

CHAMINE, S. *Inteligência positiva: por que só 20% das equipes e dos indivíduos alcançam seu verdadeiro potencial e como você pode alcançar o seu.* Rio de Janeiro: Objetiva, 2013.

MELLO, P. Como se sentir dona da p**** toda todos os dias. *In*: SERFIM, J. As *donas da p**** toda: celebration*. São Paulo: Literare Books International, 2022.

MELLO, P. Estratégias para vencer os principais bloqueios que o impedem de viver do seu propósito. *In*: SITA, M. (coord.). *Coletânea bienal: memórias, histórias e estratégias capazes de revolucionar vidas.* São Paulo: Literare Books International, 2022.

MELLO, P. Nem procrastinação nem preguiça: o que realmente o impede de ter constância nas ações? *In*: SANCHES, S.; KOBAL, F. (coord.). *Todo mundo merece um coach: desperte sua melhor versão e transforme autoconhecimento em resultados.* São Paulo: Literare Books International, 2021.

O'CONNOR, J. *Liberte-se dos medos: superando a ansiedade e vivendo sem preocupações.* Rio de Janeiro: Qualitymark, 2007.

ROBBINS, T. *Poder sem limites: a nova ciência do poder pessoal.* 41. ed. Rio de Janeiro: BestSeller, 2020.

TALEB, N. N. *Antifrágil: coisas que se beneficiam com o caos.* Rio de Janeiro: Best Business, 2014.

25

SOMOS DO TAMANHO DOS NOSSOS SONHOS

Você conhece aquela máxima: "Você é do tamanho dos seus sonhos"? Fui desafiada por Deus ao me dar uma altura de 1,81 m para que os meus sonhos fossem grandes o suficiente, e assim eu desenvolvesse atitudes como determinação e persistência. Gostei do desafio, pois ninguém quer que a sua vida profissional seja limitada. Afinal, a vida é curta demais para ser pequena!

PAULA ESTEVES

Paula Esteves

Contatos
www.worklover.com.br
www.ocodigodoempreendedor.com.br
marketing@paulaesteves.com.br
Instagram: @paulaesteves.oficial
YouTube: @paulaesteves541

Empresária experiente, atuando na área há mais de 20 anos. Consolidou seu conhecimento em diversas consultorias nacionais e internacionais, assim como FGV Projetos e Kroll Investigations. Após vender suas empresas em 2019, que já somavam um faturamento total superior a 50 milhões de reais, dedica-se inteiramente a projetos voltados para a profissionalização do empreendedorismo no Brasil. Atualmente, Paula é CEO da WorkLover®, empresa que possui um método próprio que ajuda pequenos empreendedores a transformarem seus sonhos em negócios de sucesso. Baseada em sua vasta experiência no empreendedorismo real, consultorias e vida acadêmica, ela identificou um padrão de erros e dúvidas comuns dos empreendedores e desenvolveu um método estruturado e prático que orienta o passo a passo para começar e gerir um negócio. Esse método tem como objetivo reduzir a taxa de mortalidade das micro e pequenas empresas no primeiro ano de vida. Além disso, Paula lançou recentemente um livro chamado *O código do empreendedor,* que é uma fonte de inspiração e orientação para todos aqueles que desejam empreender. Com o surgimento da pandemia, ela começou a ajudar pequenos empreendedores a recuperarem seus negócios e novos empreendedores a começarem do zero com segurança e solidez, levando em consideração o grande número de pessoas desempregadas que tiveram como única alternativa empreender por necessidade. O projeto tem crescido exponencialmente e a sociedade como um todo se beneficia desse trabalho. Paula é uma líder inspiradora e referência para muitos empreendedores em todo o mundo.

Desde muito nova, interessei-me pelo mundo dos negócios e da inovação. Vendia tudo o que podia. Já fiz chupe-chupe, ou o famoso "geladinho", lanchonete no salão de festas do prédio, vitrine viva nas lojas do centro da cidade, vendi sapatos, serviços de estética; e constantemente buscava novas ideias e oportunidades para empreender. Filha e neta de prático de navio[1], cresci envolvida em um ambiente familiar em que o mar se tornou uma grande paixão e é parte integrante de nossas vidas. Sou irmã mais velha de dois seres humanos incríveis, que, por sinal, são gêmeos, com apenas um ano e quatro meses de diferença. Sendo a única mulher, tentei me unir aos meus irmãos como eles eram entre si, até tentando me considerar "trigêmea".

Certa vez, para me sentir ainda mais conectada e pertencente aos meus irmãos, decidi dar metade do meu guarda-roupa para Olga, que na época estava iniciando sua história na minha família, ajudando minha mãe a cuidar de mim e dos meus irmãos. Foi engraçado, pois um dia ela chegou em seu quarto e estava vazio. Creio que ela chegou a pensar que havia sido dispensada. Mas, na verdade, eu havia colocado toda a roupa dela no meu quarto para que pudéssemos, de alguma forma, nos tornar irmãs gêmeas.

Durante toda a minha vida, fui uma pessoa muito intensa e, em meio a todas as minhas emoções, um medo sempre me acompanhou: o medo de me perder de mim mesma. Não era o medo da morte ou de falar em público, mas, sim, o medo de não saber quem eu realmente era, de viver sob o reflexo do que os outros falavam de mim. Passei boa parte da minha vida assim, sem saber quem eu era, buscando a validação dos outros para me sentir completa, sempre me sentindo insuficiente, mesmo sabendo muito. Foi uma luta constante, um peso que carreguei nas minhas costas e que me deixou exausta.

---

1 Prático de navio: profissional responsável por orientar o capitão e a tripulação durante a navegação, garantindo a segurança da embarcação e a eficiência na condução da viagem.

Sempre sonhei com coisas grandiosas, reconhecimento e respeito. Afinal, como meu pai sabiamente me ensinou, prefiro que me respeitem do que gostem de mim.

Uma das faculdades que prestei, dentre várias outras, foi a de turismo. Tenho muitas memórias de momentos extraordinários com meus pais, viajávamos muito em excursões. Mas o que realmente me atraía não eram as viagens, e sim observar a atuação do guia turístico. Acredito que isso já era indício do prazer que tenho em ajudar pessoas e compartilhar conhecimento. Observar o guia falando lá na frente com o microfone, dando informações, me encantava.

Ao contrário dos meus irmãos, que seguiram a profissão do meu pai e avô materno, eu não tinha uma referência clara do que gostaria de fazer. Minha mãe sempre apoiou a trajetória do meu pai e foi o esteio da família. Apesar de ser uma artista de mão cheia, nunca explorou comercialmente seu dom; ela não podia ter compromissos, pois precisava estar disponível para acompanhar o meu pai. Assim, a minha referência profissional acabou sendo a paterna, embora eu tenha notado sinais de afinidade pelo mundo dos negócios – na minha família não havia empresários.

Sempre admirei a profissão de prático e via meu pai como um exemplo de sucesso. Ele assumiu primeiramente a profissão no Porto de São Sebastião e depois no de Santos, atuando também como presidente do Conselho Nacional de Praticagem do Brasil (CONAPRA), e realizou inúmeras melhorias para a profissão. Sua dedicação e trabalho foram tão notáveis que ele foi indicado para ocupar uma importante cadeira da IMO (International Maritime Organization) na ONU, para ajudar a repensar modelos de atuação na preservação do meio ambiente e vida marítima.

Mesmo não sendo empresário, ele sempre empreendia em tudo o que se propunha a fazer e tinha sucesso nos seus feitos, o que hoje denominamos de intraempreendedorismo. Aprendi muito sobre gestão e articulação estratégica observando-o. Ele sempre tinha horários bem definidos, trabalhava por escala e era muito responsável. Como os navios não tinham hora para chegar, ele perdeu alguns natais e réveillons, mas, em contrapartida, existia uma grande flexibilidade de agenda e a fonte de renda provia uma vida confortável. Além disso, em qualquer lugar que chegasse e dissesse que era prático de navio, as pessoas voltavam seus olhos com interesse e curiosidade, logo o respeitavam, paravam para ouvi-lo falar. Essa era a minha referência de profissão e sucesso: ser dona da minha agenda, ganhar muito bem e ser extremamente respeitada.

Nesse tempo, ainda não tinha sonhado em ser prática de navio, mas alguns questionamentos brotavam em minha mente com receio do que poderia surgir no futuro: seus irmãos fizeram, por que eu não fiz? Isso me angustiava, já que vivia sob o reflexo do que falavam que eu era e, consequentemente, do reconhecimento e validação das pessoas. Como eu não sabia o que eu era ou seria, na busca frenética por "caber" em algum lugar, minha identidade era totalmente distorcida, permitindo-me ser comparada e estereotipada a todo momento, uma vez que eu me considerar boa em algo dependia daquilo que falavam sobre mim. Camila Vieira diz que "o sentimento de pertencimento ao longo da vida produz um senso de segurança, que é fundamental para a formação das crenças não só de identidade, como também de merecimento, ao qual a intensidade e o número de repetições das experiências negativas vividas produzirão uma percepção distorcida da sua crença de identidade".

Pensar em praticar não era possível, pois era uma profissão que não permitia atuação feminina. Só houve abertura quando eu já havia terminado a faculdade. Como todos os que nasceram nos anos 1980 ou anteriormente, fui criada com ansiedade, cuja máxima era: "O que você escolher agora vai determinar o que será para o resto da sua vida, então escolha bem!". Dessa forma, entre os 16 e 17 anos, tínhamos que escolher o que seríamos para o resto de nossas vidas.

Para melhor compreensão das minhas escolhas futuras, irei fazer uma pequena retrospectiva, reforço que não considerarei a ordem cronológica dos fatos.

Com o tempo, minha paixão pela escrita foi crescendo, e comecei a escrever cada vez mais. Na escola, eu me esforçava para produzir textos criativos e interessantes. Foi nessa época que descobri que a escrita poderia ser uma forma de expressão poderosa, usada para transmitir ideias e mensagens de uma maneira única e mágica.

Mais tarde, na faculdade, tive a oportunidade de me aprofundar ainda mais na escrita acadêmica, escrevendo trabalhos de pesquisa e monografias. Foi um período desafiador, mas também muito gratificante, pois aprendi muito sobre como organizar ideias e informações de maneira clara e concisa.

E por falar em faculdade, iniciei minha trajetória acadêmica como aluna de Jornalismo na Universidade Santa Cecília; porém, ao final do primeiro ano, decidi mudar para Publicidade, já que tínhamos que escolher qual profissão aderir para o resto da vida. Como disse anteriormente, prestei vestibular para diversos cursos, sendo eles: Publicidade, Jornalismo, Turismo, Psicologia e Relações Internacionais. E todos tinham um verdadeiro porquê.

Antes da faculdade, fiz um intercâmbio na Inglaterra. Sempre fui do mundo e desejava realmente estar na academia. Fazer a diferença e agregar valor na vida das pessoas era de grande importância para mim. Nesse intercâmbio, consegui meu certificado de proficiência na língua inglesa na Universidade de Cambridge. Também fiz MBA em Marketing, com ênfase em gestão de pessoas na ESPM, que até então era considerada a referência para executivos da área. Foi nessa etapa que descobri meu amor pela matemática, mesmo sendo uma pessoa de humanas, percebi que era apaixonada pelos números.

Uma história que gosto de contar é como meu marco inicial no empreendedorismo aconteceu aos seis anos de idade, numa manhã de domingo, ao passar no semáforo da casa de minha avó materna, no canal 5 em Santos. Eu vi um deficiente visual pedindo dinheiro com uma caixinha de sapato embrulhada para presente, onde ele colocava o dinheiro arrecadado em prol do Lar das Moças Cegas, em Santos. Esse instante marcou o início de minha trajetória empreendedora; naquele momento, vi uma oportunidade de negócio para ganhar meu primeiro dinheirinho. Logo, corri para a casa de minha avó, subi as escadas, peguei uma caixa de sapato vazia, pedi para a cozinheira de minha avó embrulhá-la e chamei minha prima de quatro anos para me acompanhar nesse desafio. É importante sinalizar que assistíamos muito ao Xou da Xuxa, e a música do momento era o *Abecedário da Xuxa*. Pensei inocentemente: vamos fazer o mesmo que o senhor do semáforo, utilizando a linguagem de sinais que aprendemos na música? Desafio aceito, criamos a narrativa para captação do dinheiro, considerando a doação para uma casa de caridade (Congregação Santista de Surdos). Vó Arlete nos levou até lá para que pudéssemos fazer a entrega. Apesar de não ter adquirido meu primeiro dinheiro, aprendemos de maneira lúdica a importância de criar narrativas consistentes, estratégias para captação de recursos e identificar oportunidades de negócios baseados na concorrência.

Como podem perceber, o empreendedorismo estava enraizado em mim desde a infância, apenas foi difícil assumi-lo, pois não fazia ideia de que havia nascido numa família inspiradora, mas sem norte para minha vocação. Eu sempre soube apenas que tinha que ser grande.

Foi por isso que, no terceiro ano da faculdade de Publicidade, tive a ideia de fazer meu trabalho de conclusão de curso (TCC) sobre um novo modelo de mídia. Numa das minhas frequentes visitas ao Amarelinho, um barzinho muito frequentado pela minha turma universitária, notei na porta do banheiro inúmeros recadinhos de amor escritos com erros de ortografia, também conhecidos como "branquinhos" – além de números de telefone e uma diversidade de registros que não cabe aqui comentar. Eu sempre procurava me atualizar se havia alguma novidade ali. Um dia, me peguei pensando: porque não colocavam as marcas de cerveja ali dentro, com quadros bonitos, em vez de faixas de diversas marcas pelo bar inteiro. Quem fizesse isso, colocando no banheiro masculino, acima do mictório, uma daquelas modelos de anúncio de cerveja, convidando o rapaz em seu momento indiscreto a tomar a sua marca, certamente se destacaria e venderia mais. E assim nasceu a WC DOOR, minha primeira empresa, diretamente do banheiro do barzinho ao lado da faculdade, que acabou por se tornar o melhor TCC daquela turma. Essa empresa não me rendeu bons frutos financeiros, mas certamente muita experiência. No entanto, eu me sentia fracassada e ainda não havia compreendido meu legado. Continuei tentando me encaixar em empresas multinacionais, nas quais sempre fui rejeitada por não possuir o perfil procurado. Hoje, sou extremamente grata por todos esses nãos que recebi.

Nessa busca incessante por "caber", comecei a apresentar um programa de TV na TV Brasil em Santos, retransmissora do SBT. Eu amava isso porque me conectava com a sensação de ser grande e reconhecida, mas não dava dinheiro como eu gostaria. Então, encarei a TV como um *hobby* e entrei num programa de intercâmbio de estudantes e recém-formados na Fundação Getulio Vargas para estagiar numa grande empresa internacional. Quando estava na última etapa para ir para a Índia, cruzei no elevador da Fundação com dois professores que falavam da criação da TV Brasil e eu, sempre ávida por me relacionar, indaguei aos docentes: "Como assim, criar a TV Brasil? Ela já existe, olhem aqui." Nesse momento, peguei a agenda da TV, que andava comigo. Surpresos com a coincidência, um deles me convidou para tomar um café na sala dos professores e, durante a conversa, ele viu em mim um perfil interessante para o projeto da criação da TV Pública, que, na época, era a fusão de dois canais para formar a TV do Governo, intitulada TV Brasil. Era um projeto sigiloso até então. Dias depois, meu telefone tocou perguntando pela dra. Paula, e foi assim que, do dia para a noite, virei uma jovem consultora da FGV Projetos. Pela pouca idade e por ser uma mulher chamativa, tive desafios quanto a minha credibilidade, mas logo no quarto dia do projeto foi me dada a oportunidade de provar minha competência técnica, e de lá para cá a vida veio tendo cada vez mais sentido.

Da FGV Projetos, atuei no corpo docente do mestrado profissional acadêmico da FGV, como professora assistente do renomado prof. André Urdan, quando conheci, entre meus alunos, um superintendente do Itaú Personnalité. Esse, por sua vez, me apresentou para seu diretor, que me contratou como consultora para um projeto inovador que foi tão bem-aceito que me convidaram a permanecer no banco como funcionária!

Finalmente, eu havia alcançado meu objetivo. Mas numa sexta-feira, pedi para tirarem uma foto na minha mesa em L, com várias mesas da equipe conectadas a mim, usando um terninho branco – como sempre sonhei – no prédio mais bonito do complexo Itaú, onde, inclusive, Roberto Setúbal trabalhava. Porém quando olhei a foto, vi uma pintura linda, porém vazia. Não era o meu sonho que estava sendo realizado, mas, sim, o sonho que eu achava que a minha família tinha para mim.

Mais uma vez perdida, saí do banco e fui trabalhar na transportadora fundada pelos meus irmãos. Foi quando eles começaram a passar nos concursos para prático. Quando cheguei, já havia aprendido muitas coisas e ajudei a estruturar a empresa. Passamos por uma grande crise econômica, na qual aprendi finanças na prática e consegui ajudar a salvar a empresa. Anos depois, vendemos a empresa e foi quando voltei para a FGV Projetos. Em um dos projetos, passando uma semana sim e outra não em Roraima, ainda não me sentia completa. Foi quando comecei a procurar franquias de estética, já que quando criança amava brincar com isso. Queria algo que me preenchesse. Já havia mudado o verbo "caber" para "preencher". Foi nessa busca que encontrei a Giolaser, franquia de depilação a laser e estética.

Quando conheci a franquia, me apaixonei e pensei: "É isso!". Montei a primeira unidade da rede, me tornei franqueada *master*, ajudei a construir todos os protocolos, processos e preços, além de treinar os novos franqueados e suas equipes. Por anos, fui muito feliz, mas comecei a me sentir limitada. Foi quando recebi uma excelente oferta e vendi minhas unidades em 2019. Logo após a venda, fiz uma cirurgia em que quase perdi a vida. Isso me fez repensar meus valores e propósito. Buscando me encontrar, comecei a escrever meu livro *O código do empreendedor* e a fazer mentorias para micro e pequenos empreendedores gratuitamente. Foi nesse movimento que descobri o verdadeiro propósito da minha existência. Criei a minha empresa, WorkLover, para pessoas apaixonadas pelo que fazem e, para poder escalar meu modelo de mentoria, construí o Método P. Um passo a passo para pequenos empresários construírem seus negócios do absoluto zero, com segurança e escalabilidade. Nele, o primeiro "P" dos 12 é o de Propósito. Hoje, o método funciona como um instrumento em instituições financeiras para educar os micro e pequenos empreendedores antes de receberem o crédito, com o objetivo de reduzir a taxa de mortalidade das empresas no primeiro ano.

Descobri que dar a oportunidade às pessoas de viverem seu propósito, fazendo do trabalho que amam a razão pela qual elas existem, é o meu legado. Toda essa experiência ensejou em uma docente, empresária, escritora, mas, acima de tudo, em uma pessoa realizada, que não cabe em lugar algum, pois compreende que o seu sonho é muito grande para simplesmente caber.

26

CONCILIANDO AMOR E NEGÓCIOS

A JORNADA ENCANTADORA DA MATERNIDADE EMPREENDEDORA

A jornada de conciliar maternidade e empreendedorismo é cheia de desafios e momentos adoráveis. Neste capítulo, exploro esse universo encantador onde o amor materno se mistura com a paixão empreendedora. Ao longo do capítulo, abordo a minha trajetória desde que decidi embarcar na dupla aventura de ser mãe e empreendedora. Em suma, convido você a ver como é possível semear seus sonhos e nutrir o amor em sua família enquanto cultiva seu negócio com dedicação e paixão.

PRISCILA SUSIN

Priscila Susin

Contatos
linktr.ee/altaperformancers
altaperformance19@gmail.com
Instagram: @priscilasusin / @altaperformancers
Facebook: @priscisusin / @altaperformancers
54 99976 5509

Priscila é mãe empreendedora, gaúcha e canceriana. Graduada em Administração e MBA Executivo em Negócios, é CEO da Alta Performance - Consultoria de Negócios. Apaixonada pela dinâmica dos negócios, acumulou mais de 20 anos de experiência em empresas de renome no Brasil, atuando em setores diversos, como energia elétrica, tecnologia da informação, ferramentas, móveis, plásticos, teleatendimento e serviços. Ao longo dos últimos 20 anos, enfrentou desafios cotidianos da gestão, liderando equipes em empresas com diferentes tamanhos e objetivos. Com uma abordagem focada na gestão de dados e cultura de mudanças, hoje, compartilha a mesa com seus clientes, imersa em suas realidades empresariais em todo o Brasil, buscando promover autonomia e encurtar o caminho entre o desejo e a concretização. Coautora do livro *As donas da p**** toda: celebration,* com o capítulo “Quem comanda é você. Seja protagonista da sua vida”.

Transformando sonhos em realidade: a mágica da virada de chave na vida empreendedora e pessoal

Ser mãe é desafiador: a vida muda, você muda e inicia uma nova versão de si mesma. Durante 38 anos da minha vida, eu sempre dizia que jamais teria filhos. Pensava: como vou trabalhar? E a carreira? E a academia? Realmente, era um caminho totalmente desconhecido.

Hoje, reconheço que só quem se torna mãe consegue ter empatia por outra mãe. É como dizia minha mãe, Rose Nunes: "Quando tu fores mãe, tu vais entender". Quando nos tornamos mães, nosso amor por nossas mães, se multiplica e nossa gratidão se torna infinita. Ao segurar nosso próprio filho nos braços, somos instantaneamente transportadas para o passado, revivendo todos os momentos em que nossa mãe esteve ao nosso lado. Sentimos um amor tão profundo e incondicional que entendemos, mais do que nunca, o quanto nossa própria mãe nos amou.

Um dia – por uma intervenção espiritual ou por intuição – resolvi ter um filho. Eu e meu esposo viajamos para o norte da Itália a fim de esquiar e resolvi que aquele era o momento de tentarmos ter um filho; mas no fundo eu ainda pensava: "não vou engravidar e a vida vai seguir assim: perfeita como ela é".

Era coordenadora comercial em uma distribuidora de ferragens, na qual fazia a gestão dos times de televendas, marketing e *e-commerce*. Quando voltei da viagem para a Europa, fui demitida.

Durante o tempo em que estive nessa empresa, meus gestores receberam grandes feitos da minha parte; sempre entreguei muito mais do que o esperado, transformei a cultura da empresa para uma cultura focada em resultados. Sempre estava à frente das tomadas de decisão. Porém, de repente, não estavam esperando mais nada. E, estranhamente, não me incomodei com isso.

Pouco mais de um mês depois, comecei a sentir pequenos enjoos; então, resolvi fazer o exame de farmácia e o resultado: negativo. Após algumas semanas, comecei a sentir cheiros muito fortes e algo estava diferente. Fiz novamente o exame de farmácia e o resultado: positivo; então, fiz o exame de sangue e ali estava a sementinha.

O interessante é que não fiquei apavorada, e logo comecei a decretar nas minhas meditações diárias os meus objetivos de gestação: parto normal; bebê saudável e perfeito; amamentação descomplicada e durante o tempo que fosse necessário; e corpo retornar o mais rápido possível.

A empresa que me demitiu arcou com multa, pois na ocasião da rescisão eu já era gestante (sem saber). Foi nesse momento que resolvi iniciar meu empreendimento, pois eu tinha o sonho de empreender; além disso, quem contrataria uma grávida? Então, iniciei meu negócio com a Victoria ainda na barriga.

A ideia da consultoria surgiu porque nas empresas em que trabalhei sempre tive uma "dor" de dono; pensar como dono, queria melhorar os processos e a cultura organizacional, desenvolver os líderes e os liderados, automatizar processos, criar controles registrando e quantificando tudo o que é feito e transformar tudo em dados para identificar gargalos e oportunidades de melhoria.

Assim surgiu a Alta Performance – Gestão de Projetos, uma empresa que atua em consultoria empresarial: construímos junto com o empreendedor a estratégia empresarial para incluir seu negócio no cenário atual e impulsionar seu crescimento. Somos especialistas em: processos, *data driven, customer experience,* gestão de executiva e *e-commerce.*

Ser consultora empresarial é como ser treinadora de esportistas de alta performance que devem manter o foco e a motivação constantemente e precisam estar sempre preparados para os riscos e imprevistos. Ter uma perspectiva do negócio como um todo é infalível para atingir resultados em médio e longo prazo, trazendo mudanças culturais e consequente melhoria nos resultados das empresas.

Onboarding encantador na maternidade e no empreendedorismo

Quando resolvemos empreender, enfrentamos diversos obstáculos e, em alguns momentos, pensamos em desistir, pois o trabalho é árduo; mas se persistimos, o resultado é gratificante. Ser mãe não é diferente, a mãe é um novo cargo em que você é promovida mesmo sem experiência alguma (no caso de primeiro filho); além disso, não existe *onboarding* ou manual de processos, pois cada mãe e cada bebê são únicos e têm suas próprias necessidades.

Tudo começa com a preparação para o grande dia com curso de gestante e livros que descrevem o que acontece em cada semana da gestação. Nas 38 semanas, contrações começaram e, nessa hora, pensei: "Agora é real". E finalmente, chega o momento crucial: o parto, em que a dor é demasiadamente intensa (a maior dor da vida) e você empurra o bebê para sair com todas as suas forças; trata-se de uma experiência sem igual.

Aconteceu tudo conforme previsto: parto normal e uma bebê perfeita e saudável. Logo que ela nasceu, a dor passou e olhei para o meu pedacinho, esquecendo-me de todo o desconforto. É uma mistura de amor, alívio e felicidade.

O puerpério é repleto de emoções e sentimentos. A amamentação foi desconfortável nas primeiras semanas, mas a Vic mamou até os dois anos. Duas semanas após ganhar a Vic, voltei para a academia; no entanto, é importante lembrar que cada mulher é única e é preciso seguir as recomendações médicas e esperar o tempo necessário antes de começar a se exercitar novamente.

A maternidade é uma das experiências mais enriquecedoras e desafiadoras que uma mulher pode ter em sua vida. E quando se trata de conciliar essa jornada com o mundo dos negócios, as dificuldades podem ser ainda maiores. Mas é possível, sim, ser mãe e empreendedora ao mesmo tempo.

Eu iniciei minha jornada de empreendedorismo durante a gestação da Vic. Após o nascimento dela, eu tinha duas recém-nascidas para dar atenção: a Victoria e a Alta Performance.

Como a empresa estava iniciando, tudo dependia de mim. Contar com uma rede de apoio sólida e ter claras minhas prioridades – minha família e meu negócio – foi o que me ajudou, pois assim conseguia ter uma rotina bem organizada. Agradeço muito em ter por perto os avós, que sempre são solícitos, e à Escola Reinado Infantil.

A família é o pilar mais importante da nossa vida, e todos os membros têm um papel essencial nessa estrutura. Foi fundamental contar com meu esposo, parceiro, melhor amigo, confidente e companheiro de aventuras. Quando nasce um filho, tudo muda na vida de um homem. Ele passa a ser pai e, com isso, seu papel na família se transforma e ganha novas dimensões.

A Vic tem um pai incrível, o Jonatan Poly Luiz é aquele paizão que ensina a filha a andar de bicicleta, de patinete, de skate; instalou cadeirinha em sua bicicleta a fim de levá-la para passear; ensina-a a utilizar ferramentas e fazer consertos de brinquedos; e a acompanha nos parquinhos. Ele garante a diversão na rotina e inventa brincadeiras malucas. Além de tudo, é exemplo de um homem gentil, que trata a mulher com respeito e amor.

O empreendedorismo e a maternidade são dois temas que podem parecer distintos à primeira vista. O primeiro está relacionado à criação e ao desenvolvimento de negócios, enquanto o segundo se refere à experiência de ser mãe. No entanto, cada vez mais mulheres têm buscado conciliar essas duas dimensões da vida, e o empreendedorismo tem sido uma opção para muitas mães que desejam ter mais flexibilidade e autonomia na gestão do tempo e das responsabilidades.

Mas ser mãe empreendedora também tem suas vantagens. A experiência com a gestão de negócios e de pessoas pode trazer habilidades e competências importantes para o mundo da maternidade, como:

- **Capacidade multitarefa:** executar demandas de trabalho e tarefas domésticas enquanto brinco com a Vic.
- **Habilidade de tomar decisões rápidas:** saber quando levar ao plantão se a criança sentir algum desconforto ou ficar febril; ou como agir com acessos de birra no supermercado.
- ***Troubleshooting:*** problema 1 – a Vic não quer colocar os tênis para sair de casa. Solução: "Quem chegar primeiro no elevador vai apertar o botão" – essa é infalível; Problema 2 – a Vic não quer ir para a escolinha e está dando um show de birra em casa. Solução: buscar rapidamente um argumento que desperte a atenção dela, como dia do brinquedo, meia-calça de arco-íris, ir no *muay thai* com a mamãe depois da escola com os unicórnios, ou ainda inventar alguma atividade.
- **Liderança, persuasão e negociação:** assim como um líder inspira e guia sua equipe, uma mãe assume o papel de líder, fornecendo direção e orientação para seu filho. A persuasão é essencial para convencer seus filhos a adotarem determinados comportamentos, como comer alimentos saudáveis ou fazer as tarefas de casa. Além disso, a negociação permite que a mãe encontre soluções que satisfaçam as necessidades de todos os membros da família.
- **Plano de contingência:** imprevistos acontecem quando se tem filhos, e é preciso ser capaz de adaptar-se às mudanças.
- **Criatividade:** para empreender é preciso encontrar soluções inovadoras para os problemas e desafios que surgem no dia a dia. Ser mãe estimula a criatividade, já que os filhos têm necessidades e interesses diversos que exigem adaptação e criação de novas formas de lidar com as situações.
- **Resiliência:** assim como empreender é uma jornada cheia de altos e baixos, os filhos crescem e passam por diferentes fases, e cada uma delas traz consigo novos desafios. Mães resilientes são capazes de ajustar suas abordagens e estratégias de acordo com as necessidades e características do filho.
- **Empatia:** aceitação incondicional do filho; independentemente de seus sentimentos, pensamentos ou comportamentos. Isso requer uma abertura

para sair de sua própria perspectiva e se colocar nos sapatos do filho, entendendo que cada criança é única e tem suas próprias experiências e reações.

Em resumo, conciliar maternidade e negócios pode ser desafiador, mas não é impossível. Com planejamento, flexibilidade e apoio, as mães empreendedoras podem alcançar sucesso em ambas as áreas e ainda contribuir para um mundo melhor.

Lidando com o coração: a doce jornada da culpa materna

Quando nasce um bebê, nasce uma mãe e nasce a culpa. E para ajudar, as mães também adquirem a habilidade de serem tolerantes para lidar com as opiniões inconvenientes e julgamentos sobre as suas condutas. Parece que todo mundo tem algo a dizer sobre como as mães deveriam agir e criar seus filhos.

Quando uma mulher anuncia que está grávida, é inevitável que ela ouça todo tipo de histórias trágicas que ocorreram com outras grávidas. Quando o bebê nasce, os palpites continuam, sobre amamentação, sono do bebê, deixar o bebê chorar para ele aprender a se virar sozinho – fora as pessoas que colocam a mão na criança sem autorização. A educação dos filhos é um assunto que gera muitas opiniões, como: sua filha é mimada ou mal-educada; você é muito rude ou muito permissiva; você não passa tempo suficiente com sua filha. Afinal, parece que todo mundo tem uma opinião sobre a maternidade, mesmo quem nunca passou por ela.

No entanto, é injusto rotular uma criança ou os pais sem conhecer a sua história ou contexto. Também é importante lembrar que as crianças estão em processo de aprendizagem e desenvolvimento cerebral e, muitas vezes, precisam de orientação e paciência para se comportarem de maneira adequada.

Uma grande dificuldade que as mães empreendedoras enfrentam é a falta de tempo. Afinal, cuidar dos filhos demanda uma atenção constante e muitas vezes imprevisível. Por isso, é importante gerenciar o seu tempo de modo eficiente, dividindo as tarefas diárias de maneira organizada e delegando responsabilidades sempre que possível.

Sistematizei minha rotina com base nos horários da Vic e fiz de tudo para dar certo. Foi bastante desafiador conciliar as coisas, principalmente pelo sentimento de culpa por não conseguir dar atenção a minha filha.

A culpa está sempre presente: quando demoro um pouco mais para buscar a Vic na escolinha, quando ela quer ficar mais na cama e tenho que agilizar o procedimento matinal para sair de casa no horário previsto ou quando vou na academia e penso que poderia estar esse tempo com ela. Imagine a culpa que senti quando a Vic começou a usar óculos com dois anos de idade.

Fluxo de processos da maternidade empreendedora: harmonizando rotinas

Cada família é única e pode encontrar sua própria maneira de organizar a rotina de acordo com suas necessidades e circunstâncias. A chave é encontrar um equilíbrio entre estrutura e flexibilidade, garantindo um ambiente harmonioso e amoroso para o crescimento e desenvolvimento saudável dos filhos.

Aprendi que ter uma rotina regrada e combinada, além de garantir um ambiente estável, previsível e seguro para a criança ajuda-a a se sentir confiante, pois ela sabe o que esperar ao longo do dia:

- Crie processos padronizados, definindo ordem e horário para tudo.
- Ensine responsabilidades e promova o senso de colaboração envolvendo a criança nas tarefas como arrumar os brinquedos.
- Organize tudo com antecedência: lanches, mochila, roupas extras, itens de higiene pessoal, garrafa de água etc.
- Todos os dias faça algo que recarregue suas energias, como tomar um café, ler um livro ou exercícios físicos. Isso ajuda a manter o equilíbrio emocional e a ser uma mãe mais presente e paciente.

Semeando sonhos e amor: o doce florescer da maternidade empreendedora

À medida que o empreendimento cresce, você percebe que está construindo algo não apenas para si mesma, mas também para seu filho e para a humanidade. Está criando um legado, mostrando ao mundo que é possível seguir os sonhos, alcançar metas e equilibrar o amor pela família com a paixão pelo trabalho. E assim, com amor, resiliência e determinação, a mãe empreendedora continua trilhando seu caminho, sabendo que está construindo um futuro brilhante, tanto para sua família quanto para seus sonhos empreendedores. E, no meio dessa jornada, ela encontra a magia de conciliar maternidade e empreendedorismo, provando que é possível ser uma mãe incrível e uma empreendedora de sucesso ao mesmo tempo.

27

IMAGINE ATÉ QUE SE TORNE REALIDADE

Como conquistar o relacionamento dos sonhos por meio da lei da atração. Como utilizei a lei da atração para encontrar a minha alma gêmea em 61 dias e me casar em cinco meses.

REBECA SIMÕES

Rebeca Simões

Contatos
rebecasimoesastrologa.com
rebecasimoesastrologa@gmail.com
Instagram: @rebecasimoesastrologa
61 99115 9945

Pedagoga pela UDF, Brasília/DF, 2023. Astróloga formada pela Escola de Astrologia de Brasília (2021). Graduanda em Psicologia pela UDF (2019). Formada pela Gaia Escola de Astrologia (São Paulo), 2020. Trabalha como astróloga realizando consultas individuais desde 2019.

Eu era uma mulher extremamente ferida. Após presenciar o término do casamento dos meus pais e ver todas as mulheres da minha família vivendo relacionamentos desestruturados, eu havia tomado uma decisão: nunca iria me casar.

Como amar poderia ser prazeroso? Eu não entendia como ter uma família feliz poderia ser o sonho de muitas mulheres. Casar-me e ter uma família era sinônimo de pesadelo. É chocante ouvir isso. Mas aquilo me doía tanto que eu concentrei todos os meus esforços na minha carreira durante anos.

Desde os 11 anos de idade eu estudava 12 horas por dia, a ponto de não ter tempo para me alimentar da forma correta. Sim, os estudos me trouxeram muitas vantagens, como a capacidade que hoje tenho para me tornar escritora, uma viagem pela Europa que ganhei como uma das melhores alunas da escola, medalhas... Mas dentro daquela menina inteligente, forte, educada e simpática existia uma ferida muito profunda.

Eu não aceitava o meu feminino.

Eu sentia que sempre precisava fazer tudo, agir, ser a melhor. Eu nunca recebi qualquer cobrança dos meus pais para estudar ou ter uma determinada atitude, eu mesma me cobrava.

Eu mergulhava tão fundo em meus estudos que chegava a transformar meus deveres escolares em "livros", conforme diziam meus professores. Uma tarefa de uma página era transformada em 20 folhas de caderno. Naqueles textos escritos, estavam não só o meu desejo incessante de aprender, mas minhas angústias, minhas emoções, que quase sempre eram racionalizadas ou descartadas.

Eu achava que, se demonstrasse minhas emoções, seria fraca. Eu tinha medo de depender de qualquer pessoa, principalmente de um homem. Como vivi entre mulheres dependentes – emocional e financeiramente – de homens, eu achava que amar um homem era o pior destino de uma mulher.

A primeira vez que namorei, eu tinha apenas 13 anos. A princípio, era o relacionamento perfeito. Eu havia perdoado meus pais e liberado espaço para o amor. Havia me preparado emocionalmente; meus pais e os pais desse rapaz autorizaram o relacionamento. Todos estavam felizes. No entanto, o motivo do término foi ele ser imaturo. A mãe dele pediu que finalizasse o relacionamento comigo (e eu só soube que a mãe dele havia feito esse pedido aos meus 24 anos, minha mãe me contou). Assim, a primeira vez que eu vivi o amor foi muito frustrante, tanto que, após o término, fiquei cinco anos consecutivos sem me relacionar.

Com 18 anos, eu saí de casa. Fui estudar no Rio de Janeiro, e me abri novamente para relacionamentos.

Tive algumas experiências amorosas, boas e ruins. Mas aos 21 anos eu entrei em uma relação tóxica, com o rapaz que foi o meu grande amor. Infelizmente, esse rapaz só queria se divertir e eu estava completamente iludida pensando que poderíamos ter um relacionamento sério.

Eu investi meus recursos financeiros para comprar presentes para ele e para a família dele; estava sempre disponível, era carinhosa, amável – inclusive me tornei a melhor amiga da mãe dele.

Sim, eu era uma mulher incrível, o meu único defeito era que: Eu não me amava. E por isso ele também não me valorizava. Eu tive que dar um basta. Falei com ele sobre relacionamento sério e ele simplesmente disse: "Eu quero que você siga sua vida".

Depois desse dia eu apaguei o número dele, agradeci a mãe dele e segui em diante. E para completar: deletei todas as amizades com parentes e amigos dele de todas as minhas redes sociais. Inclusive fotos com ele não tenho mais.

Mudei completamente. Emagreci 21 quilos, fiz diversos cursos de autoestima, comecei a praticar dança do ventre e pompoarismo. Eu havia decidido que iria assumir meu poder feminino.

Abri-me para ter um relacionamento saudável, para a possibilidade de ter filhos. E em 2021, eu também decidi que me casaria com um homem que trabalhasse com investimentos na Bolsa de Valores. Anotei as características que eu desejava em um homem e como eu queria vivenciar um relacionamento.

E comecei a realizar um movimento de cura e reconexão com meu feminino.

Foi em 2022, que utilizei, durante cinco meses, um arquétipo muito poderoso: o arquétipo da Imperatriz. Utilizei a Imperatriz junto com o arquétipo do Imperador, para equilibrar meu *yin-yang* e me auxiliar no aflorar da mulher poderosa que já existia em mim.

Em agosto de 2022 conheci a minha atual mentora e mestra, Elainne Ourives, e realizei a compra do primeiro curso. Nesse curso, chamado

Holococriação, o objetivo é limpar a mente, reprogramar, desbloquear e alcançar nossos sonhos. E realizando as meditações desde 13/08/22, no dia 12/10/22, 61 dias depois, eu conheci minha alma gêmea.

Começamos a namorar no dia 29/10/22, e nos casamos no dia 15/03/23, cinco meses depois. E temos o objetivo de ter cinco filhos juntos.

E sim, ele trabalha com investimentos na bolsa de valores e possui todas as características que eu escrevi no papel.

Você pode pensar que foi rápido demais, mas a verdade é que todas nós sabemos, mesmo que lá no fundo, quando vai dar certo ou não. Também sabemos se aquele homem realmente nos ama ou se apenas quer sexo.

Todos os dias eu sou tratada como uma imperatriz por um imperador, que é meu marido. Ele cuida de mim nos mínimos detalhes, me leva para jantar, me protege, me supre financeiramente, diz que me ama várias vezes por dia e valoriza cada pequeno gesto de amor que eu faço por ele. Além de que a nossa paixão e atração sexual é incrível. Ele inclusive disse para mim: "Se algum dia eu terminasse o relacionamento com você, eu não conseguiria amar mais ninguém, pois não iria encontrar uma mulher que atendesse às minhas expectativas como você; e que tem o caráter que você tem na sua idade (eu tenho 24 anos, e ele tem 26 anos)".

Com base em tudo o que eu aprendi, criei um grupo de mulheres, presencial e on-line, em que desenvolvemos a autoestima como chave para realização pessoal.

Depois que conquistei o relacionamento dos meus sonhos, decidi me formar como reprogramadora vibracional e ajudar mulheres a conquistarem seus sonhos por meio da lei da atração, além de trabalhar como astróloga. É incrível poder auxiliar mulheres a curarem feridas e conquistarem seus objetivos.

A mensagem que quero deixar é a seguinte: para tudo o que você deseja conquistar, visualize por meio da meditação como se aquilo já fosse real. Comporte-se como se já estivesse ocorrendo. E simplesmente vai acontecer.

Dois anos antes de me casar, comprei *lingeries* que usaria com meu marido. Passei a dormir numa cama de casal e arrumar a cama como se meu homem estivesse ali. E hoje eu vivo o relacionamento dos meus sonhos.

Referências

GRAY, J. *Muito além de marte e vênus.* Rio de Janeiro: Bicicleta Amarela, 2018.

HARVEY, S. *Comporte-se como uma dama, pense como um homem.* Rio de Janeiro: Ediouro, 2014.

OURIVES, E. *DNA da cocriação.* São Paulo: Gente, 2020.

28

MINHA MÃE NÃO ME ENSINOU A SER PRINCESA, ELA ME ENSINOU A SER HEROÍNA

Sempre fui sonhadora e busquei realizar coisas. Minha missão sempre foi ajudar outras mulheres a se sentirem realizadas e felizes. Descobri que empreender não deve ser solitário e que é importante criar pequenos movimentos dentro de pequenos ciclos em que estamos inseridas. Gerenciar emoções é um dos grandes desafios das mulheres. E, sobretudo, devemos ser protagonistas de nossas vidas.

ROBERTA DE ARAÚJO FRAGA

Roberta de Araújo Fraga

Contatos
femmebook.com.br
betafraga@hotmail.com
Instagram: @robertaafraga_
@femmebook_
@mentoriaclinicadigital
@maison74_
11 94012 4495

Especialista em Programação Neurolinguística, *master coach* e certificada no programa de qualidade Disney. É a criadora do *blog* feminino *FemmeBook*, no qual uniu outras mulheres para compartilhar experiências vividas como maneira de troca e aprendizado. Também é a criadora da Mentoria Digital, onde coordena mais de 30 grupos de mentoria e possui mais de 3 mil mentorados. Além disso, é responsável pela criação da Di Maison, uma clínica de estética e espaço para treinamentos e cursos voltados para o público feminino. Tem mais de 33 anos de experiência em empreendedorismo, gestão de pessoas, programas de liderança, vendas e sucesso do cliente; o foco sempre foi a excelência no atendimento e o acolhimento das pessoas.

Minha mãe não me ensinou a ser princesa, ela me ensinou a ser heroína. Quando criança, nunca fui vestida de princesa, nunca me foi ensinado afazeres domésticos e tampouco foi ensinado a cozinhar. A única coisa que minha mãe me falava era que eu tinha que sempre arrumar minha cama, porque essa era minha primeira obrigação do dia.

Uma mulher forte tem sempre gerações de mulheres fortes na família. Minha avó paterna era enfermeira, trabalhava ajudando outras pessoas. Havia se casado e se separado três vezes, havia sido uma das primeiras mulheres a ter um carro próprio no nome dela na cidade onde morava. Minha avó materna havia se casado por acordo familiar e teve cinco filhos, ficou viúva aos 24 anos. Quando se viu viúva, seu pai falou que ela poderia voltar para casa, mas apenas com a filha mais velha, os outros filhos deveriam ir para a casa de outros familiares. E, claro, ela ficou em outra cidade sozinha com os filhos. E esses foram os exemplos que eu tive.

Sempre fui uma sonhadora, desde muito pequena sempre me imaginava realizando coisas. Acredito que desde muito pequena eu usava a lei da atração ao meu favor. Nem tudo eram flores, mas sempre olhava para o copo meio cheio.

Eu sempre quis fazer a diferença na vida das pessoas. Desde muito pequena ia para a igreja, era a primeira a chegar para poder ajudar o padre; sonhava em ser freira, desisti desse sonho quando soube que não podia namorar. Risos (sempre gostei muito de namorar).

Desde muito nova, já comecei a empreender. E como me sentia sozinha empreendendo, queria mudar o mundo, mover outras mulheres para que elas se sentissem realizadas e felizes.

Nós, empreendedoras, temos uma chama que vem de dentro, fazemos pelo outro e para o outro, e nem sempre é fácil lutar sozinha e sonhar sozinha.

Nesse meu caminho de tropeços e descobertas, descobri que empreender não deve ser solitário, que devemos criar pequenos movimentos dentro de pequenos ciclos em que estamos inseridas.

Não importa o como fazemos e nem o que fazemos se pensamos no outro; se resolvemos dores estamos fazendo o bem. Porém temos que ter em mente que nem sempre sabemos as dores dos outros, muitas dores não são reveladas, muitas dores estão tão escondidas que nem a própria pessoa se lembra do que viveu.

Gerenciar emoção

Um dos grandes desafios é gerenciar as nossas emoções, porque a grande maioria das mulheres é emotiva.

O feminino é belo e às vezes frágil, mas precisamos ser frágeis? Cada uma tem sua história de vida e suas lutas – e só nós sabemos se choramos ou não no banho. Quantas vezes tivemos que nos diminuir para caber em algum lugar que nos foi imposto, quantas dores tivemos que esconder a fim de parecermos ser fortes. Quantas novas vidas foram criadas, imaginadas, ou até esquecidas e deixadas para trás.

Aprendi que não podemos guardar nossas emoções e sentimentos dentro de baús encaixotados. Devemos pôr para fora, porque nosso corpo fala e reclama; muitas frustrações e raivas que passamos vêm em forma de doenças.

Saber gerenciar nossa emoção, hoje mais do que nunca, se faz necessário. Aprender a falar e aprender a ter uma escuta ativa nos faz ter equilíbrio e deixa tudo mais leve.

Quando falo de gerenciar emoções sempre me vêm à cabeça minhas perdas, meus fracassos e meus tropeços que seguiram para outro plano (faleceram), padrinho, tios, meu irmão. Tive duas perdas que ainda hoje me abalam. Perdi um bebê com quatro meses e meio de gravidez. Como sou muito ligada ao lado espiritual e acredito e confio em Deus cegamente, agradeci por ter sido mãe de um anjinho; sabia que ele precisava ser amado e desejado, e isso ele foi muito. Perdi minha mãe, uma mulher forte, que me ensinou os principais valores da vida, amar ao próximo, lealdade, caridade e solidariedade. Ela me falava que eu podia ser o que eu quisesse na vida, que eu podia buscar e correr atrás dos meus sonhos. Porém essas perdas me deixaram mais forte. Daria minha vida pelos meus filhos e pela minha mãe, não sei explicar, só sei que é um amor incondicional.

Essas perdas poderiam me fazer questionar Deus, mas não! Nunca questionaria. Mesmo querendo ser freira, hoje não tenho uma religião; eu acredito em Deus!

Acredito e confio nos desígnios de Deus, e agradeço o tempo que ele me permitiu estar com essas pessoas amadas que passaram na minha vida. Tenho certeza de que, um dia, nos encontraremos em outro plano.

Poderia ser revoltada ou uma pessoa triste, mas não. Sou muito feliz e busco em tudo o que faço estar feliz.

Aprender a gerenciar as emoções não quer dizer que não podemos chorar ou sofrer, quer dizer que podemos passar a noite chorando, mas pela manhã devemos agradecer e colocar um sorriso no rosto. Porque em um novo dia vêm os milagres da vida, e para isso eu tenho que estar aberta para recebê-los.

A filha perfeita

Quando criança desejava ser secretária, para poder ser a secretária do meu pai. Como ele trabalhava muito, era a forma que eu achava que estaria mais perto dele. Buscava perfeição em tudo, só que em algumas coisas não acompanhava a perfeição. Nunca fui uma excelente aluna, sempre passei arrastada e até reprovei dois anos. A dificuldade de assimilar algumas coisas e a dificuldade de aprender uma outra língua sempre persistiram. E agora, aos 48 anos, descobri que tenho dislexia. Se eu tivesse descoberto na infância talvez me limitasse ou ficasse taxada como a garota desleixada; mas como só descobri agora, constato que o meu cérebro desenvolveu outras habilidades de aprendizado e isso me ajudou muito. Não precisei ser medicada ou ser tratada de modo diferente; mas, ao mesmo tempo, tem um lado meu que se sentia incapaz de algumas coisas por essas limitações de concordância e da própria doença. Não vou falar que é uma doença, mas da própria limitação, por ser especial, eu consegui evoluir de modo diferente.

Muita gente fala que a perfeição anda de mãos dadas com a procrastinação; não concordo com isso. A perfeição nos motiva até a estar sempre procurando sermos melhores seres humanos. Já somos procrastinadores por natureza, buscar a perfeição e a excelência não nos faz procrastinadores, nos faz lutadores e executores.

Como sempre buscava a perfeição, depois vim descobrir num curso de eneagrama que eu sou tipo um, não é que é justamente a pessoa que busca a perfeição? Eu procurava ser perfeita para ser aceita pelo meu pai, para que ele me visse como uma melhor filha. Quando buscamos o autoconhecimento, entendemos que muitas coisas das nossas vidas vêm das relações com os nossos pais. Muitas coisas das nossas vidas vêm até antes do nosso nascimento, na gravidez da nossa mãe, por isso é tão profunda a relação da mãe e do seu filho.

Crenças limitantes

Todos nós temos crenças limitantes. Essas crenças são instaladas ainda na infância e isso nos impede de alcançar nossos objetivos na fase adulta.

Às vezes, temos uma crença de não merecimento, às vezes essa crença pode ser de não pertencimento, e até de não se sentirmos capazes. Várias coisas podem nos assombrar e nos impedir de realizar nossos objetivos.

O importante é identificar essa crença, acolhê-la, ver de onde ela se originou e ressignificá-la. Ressignificá-la, não é fácil porque ela foi instalada lá, está guardadinha no fundo dos nossos sentimentos. Depois que você identificar essas crenças e eliminar tudo o que for limitante, tudo o que limitar seu desenvolvimento, treine algumas vezes como se você já tivesse superado, visualize projetando ações no futuro. Com esse exercício você já pode ir superando essa crença. Refaça isso algumas vezes, até que a crença já não esteja mais inserida dentro de você.

Seja protagonista da sua vida

A mulher aprende na infância a ser sempre uma forma de ajudante na sua família, muitas de nós vive em função das atividades do marido e dos filhos. Não que isso seja errado, se é o que você quer fazer, mas devemos ser protagonistas da nossa vida, devemos ter o papel principal da nossa vida. Só quando a gente está feliz consegue transbordar a felicidade na vida das outras pessoas.

Costumo falar que você é o que você espalha, não o que você acumula. Não adianta você acumular coisas boas se você só espalhar coisa ruim. Aprenda com seus fracassos e com suas derrotas, mas que isso sirva de aprendizado e que você espalhe alegria, espalhe paz na vida das pessoas.

Quando comparamos nosso bastidor com o palco de outra pessoa, estamos comparando de maneira errada. Não devemos nos comparar com ninguém, mas temos a tendência de fazer isso. Então sempre compare o palco com palco e o bastidor com bastidor, porque ninguém sabe o que acontece no seu bastidor; ninguém sabe quantas noites em claro você passou até ser a pessoa que você é hoje; ninguém sabe as dores que você precisou viver, os traumas que precisou superar, todas as dificuldades e crises que precisou passar para ser a pessoa que é hoje.

No meu ponto de vista, não precisamos mostrar nosso bastidor para ninguém, apenas o nosso palco. Apenas pessoas muito especiais vale a pena deixar entrar para ver seu bastidor, para ver sua fragilidade. Quando nos tornamos protagonistas da nossa vida, ninguém nos segura.

Síndrome da impostora

Por muitas vezes me senti uma impostora, sentia que não era boa o suficiente, sentia que as pessoas eram melhores do que eu. Depois de tanto autoconhecimento, entendi que estava passando pela crise da impostora, quando a gente não se sente merecedora do sucesso, a gente não se sente merecedora das vitórias, se sente sempre como se fosse uma farsa. Não deixe que a síndrome da impostora lhe paralise, não deixe que a síndrome da impostora faça que você não alcance o seu futuro. Isso é muito mais comum do que se imagina.

Parabenize-se

Temos uma mania de nos culparmos por tudo, mas quando você faz alguma coisa boa, alguma coisa que você fala "poxa! Isso ficou bom!", sempre se parabenize. Sempre se elogie, não espere os parabéns dos outros nem os elogios dos outros, bata no seu ombro e diga "parabéns, garota, você mereceu; parabéns, garota, foi muito bom o que você fez". Crie esse hábito! Ao acordar todas as manhãs agradeça por estar viva, agradeça por ter mais um dia e agradeça por este ser melhor dia da sua vida. Faça sempre o seu dia ser o melhor dia da sua vida. Faça sempre daquele dia, daquele único dia, como se fosse o último dia da sua vida. Viva como se não houvesse amanhã, ame mais, abrace mais, beije mais. Se sentir vontade de ligar, ligue! Se sentir vontade de falar com alguém, fale! Procure as pessoas que você anda distante, pode ser que você não tenha mais tempo.

O futuro

Quando pensamos no futuro, não sabemos como será, mas essa é a graça. Hoje, com a tecnologia, a gente sabe que a expectativa de vida das pessoas está chegando a quase 100 anos. A gente não sabe até quando vai viver; a gente não sabe nem se vai morrer amanhã. Para mim, é como se eu tivesse chegando na metade da minha vida. A primeira metade foi maravilhosa, e essa segunda metade da minha vida será melhor ainda. Que eu consiga mover as pessoas, que eu consiga fomentar o bem na vida de outras pessoas, outras mulheres, que eu consiga empoderá-las, que eu consiga transformá-las, que eu consiga ser um canal de troca. A beleza da vida é a leveza, a beleza da vida é a felicidade, a beleza da vida é alegria.

Tudo acontece na hora que tem que acontecer, a pessoa que chega sempre é a pessoa certa, as coisas só acabam quando terminam, tudo começa na hora que tem que começar. A pessoa que vai embora era para ter ido embora mesmo. Quando a gente aceita isso, não tem hora certa de começar. A hora certa é a sua. Para empreender, a hora certa é a sua. Para ser feliz, a hora certa é agora. Para fazer algo novo, a hora certa de mudar é agora. A hora certa é a sua hora certa, e a minha é a minha hora certa. A gente só acha que está atrasado se a gente se compara com alguém, então não se compare. Viva sua vida, jogue-se de cabeça nos seus sentimentos. Jogue-se de cabeça no que você quer fazer, vá ser feliz, vá em busca da sua felicidade, porque isso é o que nos move hoje e sempre.

29

EU, DONA DE MIM?

CONSTRUA SUA JORNADA DA REVOLUÇÃO INTERNA

A revolução interna permite que toda mulher seja dona de si e viva com plenitude, satisfação pessoal e aproveitamento amplo de habilidades e recursos internos. Com isso, torna-se livre para colocar em prática o seu potencial criativo, expressar a sua genialidade e deixar sua marca no mundo em um processo amplo de contágio social. Você tem esse poder e, neste capítulo, aprenderá a acessar o seu.

TATYANA AZEVEDO

Tatyana Azevedo

Contatos
bit.ly/tatycasdigital
institutotatycas@gmail.com
Instagram: @tatycaspravoce
Lattes: lattes.cnpq.br/2708045917602939
21 98707 5592

Neuropsicóloga, mestranda em Psicanálise, pós-graduada em *Coaching*, Competências e Negócios, MBA em Gestão de Pessoas e certificações internacionais de excelência como *Cognitive Behavior Therapy* (CBI of Miami), *Ericksonian Hypnosis* (ACT Institute) e *Professional & Self Coaching* (IBC). Principais realizações: primeiro lugar em concurso público, coautoria de livros e artigos, palestrante em eventos de relevância e finalista do Prêmio Ser Humano. Possui experiência clínica e organizacional de 20 anos, agregando várias técnicas terapêuticas em um raio-x emocional, visando liberar as travas que atrapalham a expressão da luz interior e do sucesso. Ultimamente, atua como psicóloga na Universidade Federal Fluminense, é professora de pós-graduação na Faculdade Unyleya, coordenadora de negócios/ conselheira na ONG Internacional BPW-RJ e realiza atendimentos particulares voltados para educação emocional, carreira e felicidade, com o propósito de ajudar pessoas a terem mais bem-estar, saúde mental, resultados e realizar sonhos.

Quando você se parece com quem você realmente é,
você está verdadeiramente livre.
JOE DISPENZA

Ser mulher, hoje, e em tempos passados, nunca foi uma tarefa fácil. Todavia, felizmente, o cenário atual aponta para avanços e possibilidade de maior expressão, o que permite alcançar a integralidade e despertar nosso potencial adormecido.

Em mais de 20 anos de prática clínica, no trabalho na ONG Internacional BPW, em minha atuação direta nas corporações na gestão de desempenho, apoio sócio-ocupacional, mediação de conflitos e em diversas mentorias de carreira, pude oferecer suporte para a superação dos desafios e dilemas que se impõem a partir de um espaço seguro de sororidade, protagonismo e empoderamento de negócios e experiências para mulheres.

Mediante tudo isso, posso atestar que, para iniciar um processo de revolução interna, é preciso se reconectar com suas próprias origens e história para depois entender sua trajetória e quem realmente se é no estágio atual da vida. Independentemente do que perceber e descobrir nessa autodescoberta, não há nada do que se envergonhar. Se você não está satisfeita com seu estágio atual, lembre-se de que ele é provisório.

Pegando carona na letra da música "A cidade", digo a você, leitora:

> "Você não sabe o quanto eu caminhei
> Pra chegar até aqui
> Percorri milhas e milhas antes de dormir
> Eu nem cochilei
> Os mais belos montes escalei
> Nas noites escuras de frio chorei (...)'

A minha história pode ser contada de diversas maneiras, contemplando eventos significativos e de grande impacto emocional: a escassez presente na fase de infância, o enfrentamento de um tumor na adolescência (raros, os adenomas de hipófise são um tipo de tumor intracraniano que, em sua maioria, são benignos, mas lidar com isso nessa tenra idade é ainda mais desafiador), a maternidade antecipada, relacionamentos tóxicos ou insatisfatórios (que acredito que todas já passamos em algum momento, a diferença é o tempo nessa condição que define o dano causado), o preconceito e as limitações no mercado de trabalho, desequilíbrio entre a vida pessoal e profissional.

Por outro lado, há uma infinidade de conquistas que eu me permiti obter e abracei no processo de me tornar uma mulher empoderada, e que conduz outras pessoas no belo processo de redescobrir-se e de externar a sua genialidade.

Entre dores e risadas, consegui meu primeiro estágio em uma profissão considerada "masculina"; de ser a 1ª na minha família materna, que é composta majoritariamente por mulheres, a me formar; ser aprovada em um concurso público em 1º lugar, conciliando os estudos com um bebê e saber disso momentos antes da cerimônia de formatura; atingir um patamar de líder respeitada; ser finalista do Prêmio Ser Humano; uma coautora best-seller e transformar a vida de tantas pessoas, sejam meus alunos de pós-graduação, mentorados, pacientes ou qualquer pessoa com a qual eu tenha contato.

O fato é que cada uma de nós passou por desafios, dores, realizações e alegrias. Não há como negar que as mulheres fazem a diferença todos os dias (mesmo que não enxerguem), sejam em suas vidas ou em seus negócios. São tantos exemplos de força e amor, de uma beleza singular e habilidades únicas.

A essência feminina é a liberdade de ser genuína

Há alguns relatos que apontam para uma essência feminina. Mas afinal, isso existe? Muito se fala sobre padrões de comportamento e como cada mulher deve ser, definições de corpo, vestimenta, rótulos, restrições e adequações. Apesar da ideia de uma "essência feminina" ser um conceito que é discutido com regularidade, não existe uma única maneira de ser mulher.

Há muitas perspectivas diferentes que podem surgir com base em diferentes filosofias, crenças religiosas, ideologias e experiências individuais. A tentativa de se encaixar em um modelo que não faz sentido é exaustiva, obscurece nossa luz interior e apaga a magia que há em nós.

Além disso, a busca por descobrir a sua verdade se junta à dinâmica do dia a dia de lidar com os desafios da dinâmica familiar, casamento ou com a pressão social, questões financeiras, dilemas de carreira, conflitos internos, autoestima, educação dos filhos ou a decisão de não tê-los.

A compreensão moderna da identidade de gênero não pode desconsiderar que os enfrentamentos e dilemas específicos do universo femininos fazem parte da nossa jornada rumo a quem se é de verdade. Todas as pessoas possuem as ferramentas necessárias para expressar o máximo de seu potencial e desempenhar esse papel com excelência.

O seu padrão de sucesso é você que define

Na vida moderna, sucesso deveria ser atribuído a um estado de realização significativa em várias áreas da vida, incluindo carreira, finanças, relacionamentos, saúde e bem-estar pessoal.

No entanto, ainda que essa definição possa variar amplamente de pessoa para pessoa, já que é influenciada por valores individuais, metas pessoais e circunstâncias únicas, parece estar muito limitada a *status*, dinheiro, poder e posições de liderança.

Cobranças relativas à realização profissional, equilíbrio entre a carreira e a vida pessoal, duplas e triplas jornadas, papéis de mães e cuidadoras, estereótipos de gênero, pressão social, padrões de beleza irreais, desrespeito, relações tóxicas, desvalorização, liberdade, oportunidades limitadas e tantos outros dilemas e desafios enfrentados.

Todas nós exercemos a liderança em algum aspecto da vida, mesmo que não se perceba. No entanto, há uma lição a ser aprendida e que precede a sucesso, seja lá como você o entenda. Antes de assumir qualquer tipo de liderança no âmbito social, é preciso assumir a liderança de si mesma e de sua própria mente, regulando suas emoções e definindo padrões de comportamento funcionais e alinhados com suas necessidades reais. Ao assumir essa liderança, a prosperidade é mera consequência.

Para ser brilhante nesta tarefa, é preciso equilíbrio emocional. Deve-se pensar antes de reagir, mesmo em momentos de estresse. Nunca é fácil lidar com o preconceito e desvalorização, com a falta de representatividade, com a escassez de oportunidades, com as injustiças e a desigualdade salarial e julgamentos.

Por isso, é tão comum que mulheres se diminuam e apresentem a síndrome do impostor. Não se permita duvidar de suas conquistas e tema ser exposta como uma fraude, apesar de evidências objetivas de sucesso.

Livre-se das amarras e viva com leveza

A vida pode se tornar pesada por uma variedade de razões, e a sobrecarga resultante pode ter impactos negativos na saúde mental, emocional e física de uma pessoa.

De fato, tantas provações podem virar uma carga muito pesada que você não é obrigada a carregar, muito menos sozinha. Liberte-se da armadilha de ter que agradar e se encaixar em um modelo imposto por alguém (por mais que essa pessoa seja importante para você).

A construção social nos trouxe essa exigência injusta de agradar ao seguir um padrão, além de uma execração pública e chuva de julgamentos quando se foge a esse modelo, com uma série de rótulos, dentre eles, indomável.

Você pode considerar doloroso sair desse ciclo vicioso, mas é bem pior, pois, quando atendemos à demanda dos outros, somos incongruentes com nós mesmas. Nesse processo, esquecemos nossa essência, sonhos, quem nós somos.

Ser mulher não tem relação com modéstia. Precisamos de mulheres confiantes, soberanas sobre sua própria vida, seguras de seu valor. Enfim, é ser dona de si e seu destino...

Uma mulher empoderada conhece a si mesma, seus limites, aceita seu corpo, acolhe suas vulnerabilidades, cura seu coração partido, trabalha sobre suas fragilidades, supera dores e busca sua evolução constantemente.

A construção da identidade é complexa e multifacetada. No entanto, é assim que você se encontra. Mas antes de se fazer uma e plena, a pergunta que você precisa responder é: "Quem você é e quer ser, independente de todo mundo definir o que ser e fazer?".

Genialidade feminina: ative o seu poder

Supere o perfeccionismo, a baixa autoestima, a necessidade de aprovação externa, a dependência emocional, o medo de falhar e a comparação com os outros.

Promover uma revolução interna e se tornar a pessoa que você deseja ser é um processo emocional, psicológico e comportamental que envolve autodescoberta, autodisciplina e autotransformação. Aspectos relevantes que você pode considerar para dar *start* na própria revolução:

Autoconhecimento: comece por entender quem você é e em que estágio está atualmente. Reveja seus valores, crenças, interesses, paixões, pontos fortes e pontos de melhoria. Faça perguntas profundas a si mesmo e considere manter um diário para acompanhar suas reflexões.

Definição de objetivos: identifique quem você deseja se tornar, sonhos e metas. Se não sabe bem, um bom ponto de partida é olhar para quem admira, qualidades e como essas pessoas são. Defina metas claras e específicas para o seu crescimento pessoal, seja em termos de habilidades, comportamentos ou mentalidade.

Desenvolvimento de habilidades: identifique as habilidades e conhecimentos necessários para se tornar a pessoa que deseja ser. Dedique tempo para aprender, praticar e aprimorar essas habilidades. Isso pode envolver cursos, leitura, treinamento ou mentorias.

Mudança de mentalidade: cultive uma mentalidade positiva e resiliente e hábitos saudáveis. Desafie pensamentos negativos ou autocríticos e substitua por pensamentos construtivos. Use técnicas de visualização criativa e afirmações para reforçar sua visão da pessoa que deseja se tornar. Imagine-se alcançando seus objetivos e repita afirmações positivas para fortalecer sua autoconfiança. Acredite em sua capacidade de mudar, realizar e crescer.

Autoaceitação: reconheça que a jornada de autotransformação não é linear e que você enfrentará desafios ao longo do caminho. Aprenda a se aceitar em todos os estágios do processo e não se culpe por eventuais contratempos.

Influências positivas: cerque-se de pessoas que a inspirem e apoiem seu crescimento. Busque mentores, amigos e grupos que compartilhem interesses semelhantes.

Ação gradual: comece de maneira sustentável. Grandes transformações podem ser intimidadoras, difíceis de sustentar e até mesmo desanimadoras. Divida suas metas em passos menores e conquistáveis, celebrando cada progresso.

Avaliação contínua: periodicamente, avalie seu progresso em direção à pessoa que deseja se tornar e à coerência entre suas ações e seus valores. Ajuste as metas e estratégias conforme necessário. Lembre-se de que o crescimento pessoal é um processo contínuo.

Para ter sucesso na vida, é preciso: dominar o eu, o que significa entender nossos sentimentos e pensamentos para saber controlá-los e direcioná-los; dominar o convívio com os outros, o que significa ser capaz de criar um entendimento comum e uma ação compartilhada; dominar a mudança, o que significa ter capacidade de se adaptar facilmente sem perder a própria essência.

Assim, celebramos a nossa luta pela igualdade, pelo nosso espaço, nosso "lugar ao sol", para sermos quem quisermos e realizarmos tudo aquilo que nossa imaginação criar.

Conquistas passadas e presentes servem para nos inspirar a construir um futuro mais igualitário e inovador. O termo empoderar pode não ser o mais apropriado, porque implica a concessão de poder. Considero que se apoderar traz em si a perspectiva correta que é a tomada do poder, o domínio ou a posse de algo, alguém ou determinada situação. Portanto, mais do que se empoderar, nós precisamos nos apoderarmos do nosso espaço e do nosso próprio lugar.

A revolução interna e a genialidade feminina estão entrelaçadas de maneira profunda e significativa. À medida que as mulheres mergulham em sua jornada interior, estão liberando uma energia criativa que está mudando paradigmas, desafiando normas e abrindo portas para um futuro mais igualitário e inovador.

Estamos testemunhando uma revolução em que você é a protagonista, já que começa no âmago de cada uma de nós, mas que estamos no banco de motorista que nos transporta para o horizonte e além da imaginação.

> A maior revolução e disrupção que você pode fazer é ser fiel a sua essência: ser dona de si é o primeiro passo para ser dona da p**** toda! Comece, já!

Não sabe como dar o pontapé inicial?

Acesse o QR code e solicite o acesso para sua avaliação pessoal gratuita, que é a minha contribuição para revolucionar a sua vida.